結婚と家族の絆

キリスト教人間学の視点から

長島　正・長島世津子

教文館

自分たちの結婚・家庭を見つめ直すきっかけに——推薦のことば

大学生の時、ボランティア活動を通して、長島正・世津子先生と親しくさせてもらう機会が与えられた。多感な青年時代に尊敬できる恩師に出会えたことは、本当に大きな恵みであった。そのボランティア活動の中で、合宿と称して、数名の仲間とともにお二人の家庭に何回も泊めてもらうことがあった。そのようなかかわりの中で、一番驚いたことは、お二人が夫婦として心から互いに尊敬し合い、いたわり合い、助け合いながら生きておられることであった。しかも当時、長島先生は人間学の中でも結婚・家庭の倫理を専門とされていた。

正先生は残念なことに数年前に帰天されてしまった。にもかかわらず、世津子先生が二人の著作をまとめて、共著として出版されることになった。今回、原稿に目を通してみると、その行間からお二人の生き生きとしたかかわりの姿が蘇ってくるかのようだった。

この本に書かれていることは単なる机上の空論ではない。学問的な記述が多いものの、実際には二人が結婚・家庭生活で実践されたことに裏打ちされている。キリスト教的価値に基づき、パートナー同士の人格的交わりから新たな家庭づくりを提案している。

カトリック司祭として働いていると、多くの人びとの苦しみに接する。その半数以上は家族に関することである。伝統的価値観が崩壊し、新たな価値と指針を見いだせないことがその一因にあると思われる。この本にはかかわりを取り戻すための、さまざまなヒントが提示されている。

正・世津子先生のように理想的なかかわりを実践できる人は、ほんの一握りのカップルにすぎないだろう。だとしても、私たちの現実の苦しみから、少しでも前に向かって歩んでいかねばならない。そのような方々が自分たちのかかわりを見直し、新たに生きていく光と力を得るために、この本はまたとない助け手になるだろう。この本はこれから結婚生活を迎えようとしている方々、その指導にかかわっている方々だけでなく、結婚や家庭に苦しんでいる方々にこそ、ぜひとも読んでもらいたい。

二〇一七年一月

カトリックイエズス会会員・聖イグナチオ教会助任司祭　英《はなぶさ》　隆《りゅう》一《いち》朗《ろう》

はじめに――課題としての家族

私たち人間は家族の中で生を享け、育まれ、巣立っていきます。かつての家族、今日の家族……それがこの地球上のどこに位置しようと、そしてその姿がどのように進化し、移り変わろうと、その原点が変わることはありません。文字通り人と人の間、その関わりの中で人間となっていくのです。生きてゆく上で私たちは様々な人間関係、属すべき集団を必要としています。それは血縁、地縁、同窓などの結びつきから、趣味嗜好を共にするグループ、利益と打算によるビジネスがらみの繋がり、宗教や政治的信条を同じくする団体等々に至るまで多義多様にわたっていますが、そうした中で家族と呼ばれる集団は、人間にとって最初の、最も基本的な関係です。

「人類の将来は家庭を通して過ぎこしていくのです」[1]。

ごく近年までこの「家族」は、改めて取り上げるのがためらわれるほど、日常的な風景であり続けました。そ

1　教皇ヨハネ・パウロ二世使徒的勧告『家庭――愛といのちのきずな』長島正／長島世津子訳、カトリック中央協議会、ペトロ文庫二〇〇五年、一五九頁。

れはあたかも空気や水のように「そこにあるのが当たり前」の存在だったのです。けれども意識さえしないごくありふれた存在ほど、その危機的な状況と変容は私たちの生活全般に確実な影響を及ぼしていきます。今それは波間に漂う小さな船のようにその姿を弱体化させ、それと同時に、今日の社会のグローバリゼーションによる多様化と相対化の浸透の中で、その座標と方向性を見失いつつあるかのようです。

まず、経済優先の開発と商業主義によってこれまでかつて体験したことがないほどの物質的な豊かさを享受できるようになりましたが、その反面、地球環境の破壊、公害、汚染などの深化とともに高度成長を支えるストレスのしわ寄せが私たちの家庭に怒濤のように押し寄せてくるようになりました。バブル経済の時代を支えた経済優先の価値観はそのまま残っており、さらに、伝統的性役割分業意識も依然先進国で上位を占めている中で、男女間のディスコミュニケーションによる家庭内離婚、離婚件数の増加、家庭や学校・社会の教育機能の低下、少子化の進行と超高齢化社会の到来といった様々な社会のひずみが、夫婦や親子の絆のほころびを通して現れてきました。

すなわち、我が国の結婚、家族という最も小さな共同体《コミュニティ》が、現代の社会的・経済的・文化的諸条件の大きな変化の下で、様々な挑戦を受けることになっていったのです。これは最初の共同体である家族の危機を示すと同時に、それを取り巻くより広い共同体の支援機能の崩壊を表すものでもあります。一九五〇年代より始まった農村人口の急減につれてこれまでの村落共同体が消滅し始め、ホワイトカラー、ブルーカラーの増加とともに核家族化の波が押し寄せてきました。

その結果、これまでの地域共同体に取って代わったのが、学校や職場といった目的達成を追求するいわば競争原理に貫かれた機能的な共同体です。それは本来的に一定基準をクリアできない落ちこぼれ、弱者を切り捨てていく合理的な管理体制を内包しており、行き着くところは非情な個人主義でもあります。情緒的な絆をむしろ負担に感じさせる「プライバシー」優先の個人主義は、関わり合いや干渉を排除しがちな世界で、そこにおいて伝統や価値観の伝達を期待することは難しく、特に七〇年代半ば以降、進学や仕事にエネルギーを吸収されて、他の人々と共感能力を育てたり何かを共有して共に人生を深め合うといったことができにくい環境を作り上げていったのです。

社会の基盤である「家族」は、看過することのできない「課題」として世界レベルでも危機意識を持って取り上げられるようになりました。家族における人権の問題や家族の役割について真剣に考えるよう呼びかけた国連主催の国際家族年（一九九四年）がそれでした。今日においても、家族の崩壊を余儀なくされるような試練、危機が繰り広げられ続けています。世界各国で、人種や部族間の対立・抗争、独裁体制打破への抗争が家や故郷を失ったおびただしい難民を作り出し、家族の離散、死別が繰り返されていることは周知の事実です。また経済的な貧困にあえぐアジアや中南米の途上国では、生活苦から家族が離散し、都市には家族を失った「寄る辺なき」路上生活者が溢れています。なかでも親から見捨てられ、家族という「立ち返り」と「安らぎ」のシェルターを欠いた生活力の無いストリート・チルドレンが、社会的な犯罪に巻き込まれ、その犠牲者となっているのは痛ましい事実です。

これまでの伝統的な家族の像そのものの変容もあります。近年特に欧米では、歴史的、文化的、社会的に理解され、暗黙の裡に共有されてきた「結婚」「家族」のあるべき姿に大胆にチャレンジが試みられ、時代の変化に応じて新たな生活様式を模索し始めました。これまでの伝統的で不動の家族の像そのものが、家族を取り巻く社会の変化とグローバリゼーションの提起する多様なモデルをどのスタンスで受け止めるべきか、逡巡と相克の中で自己確認を迫られていると言えるでしょう。

家族に縛られない独身生活を選択する人、結婚しない同棲カップル、子どもを産まない既婚カップルの増加ばかりでなく、同性愛者のカップルもヨーロッパから端を発し南北アメリカ大陸、アジア太平洋地域においても広く結婚として法的に認められ、その保護が与えられるようになってきました。これまでの父親と母親そして子どもで構成される結婚という制度そのものは人生の多岐な選択肢の一つにすぎないのでしょうか。それとも制度そのものが解体に向かっていくプロセスなのでしょうか。

世界は今、新しい定義を求めています。家族という集団は人間にとっていかなる意味を持つ存在なのか、その絆とは一体何なのかを改めて問い直す必要があるようです。本書においてはあらゆる変動と危機的状況の最中にあって、にもかかわらず揺らぐことのない家族の本来的な意味があるのか、あるとすればそれは何なのかをキリスト教人間学の視点に立って考察を深め、その姿を掘り起こしていきたいと考えています。

二〇一七年一月

長島　世津子

結婚と家族の絆

——キリスト教人間学の視点から——

目次

目次

カバー装画　長島　毅
装丁　熊谷博人

第一部　家庭

——愛といのちの絆

第一章　洞窟と地平

長島　正

〈生命を育む家庭〉

人間が最初に迎えられる小さな生命的な共同体、そこで生命が生まれ、育まれる安らぎの小さな城──それが家庭です。ガストン・バシュラールは、家の存在論的豊かさを「家の母性」に見出しています。

「世界に投げ出されるまえに、人間は家の揺籃のなかに置かれている」。すなわち、「生は幸福に始まる。それはかくまわれ、まもられ、家のふところに暖かくいだかれて始まる」[1]。

人間は「生の揺籃」であり最初の空間である家庭の安らぎの中で、自然の嵐から護られるとともに人生の嵐からも庇護されながら成長への歩みを続けます。

人間が人間として出会い、愛し気遣い合う、小さな、しかし生命的な共同体、そこでこそ生命が誕生し育まれ愛を体験する安らぎの小さな砦《とりで》──それが家庭と呼ばれる始原的空間なのです。家庭の中から外の世界を眺め、その近景と遠景に慣れ親しみながら人間は世界と対話し、やがて眼の前の風景の彼方に人生を眺望しつつ夢想を描く生の遠近法（パースペクティブ）を学ぶようになります。

バシュラールは、この家の安らぎがもたらす豊かさを、次のように描いています。

「もし家の最も貴重な恩恵は何か、と尋ねられたならば、家が夢想をかくまい、夢見る人を保護し、我々に安らかに夢見させてくれることだろうと、私は言うだろう」(2)。

このように家庭は、肉体の揺籃であるとともに精神の揺籃であり、人間の基本的な感性を育む揺籃であることにおいて始原的な空間です。憩うこと、安らぐこと、信頼すること、希望すること、夢みること……それらのすべては、暖かさや明るさを初めて体験した感性の学び舎であり小さな共同体である家庭に、その原体験の住処《すみか》を持っています。家が懐かしい思い出の無尽の宝庫であるのは、その空間のそこここに生命的な感性や思想の育みの痕跡が生き生きと現存しているからです。

安らぐことを許す家庭の居心地の良さは、ミンコウスキーの言うように、「住み心地の良さを得ようと努力し、それを自分の周りに作り出すことをよく知っているひと組の男女の持つ表現」かのようです(3)。それは調度品などがもたらすものではなく、それらが彼らの生を分かち合おうとする愛によって秩序だてられ、配置されることによって表現されている空間だからです。

また人生の住処はしばしば鳥の巣にたとえられます。家庭を持つということは、愛の巣を作ることです。

「鳥にもし木への信頼がなかったならば、決して木に巣を作らないだろう(4)」(バシュラール)。

1　G・バシュラール『空間の詩学』岩村行雄訳、思潮社、一九六九年。
2　前掲書。
3　H・ミンコウスキー「空間と時間」上川友好訳、物理学史研究刊行会編『相対論』東海大学出版会、一九六九年所収。
4　バシュラール前掲書。

人生に対する信頼があって初めて、人間は家庭という人間の巣を作る営みが可能なのだと言っています。「信頼」と「希望」――その基盤の上に二人の人生が築かれていくからです。人生や世界に対する信頼がなかったなら、生活を築き始めはしないでしょう。家庭の共同性は、本来、そこで共に生活している家族内のそれに終わるものではなく、家庭を取り巻く外の世界にも戸口を開いたものであるとき、生気に溢れた豊かな空間となるのです。

〈生の基点としての家庭〉

長島　正

人生の途上で出会った一組の男女が、愛を育み、その愛を灯《とも》し続けるための火屋《ほや》となる住処を構え、自分たちの家庭を築く行為は、古くから連綿として営まれてきた人間の基本的なライフスタイルです。それは日常的かつ普遍的な営みであるために、かえって陳腐に見なされ、人間生活に占める基本的な意味が見落とされがちでした。

しかし、一度祖国や故郷を失い、今なお異郷の地や大海をさ迷う難民の人々の叫びは、家を持ち、住まうことが、いかに人間にとって決定的な意味を持つかを、今更ながら教えてくれるのです。

上陸の祈り

嵐に迷い　大海のまっただ中
我が小舟は漂流する
陸地を求めて　限りなく昼も夜も
われらは　広海に浮かぶ泡
限りない宇宙にさまようちり

怒号する風の中に　嘆きはかき消える
……中略………
キリストよ　あなたに
われらの苦しい祈りが聞こえるだろうか
仏陀よ　あなたは
われらの叫びに耳を傾けてくれるだろうか
おお兄弟よ　君たちに
死の深淵からのわれらの声が聞こえるだろうか
おおかたくなな大地よ　おまえにあこがれる
現代に人間が在ってくれるよう
われらは　祈る
大地がその手を　差しのべてくれるよう
われらは祈る……[5]

「家に住まうということは、人間が世界に投げ出された流民として彷徨う身分から、世界の中に一つの拠り所を獲得し、世界の一点に腰を据え自分たちの秩序と調和の世界を建設して行くことを意味する」[6]とボルノウは言っています。

5　上智大学アジア関係研究室編『難民――インドシナ難民の叫び』上智大学アジア関係研究室、一九八〇年。
6　オットー・フリードリッヒ・ボルノウ『人間と空間』大塚恵一訳、せりか書房、一九七八年。

今日の若者たちもその実感を日常生活の言葉で語っています。

家族とは「迷った時も、寄り道した時も、嵐に会った時も、長い旅に出た時も、どんな時もいつも最後に迎え入れてくれる港」(7)。

家庭は人間が世界に深く根を下ろしながら世界に内側から持続的に関わるための小さな宇宙（cosmos＝調和・秩序）であり生の基点であります。そこにおいて人々は流浪と混沌と散逸から逃れ、生の安定した足取りと秩序と統合を取り戻して、意味に満ちた人間的な生の世界を主体的に打ち立てていくことが可能になるのです。世界の片隅に住まうということは、あたかも鳥が自分たちの巣を覆い隠す樹木に対して本能的に寄せる信頼のように生の世界への究極的な信頼と希望が無ければ不可能なことです。火屋となる住まいを構えることは希望と意志を世界の中に建設することであります。家庭はその内側から世界に関わるための基点、小さな宇宙と言うべきものなのです。

〈家族の起源――共生と共食〉

長島　正（編集・加筆　長島世津子）

家族を特徴づけているのは、何と言ってもその絆の強さ、緊密なまとまり、繋がり、共同性です。それは人間の基本的な生き方、家族の生活共同体《ライフコミュニティ》としてのあり方に由来しています。すなわち家族は、ある特定の個別的な目的や関心を満たすために結成される集団（たとえば企業）ではなく、人間が生きるために扶助し合い形成・維持するライフコミュニティであり、人間のライフ（いのち、生活、人生）に最も深く関わるライフケアの集団です。多くの人々が家族のイメージとして食卓を囲む家族の団欒風景を思い描くのには、それなりの理由と背景があります。「共に食する」という行為は、人間の家族形成の起源であるばかりか、その形態や様式は変化するにせよ、決してないがしろにすべきではない、時代を超えた家庭生活・家庭文化の重要な要だからなのです。

人類学者によれば、人間を他の高等動物から区別する人間固有の特徴的な行動はその摂食行動だと言われています。ゴリラやチンパンジーが、自分で食物を採取してその場で自分で食べる「個食」であるのとは対照的に、人間は自分が食べる分以上の食料を採取してそれをホームベースに持ち帰り、仲間に分け与えて一緒に食べる「共食」、フードシェアリング（food sharing）を基本としてきたからです（北原隆、山極寿一）。そのお蔭で自分で食料を採取できない者も、仲間から生きるために必要な食料を分け与えられ生きながらえることができました。こうした事情は数万年前の洞窟から発掘された人骨によって指摘されてきました。たとえばイランに点在する古代人の洞窟跡から発見された数万年前の推定六〇歳代の男性の遺骨がそうです。脊髄が湾曲し身体に重い障害があった彼が、食料採取などの活動はもちろん日常生活にも事欠いたと思われるにもかかわらず、その年齢まで生きながらえているのです[8]。

このことは、人類は言いかえれば生存のために必要な食料を分かち合う「共食」の団欒や、自活能力を欠く仲間を世話するケアの優しさに代表されるような共に生かし合う「共生」の文化を持っていたことを物語っています。こうした「共食」や「共生」の仲間こそ家族であり、家族的集団なのです。霊長類学者の山極寿一は、ヒトがなぜ他の霊長類と異なりフードシェア（食の分かち合い）をしたのかについて、いくつかの推論を試みた結果、それはヒトが生存するためにそうしなければならない食糧難などの外的な理由によって強いられたのではなく、ヒトがそのような「共食」を好ましいこととして選んだからだと述べています[9]。

7　papanko「あなたの言葉を辞書に載せよう。二〇一四」語釈発表、小学館「大辞泉」ウェブサイト（https://kotoba.daijisen.jp/2014/goshaku）。
8　R・デュボス『人間への選択』長野敬訳、紀伊國屋書店、一九七五年。
9　山極寿一『家族の起源』東京大学出版会、一九九四年。

ところで、食糧を仲間と分かち合うことを基本とするということは、ヒトが生存に必要な食糧を分け合うほどまでにライフ（いのち、生活、人生）を分かち合おうとする存在であることを意味しています。「共に生きる（共生）」ことを基本とする共同的・社会的存在である人間にとって、フードシェアはまさにライフを分かち、共にするライフシェアの端的な営みであり、共同的・社会的行為なのです。他の霊長類にとって食することはもっぱら個体の生存のための生理的ニーズを充足するための食欲に根差した本能的な行為ですが、人間にとっては、食することは単に生存を維持するためだけでなく、親しい仲間と共に食することによって親しみや喜び、安らぎや憩いなどの共生感や心の絆といった共同的・社会的なニーズを充足する文化的な行為なのです。

興味深いことに人類の足取りを辿ると、時代と民族や文化の違いを超えて連綿として営んできた普遍的なライフスタイルとして、飲食を共にすることを共生感や連帯感、帰属感を深めたり表現したりする営みとして大切にしてきたことがあげられます。人生の喜びを共に祝う祝宴や再会の喜びに際し、また今生の別れで肉親や友を送る惜別のときなど、人類は飲食を共にすることでその情愛を深め、堅固なものにしようとしてきたのです。いまでも大学のクラブなどでは新入生を歓迎するコンパや先輩を送り出すコンパが年中行事のように行われていますが、そのコンパと同じ語源のコンパニオンの由来を探ってみる必要がありそうです。

英語のコンパニオン（companion）という言葉は、親しい仲間や人生の同行者を意味しています。その語源は、ラテン語のクム（cum, 共に）とパニス（panis, 食糧、パン）の合成で、「共に食すること」です。興味深いのは、コンパニオン（親しい仲間）という言葉を造語したその時代の人々の生活経験からの感性で、「親しい」という感覚を、「共に食する」という営みに見出していたことです。日本でも「同じ釜の飯を食う間柄」という言い方で親しい関係を表現してきましたが、それは単に同じものを食べてきたということに留まらず、「長年人生の苦楽を共に味わってきた」という思いが込められています。コンパニオンも同様に、単にパンを一緒に食べるという喜びだけでなく、人生の糧を得るための労苦を共にすることや、お互いに養い合い支え合うような親密な関係を表しているのです。

「同じ釜の飯」を食しながら生命や生活、人生を一緒に分かち合おうとするライフシェアリングの強さ、それが家族の絆の強さ、関わりの緊密さとなっていると言っても過言ではありません。「生活共同体」としての家族を特徴づけるその結びつき、絆の強さは、「共存」「共生」への強い意志に根差したものなのです。

「家族」と言えば食卓を囲む家族のくつろいだ風景を思い描くのは、したがってごく自然なことかもしれません。共に食することがいかに生の分かち合いと結びついているか、それを見事に伝えている女子学生の素朴な一文があります。

我が家は親戚が集まる時、必ずみんなでご飯を食べてみんなで話をする。

私の家族は父・母・姉・弟・祖母。実家に帰ると朝と夕は必ず全員で食卓を囲み、皆で「いただきます」をしてから食べる。もちろん色々な話をしながら。その日あったこと、最近読んだ本の話、映画の話、TVを見ながらこの人面白いよねーなんて笑いながら。

私はこの時間が本当に好きだ。今東京で一人暮らしをしている私だが、やはり食事の時が一番さびしい。いつか姉も私も弟もこの家を出ていく。あと何回この「家族」でご飯を食べられるだろう、そう考えると切なくて切なくてどうしようもない気持ちになる。

父親とは食べ物の好みが似ていて小さい頃から食べる量を競争していた。お酒が飲めるようになってからは、二人でビールを飲みながら哲学的な話をしてみたり、この前の帰省時には「次帰ってきた時それ以上痩せたら家に入れないぞ」と言う。落ち込んでいると一番に気付いて声をかけるのだ。

小学校の頃から、夕食の手伝いをしながらその日学校であったことを母親に話すのが習慣。多分それが私のストレス発散方法だったのだと思う。アドバイスをもらったり、ただただ考え方を共有したり……。受験期も夕食の手伝いだけはやらないと気が済まなくて、いいと言われてもやらせてというほどだった。

姉とは、彼女が実家近くに就職する四月まで二人暮らしをしていた。時間が合えば、必ず二人でご飯を用意して食べていた。買い出しから作るまで二人で相談して、新しい料理に挑戦したり、お菓子を作って見たり。毎月の食費が余ったらそのお金で外食に行くのが私の楽しみだった。喧嘩はほぼ無かった。いつも漫画や本、好きな作家さんについて、学校のこと、サークルのこと、お互いの価値観について話したりしていた。

弟は中学の頃同級生と喧嘩したりしてよく母親が学校に呼び出されていた。そんな日は二人の帰りが遅くなるので私が夕飯を作っていた。メニューは決まってカレーだった。彼が大好きなカレー。落ち込んだ様子で帰ってくる弟に、カレーを盛りながら話を聞く。「この前の奴の方がうまかった」。そんな憎まれ口を叩きながらも、お代わりして次の日も「カレー無いの?」と聞いてくる弟が可愛くて仕方がない。

祖母は何年も前からアルツハイマーを患っている。なので必ず誰かと食事を摂らねばならない。朝ご飯と、私が休みの日はお昼ご飯も一緒に食べるので、私が最も食事の回数を重ねたのは祖母だ。ラーメンやグラタン、フルーツなど、ばあちゃんからすると〝ハイカラな食べ物〟が好きらしく「ばあちゃん、ご飯だよー」と私が部屋に入るたび嬉しそうに返事をする。(10)

家族の一人一人に関心があり、その幸せを願い、共にいようとする、それが家族共同体の姿なのでしょう。その最も基本的な機会となるのが共に食するという文化なのです。

〈生の往還運動を支える家庭──洞窟と地平〉

長島　正

人間は家庭に愛が灯されているとき、活動の世界の緊張や疲労から解放されて、深い安らぎの憩いと睡眠を得ます。そして朝の訪れのなかで新たな力を得て目覚め、再び活動の世界へと赴くことが可能となるのです。家庭はあたかも自然の風雨から身を守ってくれる避難所のように、人間を保護してくれる「隠れ家」のようです。そこに集い、共に食し、安らぎを得て深く憩う「くつろぎ」と「安心」の場なのです。それと同時に人間が生きるための活動と冒険へと赴くための拠点ともなっていることは言うまでもありません。

この活動へと立ち向かい、安息へと立ち返る生の往還運動は、原始生活の頃から経験していた洞窟と地平に象徴される人間の基本的なライフスタイルであり、実存的な要求です。

ルネ・デュボスはその著『人間への選択』において、有史以前の人類の祖先クロマニョン人の洞窟における二つの世界のコントラスト、すなわち洞窟と地平に象徴される二つの基本的な要求を人間生活の基本としてあげています。現在、神殿となっているクロマニョン人の避難所は、一〇〇人以上を収容できる奥行きがあり、その中から外を眺めると、洞窟の入り口に縁どられて、大地と大空が広々と展開すると言われます。洞窟の中に広がる奥まった避難所であり隠れ家である「内なる空間」と、洞窟の外に広がる大空と地平を見渡すほどに視界の開けた、「活動」と「冒険」に誘う「外なる空間」の二つの世界のコントラスト、ここに人間の「住まう」原風景があるのです。そこに象徴されるのは、人間の基本的な生の二重性です。すなわち一方では外界から護られた安全な場所である「内なる空間」に憩い、他方ではできるだけ開かれた視界と活動的な広がりをもった「外なる空間」へと赴くという基本的な要求、「安息」と「活動」をめぐる生の往還運動、の原点として家の役割があり、その接点の上に現代の洞窟である家庭も成り立っているのです。

クロマニョン人が住処に対して抱いた人間の基本的ライフスタイル、それは同時に人間の実存的要求としての生の往還運動、すなわち安全で安らいだ空間を求める欲求と、より開かれた視界と行動的な空間への展望、活動と冒険への欲求という、生の「帰還」と「出立」と深く呼応しています。こうした人間の基本的ニーズに応えよ

10　長島世津子の授業を履修した三女子大学中の女子学生の手記、二〇一二年。

うとするのが家族と呼ばれる基本的生活集団（basic life community）です。人間が生存する上で、呼吸が二つに切り離せない一つの営みであると同様に、家庭は活動と安息のいずれをも欠くことのできない実存的な要求に呼応しています。

活動と安息、この二つの側面の調和と均衡が失われるとき、家庭は世界の広がりの中で活動する自由な成長に開かれた空間である代わりに、自由な成長を許さない狭隘な牢獄と化すか、または、鉱夫に仮眠だけを許して労働へと駆り立てる待機場と化してしまいます。そこにはもはや人間生活の拠点としての家庭本来の姿は失われています。

今日のように、活動の世界が高度に組織・分業化されつつ巨大化し、個人を圧倒するような管理社会的状況の中で、家庭がどれだけ実存的要求に応える生活の拠点たりえるかは、大きな問題であると言えましょう。

第二章　家庭の本質としての愛

長島　正

まことに
愛にあふれた家は
のきばから
火を吹いているようだ(11)

私たちが生を享けて人と人の交わりを経験し、愛することと愛されることの意味を学ぶ最初の場が家庭です。家庭を外の世界から根本的に区別するのは関わりの緊密さ、すなわち愛です。愛し合うことは、エーリッヒ・フロムも言うように人間の最も強い欲求であり、最も基本的な熱情です。愛し愛されることの深い喜びこそ、家庭を包む根本気分なのです。人間は家庭において、愛され、愛することを学びながら、人格的成熟へと導き合っていく存在です。

家族がお互いに心を開きあって親密な共同体となるためには、家族的な絆が大切であることは言うまでもありません。その絆の基盤となるのが夫婦愛です。夫と妻がお互いを愛し、受け入れ、与え合い、行動と思いを共にする共同体験を日々重ねていく中でしっかりと育ってくる連帯感や親密な伴侶性、一体感……そういったものが

11　八木重吉「愛の家」、田中清光編『日本の詩第一七巻　八木重吉集』集英社、一九七九年所収。

家族的な絆の要となっていくのです。

「二人がただ幸せになりたいという欲求によってつながれている間は、まだ愛し合っているとは言えず、二人は別々である。愛することは、二人の喜びを共にすることではなく生命を共にすることだ[12]」（フランスの田園哲学者ギュスターブ・ティボン）。

生命を共にするとは、喜びだけではなく苦しみや痛みをも共にすること、言い換えれば運命を共にするということです。偶然的な出会いが必然的、運命的な絆になっていくのは、二人が「日々触れあう魂の共感、分かち合う喜び、苦しみ、努力、犠牲」を通してです。共に働く喜びがあると同時に、忍耐と寛容、幾度も繰り返される許し合いが求められるのです。愛する相手のために心を砕くことを惜しみ、相手のための時間を惜しむ人、時として相手のために「泥をかぶる」ことを厭う人は、結局は自分の都合のために生きているのであり、相手に自分を開くことなく相手を利用しているにすぎません。お互いに若くて美しい時が「花」なのではなく、人生の喜びと辛苦の歳月を重ねる愛の年輪がものを言うのはこのためです。人生を共に旅してきた伴侶のしわが刻まれた手をいとおしむ心――それが夫婦愛であり、共に歩む家族の核をなすものなのです。

愛は、人間の最も活動的な力（virtue ＝徳）、人と人を結びつける力です。「愛とは愛する者の生命と成長に積極的に関わること」だとフロムは言っています[13]。彼によれば、愛するということには五つの本質があり、それは「与えること」、「配慮すること」、「責任を持つこと」、「尊敬すること」、そして「理解すること」です。これは家族の成員間の関わりの本質をなすべきものでもあります。これに触れながら考察を進めたいと思います。

〈五つの愛の本質〉

（1）与えること

夫と妻は自分の所有しているもの（having）、物や考え、肉体の一部だけでなく、相互に自分の存在のすべて（being）を与えあいます。ある遭難したアルピニストにその妻が自分の片方の目を与えた例があります。彼女は「自分ひとりで見るよりもあなたと見たい」という思いにかられたからでした。

今日のような高度の物質文明、消費文明の中で、とかく物やお金や肩書き、権力を持つことで自分の存在を証ししようとすることに慣れてしまい、人間としての豊かさはそうした物をどれだけ多く所有するかで決定されると思いがちです。そのため相手をモノ化して利用したり支配したりする関係、内側から共に人間として心を通わすようなことがない外側からの関わりに終始しがちです。

けれども夫婦の関わりにおいて自分そのもの、自分の存在（being）を与え合え、分かち合えるかどうかなのです。物やお金や肩書きや権力などに執着せず、束縛もされず、自分そのものが内的に成長することであり、相手との関わりにおいては「共にある」ことを認め、受け入れ、大切に味わうあり方なのです。換言すれば、共に分かち合い、気遣い合う、愛の生きた関わりに身を置くことが与えるということなのです。

「愛の悲劇――それはお互いに何も与えることのできない人間が一緒になって、愛し合っていると信じている場合ではない（それは平凡な間違いに過ぎない）。悲劇は、お互いにすべてを与えうる人間でありながら……ちょっとしたやり方の行きすぎか足りなさのた

12　G・ティボン『愛の哲学――神の合せ給ひしもの』S・カンドウ／金山政英訳、三省堂、一九六〇年。
13　E・フロム『愛するということ』懸田克躬訳、紀伊國屋書店、一九五九年。

めに、実際は何も与えあうことをしない場合である」[14]。

（2）配慮すること、（3）責任を持つこと

愛し合う夫と妻や親は「愛する者の生命と成長に積極的に関わること」[15]に機敏です。相手にとって何が真に必要であるか関心を払い、進んで応えようとします。責任（responsibility）とは相手の成長のためのニーズに自発的に応答する能力（response=ability）なのです。

夫は妻の人格的成熟に進んで寄与できるとき、それ自体が夫の大きな喜びとなります。しかし、相手の成長に無関心であり相手のニーズに応えないなら、相手を損なうことによって自分を損なうことになるのです。

（4）尊敬すること、（5）理解すること

もし夫の妻への関心が相手を思うからではなく夫自身の都合に基づくものであるとしたら、妻は愛よりも束縛を覚え、支配―従属の「力の論理」が働いているのを実感することになるでしょう。フロムによれば、尊敬はその語源（respicere ＝ながめる）に見られるように、「人を在るがままに見、その独自な個性を知る能力」[16]です。また相手を相応しく愛するためには、表面的な理解に甘んじないで相手自身の価値に即して見ることができるよう、相手の真髄を理解する態度が必要なのです。「愛は目を与える」という真理は、愛し合う夫と妻においてその輝きを現します。

このように、愛することを学び合う家庭には、共に人生の共同者《パートナー》として認め合う全人格的な関わり（total commitment）のなかで、いかなる時にも生きることのすべてを分かち合おうとする愛の豊かさが実現します。しかし、家庭から愛が失われるとき、火の消えた暖炉のように、耐えがたい冷気と寡黙が空間を包み、愛されないことの孤独、怒り、絶望などの否定的な感情が家族の心を支配し、家庭は「死や破壊性」の住みつく廃墟と化すのです。

この年、私にとってたくさんの大きな出来事がありました。

まず母方の祖父が脳出血で倒れました。

一命は取り留めましたが、いつでも頼りになる大好きだった祖父が言葉を話せなくなりました。

次に五つ下の弟が父方の祖父母との同居のストレスで喘息になりました。

同居関係が原因で、両親の仲が上手くいかなくなり、怒鳴り合うばかりになりました。

私は、自分の部屋に逃げてきたまだ小さい弟を抱きしめていました。

食事中はまるで葬式の席のように会話は一切ありません。

会話のない食事は既に三年目です。

荷物をまとめて家を出て行こうとする母を、弟と泣きながら必死で引きとめたこともありました。

この頃私は家が大嫌いでした。

親に本当の気持ちは何も話していませんでした。

家族ってなんだろう、良い家族ってなんだろう、いつまでこんな生活が続くんだろう、
そんなことしか考えられませんでした。(17)


家族はいつの時代も真の共同体であり得るものです。家族は本来その成員を有用性、機能性によってでなく、

14　ティボン前掲書。
15　フロム前掲書。
16　同前。
17　長島世津子の授業を履修した三女子大学、二専門学校中の女子学生の手記。

その一員であるという理由のみによって無償の愛をもって迎え支えられることを期待できる堅固な運命共同体だからです。

しかしながら今日の家族は、これまでの求心力を急激に弱め、むしろバラバラの様相を呈しています。家族の間を結ぶコミュニケーション、特に夫婦間のそれがあまりに貧しいのが現実です。仕事一筋の夫、生きがいを求めて、あるいは家族の経済を支えるため家庭の外に意識が向かう妻。そして学校、部活、塾、お稽古事と親の期待に応えるべく良い子を演じる子どもたち……。それぞれが中心を失った希薄さにあえて目をつぶりながら、それぞれの役割を果たすことで家族の一員としての意識に踏みとどまっているかのようです。

社会からも肉親からも見捨てられた天涯孤独の人々に一生を捧げているマザー・テレサは、次のように語っています。

「今日、世の中は混乱し、人々はみな、ひどく苦しんでいます。親たちは子どもたちと過ごす時間がなく、お互いのための時間もありません。まして楽しみを共にし、分かち合う暇などあろうはずがないという有様です。……愛はまず家庭から始まるのです。愛は家庭に住まうものです。今の世に不幸と苦しみがこれほど多い理由も、家庭の中の愛の欠如にあります(18)」。

彼女の言葉は、現代人が「豊かな消費」と「豊かな所有」を求めて奔走するなかで見失ってきた、愛し合うこと自体の最も本質的な人間の豊かさについて指摘しています。豊かな家庭とは愛の豊かな家庭であることが、今日ほど強調されるべき時はないでしょう。家庭が危機にさらされている今、人々は「まず、あらためて住むことから学ばなければならない」（ハイデッガー）と同時に、愛することを学ばなければならないのです。

18　マザー・テレサ『マザー・テレサのことば』半田基子訳、女子パウロ会、一九七六年。

第三章　家庭の基盤——夫と妻の関わり

長島　正

第一節　関わりの基盤

〈「我」と「汝」〉

日常の生活の中で夫と妻の愛を深めること、すなわち関わりを深めることは、成年男女が人間的成熟を実現してゆくための基本的な生涯学習（life long learning）と言うべきものです。愛は絶えず新たにされる深まりの過程であり、生涯にわたって学ばれるべき人生の芸術とも言うべき課題です。

結婚して夫婦になることは、男女が、人生を共に歩む共同者《パートナー》となることによって、相互に「汝《なんじ》」となり「我《われ》」となる関わりに身を置くことを意味します。すなわち「私は汝において我となり、我となることによって、私は汝となる。すべての真実な生は出会いである」[19]と言われるような、実存的な関わりの中に進んで赴いていくことです。ブーバーが言うように、「ひとは誰でも、彼の存在を許し肯定する人を探し求める」のであり、自分に向かって呼びかける「汝」との出会いの中で「我」となるのです。[20]

家庭の基盤となる夫と妻の関わりは、その全人格的な関わりの緊密さのゆえに、決して「傍らに寄り添う」というもの静かな言葉では伝えることのできないほど、はるかに力動的なものです。また、「支え合う」という言葉で表される相互補完的関係にとどまるものでもありません。もちろん、夫と妻が寄り添い、足りないところを補い支え合うことは素晴らしいことであり、その関わりの豊かさの一面です。神谷美恵子は、共に苦しみを負う者同士が結ばれたハンセン氏病患者の夫婦が、互いに相手を労り励ましながら支え合っていく美しい人間風景について語っています。[21]

しかし、夫と妻の関わりは、補完的であるばかりでなく創造的であるところにその力動的な豊かさを表しています。すなわち、一人では到底気づかなかったような新しい自己の発見、人間的成熟の実現へと導き合う力があります。相手の生が、その固有の豊かさに向けて成長することを望み、そのために自分の生が意味を持ち寄与できることを心から喜び合える夫婦はその積極的な誠実さによって相手の豊かさを導き出し、自分もまたその豊かさに与かることによって豊かになる……という愛の相乗作用を体験することになるのです。

このような夫と妻の姿は、あたかも「同じ幹からはえ出た枝がともにのびつつ、清冽な大気のなかで喜ばしげに共に揺れている姿」のように、自由を感じさせるものです。相手を自分本位の理想や自分の思い通りの人間にしようとするのではなく、その人が最もよくその人になるよう助けることを喜び合える夫と妻は、翼を与え合う鳥のようです。

「愛する者は相互に絶えることなく空間と広がりと自由を生む」（リルケ）。

19　M・ブーバー『孤独と愛——我と汝の問題』野口啓祐訳、創文社、一九五八年。
20　前掲書。
21　神谷美恵子『生きがいについて』みすず書房、二〇〇四年。

〈親密さの実現とアイデンティティ〉

（1）**自己を相手に開く**

夫婦の関わりの豊かさを実現するためには、ある根本的な態度の変革が必要となります。すなわち、相手に心を閉ざしてトータルな「我―汝」関係の外側にとどまろうとする自己、自分自身への関心に執着して相手に心を向けようとしない「自分自身に折り曲げられた心」[22]、たとえば自分自身を受け容れられない苛立ちから、相手をも受け容れられない狭い自己に死に、相手との関わりに開かれた自己（汝と共にある我）になるための自分との闘いが求められるのです。

ところで、自己の閉鎖性との困難な闘いを助けるのは、自分との深い関わりを求めて心を開いてくれる相手の積極的な誠実さにほかなりません。重要なことは、相手のその誠意に応え、深く出会おうとする態度なのです

（2）**必要な人間的成熟**

このように、夫婦の関わりが実存的な深まりを得るためには、ある程度の人間的成熟が前提となります。E・H・エリクソンは人間の心理・社会的成熟をライフサイクル（人生周期）に対応して段階的に捉える洞察に富んだ理論の中で、青年期や成人期における成熟に関して次のような点を指摘しています。人間が自分の全体性と個性すなわちアイデンティティ（自分らしさ）を失うのではないかという恐れなしに、自己のアイデンティティと相手のアイデンティティを融合する親密さ（intimacy）を実現できる人格的な力（virtue）――それが愛であり、この愛が結婚を可能にするのです[23]。

ところでこの親密さの実現は、成人初期のライフステージに固有の心理・社会的な成長課題でありますが、その親密さが本当のものであるためには、孤独に直面できるだけの確たる自己、すなわちアイデンティティが形成されていなければなりません。この自己のアイデンティティを確立していく自分らしさの発見と肯定が、成人初

期に先立つ青年期に固有の成長課題です。

このように、自分らしさを失うことなく、相手らしさを損なうことなく、相互の人格的な融合を実現しようとする夫婦の愛は、二人がそれぞれ自己を受容し肯定できるに足る心理・社会的成熟を達成している基盤の上に築かれるのです。それは、成年男女において初めて主体的・現実的な課題となりうる生涯学習です。したがって、夫婦の関わりを特徴づける人格的な対等さは、相互のアイデンティティを基本的に認め合う態度（自己肯定―他者肯定）から生まれるのであり、過度の自己中心性（自己肯定―他者否定）や過度の他者依存性（自己否定―他者肯定）は、いずれも成人としての夫婦の関わりを妨げる未熟さであると言えましょう。

（3）夫婦の対話について

しかし今日、人々は往々にしてお互いのための時間を失いがちです。いかにして二人の関わりのための時間を限られた生活の中で造り出すかは、夫婦にとっての愛の試金石です。夫婦がどれだけ相手を愛しているかは、どれだけ相手のために時間を造ろうとしているかにみることができるのです。

「善をなすにあまりにも忙しい人は善き人となる時をもたない」（タゴール）。

ところで、夫婦の対話は、日常生活の中で頻繁に交わされる会話と同一ではありません。ボヴェーが適切に区別するように、日常の出来事に関する情報、家事の具体的な事柄、子どもの教育や将来についての相談、政治や

22　T・ボヴェー『真実なる結婚』松村克己訳、ヨルダン社、一九七八年。
23　R・エヴァンズ『エリクソンとの対話』岡堂哲雄／中園正身訳、北望社、一九七一年。

社会問題に関する意見の交換――それらはいずれも家庭生活の上で必要であり、今日、人々はこうした会話さえ欠きがちなのですが、会話で対話の肩代わりはできません。会話は事柄をめぐって話されるのであり、「何かについて」語り、かつ聞くことです。

しかし、対話は心から「自分自身」を語り、心をこめて「相手自身」を聴くところに成り立つのです。[24] すなわち、対話は、相手が自分にとってかけがえのない大切な存在であることを認め、その相手の在るがままの現存を深く体験したいという望み、また在るがままの自分を相手の心で深く感じ取って欲しいという望みにおいて、相互に「実存的に裸となり」、心を開くことなのです。[25] 実存的に裸になるとは、相手に対して自己を隠さず、構えを取り去って在るがままの自己を現すことを意味しています。夫婦は、自分が相手に受け容れられ大切にされているという深い確信から生じる安心感があるとき、不安や恐れ、恥から解放されて、相手の前に無防備になることができるのです。

したがって夫婦が、日常の中で体験する相手の弱さや欠点、誤ちに対して寛大になるだけにとどまらずに、相手の長所や好意を体験したときに感じる自分の心を積極的に表現し、伝え返す（フィードバック）こと、すなわち相手をほめることは、対話のために重要な意味を有しています。相手をほめることは、ボヴェーが指摘するように、称賛（Lob）を表すドイツ語が、好ましい（lieb）、信じる（glauben）、許す（erlauben）と同じ語源から来ていることに示されるように、相手の存在を好意と信頼をもって肯定し、承認する態度の具体的な表明なのです。

（4）実存的一致の実現

夫婦の対話が深められ、二人の関わりが強められるにつれ、二人は次第に「一体となる」（マタ一九・五）のです。すなわち、「もはや別々ではなく、一体である」（同一九・六）と聖書に記されるように、単なる身体的・心理的な一致にとどまらず、「互いの人格を解消することなしに一つの新しい人格が次第に形成される」と形容されるような、「生命と愛の共同態」としての実存的一致が実現されるのです。[26]

夫婦は、その不可分の「生ける共同態」に深く身を置く「我々」の意識の中で、かつて単身者であったときの「我」よりも、はるかに豊かで力動的な自己を創造することができるのです。

（5）非言語的な対話と性の交わり

夫婦を深い一致へと導く二人の対話は、もちろん言葉による対話（verbal communication）を主としますが、同時に言葉によらない対話（non verbal communication）も重要な位置を占めています。

事実、言葉による対話が行われるときにも、眼差しや身振り、姿勢に見られるような身体的な表現を交わしています。そして時には言葉が沈黙に席を譲り、身体的な触れ合いが二人を実存的な一致へと導くのです。たとえば、慰めの言葉もない悲しみが二人を襲うとき、そこでは相手の肩に優しく置かれた手や固い抱擁の方がはるかに心を伝え合うと言えましょう。

また、夫婦の関わりを特徴づける性の交わりの意味も、この文脈の中で初めて十全なものとなるのです。すなわち、性の交わりを単なる性欲の充足の手段や自分の支配的感情を満足させるための手段に終わらせたり、心の伴わないまま義務として受けとめたりするのか、それとも相互に相手をかけがえのない存在として認め、全存在を与えかつ受け容れ合う実存的交わりとして体験できるかは、その夫婦が日常的な関わり全般の中で、どれほど対話的な深まりを実現できているかによります。

24　ボヴェー前掲書。
25　前掲書。
26　前掲書。

たとえば、日常的な関わりの中で、相手に心をこめて聴くための用意を持たず、また素直に心を開くこともしないで表面的な関わりにとどまっている夫婦や、あたかも相手を不満や不快感のはけ口の対象のように、投げやりな態度であしらう夫婦にとって、性の交わりが深い一致をもたらすことは不可能です。二人の関わりの全体性から切り離して、性の交わりだけに意味を見出そうとすることは誤りであり、決して成功をみないのです。なぜなら、性の交わりは、その最も自然でかつ十全な意味において、行為（doing）に属するよりもはるかに存在（being）に属し、「愛のうちに共に存在すること」、すなわち「生ける共同態」の実現だからです。

〈夫婦の愛の成熟〉

家庭で交わされる言語的・非言語的対話を通して次第に実現される夫婦の実存的一致は、一体どのようなものとして体験されていくのでしょうか。この問いに対する適切な回答を、ボヴェーの記述にみることができます。

「愛の成熟というものは、感情が次第に強くなっていくことや、相手に対する理解が洗練されていくということではなくて、相手の実在とか、相手が独自な存在として現にそこにいる、ということに気づく度合いが増大していくことなのです」[27]。

もちろん、感情の強さや、打てば響くような敏感さは、愛することの新鮮な喜びで心を弾ませてくれます。しかし、それらはどちらかというと、二人が愛し始めた頃の、最初の愛の輝きの体験を特徴づけるものであり、どこかにまだ不安定さと思い込みの余地を残しています。しかし、然るべき年月の中で愛を深める夫婦は、実存的な一体性に身を置く中で、相手の現存（presence）を深く体験するのです。事実、そのような夫婦は、たとえ距離的にかけはなれた状況にあっても、相手の現存を身近に感じるものであり、時として死さえもそれを妨げることはできません。

このような真理の一端を、ヴィクトール・E・フランクルの手記にみることができます。彼はアウシュビッツの強制収容所で九死に一生を得た心理学者ですが、ある朝、夜明け前の厳寒を突いて作業場へと駆り立てられる絶望的な状況の中で、眼前に浮かぶ妻の面影と語らいその危機を救われました。

「すると私の前には私の妻の面影が立ったのであった。……私は妻と語った。私は彼女が答えるのを聞き、彼女が微笑するのをみる。私は彼女の励まし勇気づける眼差しを見る――そしてたとえそこにいなくても――彼女の眼差しは、今や昇りつつある太陽よりももっと私を照らすのであった。その時私の身をふるわし私を貫いた考えは、多くの思想家が英知の極みとしてその生涯から生み出し、多くの詩人がそれについて歌ったあの真理を、生まれて始めてつくづくと味わったということであった。すなわち愛は結局人間の実存が高く翔り得る最後のものであり、最高のものであるという真理である[28]」。

その当時、既に彼女は殺されていました。フランクルは妻の死を知る術もなかったのですが、このことは、彼が妻の現存を体験する上の妨げにはなりえませんでした。彼は愛する妻の面影と語り、また妻の語りかけるのを聴くその瞬間の中で、「我を汝の心の上に印の如く置け――そは愛は死の如く強ければなり」（雅八・六）という真理を知ったからなのです[29]。

27　T・ボヴェー『ボヴェー著作集〈6〉結婚学入門』熊澤義宣訳、ヨルダン社、一九七六年。
28　V・E・フランクル『夜と霧 新版』池田香代子訳、みすず書房、二〇〇二年。
29　前掲書。

〈愛の錬金術としての試練〉

（1）よりふさわしく愛するために

死さえも阻むことのできないほどの夫婦の愛に、すべての夫婦が招かれているにもかかわらず、その豊かさを実現することは必ずしも容易ではありません。またそうした深い一致に到るまでに、多くの困難に直面することも事実です。

夫婦は、その関わりを深めようとする過程で、一致と共感を願いながら、現実には誤解や様々な行き違いからくる日常的な悲しみを引き受けなければなりません。また第三者からの批判であればさほど傷つかないことでも、愛する相手からのものであるゆえに痛みを増し、心を開くがゆえに深く傷つくことも、愛を学ぶ過程で避けがたいことです。

しかし、傷つくことを恐れるあまり、深く関わることを回避するならば、傷の代わりに孤独を得るだけです。夫婦の関わりの本来的な力動性を考えるならば、二人が心ならずも傷つき、かつ傷つけ合う体験を避けられないことは、決して悲観論の根拠とはなりません。かえって、自分を傷つける相手の激しい言動の奥に、自分によって傷つけられたまま癒されていない相手の悲しみを見ることや、傷ついている相手の悲しみを通して普段見過ごしていた相手の深みに触れたり、自分の狭量さや自己中心性に気づかされたりするようなことは、決して珍しいことではありません。

妻よ
わらいこけている日でも
わたしの泪をかんじてくれ
いきどおっている日でも

わたしのあたたかみをかんじてくれ　（八木重吉）

夫婦は言動によって傷つけ合いますが、大切なのは刺激的な言動の背後に隠された本当の心の叫びを聴こうとすることです。すなわち、相手の非難や抗議の言動に心を奪われるのではなく、相手の存在に心を向けようとすることです。そうするなら、傷ついているのは自分だけではなく、相手もまた癒しを必要としていることを発見するでしょう。その時、本当の癒しは共に傷つき、傷つけ合った二人が許し合うことによってのみ実現されることに気づくはずなのです。愛するゆえに深く傷つき、また、愛するゆえに深く癒される愛の錬金術の中で、夫婦は相手をより相応しく愛するための自己変革へと導かれていきます。

（2）「岩のような塊」を前にして

ところで、夫婦はまた、どんなに情熱的なロマンスの中で結ばれた場合であっても、あるいはそうであればなおさら、家庭生活の多分に散文的な日常性の中に生じる軋轢を通して、相手に対し、また生活に対して幻滅を体験することも避けがたいのです。そのようなとき、往々にして二人は幻滅感から逃れるために関わりを回避し、夫は職業へと没頭し、妻は子どもに密着するか、様々な趣味や社会的活動に活路を求めるような場合もあります。そこでは結婚は束縛となり、二人は単身者の自由に憧れるにつれ、夫婦は要《かなめ》がはずれた扇のように、健全な家庭としての一致を失います。

しかし、幻滅は、まさに文字通り幻想が滅び、惑いから醒めることであり、在りのままの相手を、相手に即して正しく知り、受け容れ始める状態に立ち至るための関門です。

すなわち、いつまでも自己本位の幻想を追う未熟さの中にとどまるのか、それともそうした自分の世界から脱け出て、眼前の現実を受け容れて歩み出す大人の愛に脱皮するのかの決断を求められるのです。また夫婦は、こうした幻滅を乗り越えて、真実の愛を生きようとするにもかかわらず、しばしば「愛の溶鉱炉の中でも無くなろうとしない固い岩のような塊」（T・ボヴェー）が自分と相手の中にあり、二人の関わりに妨げとなっていることに気づくことがあります。この「岩のような塊」、すなわち二人の共感の障害となっているものは、多くの場合、性の違いや生育環境の違いなどが複雑に絡み合った文化的・社会的背景の相違などに深く関係しています。

この無視できない違和感を前にして、夫婦は相手のその「塊」を除去し相手を改造しようとするのか、または、その不自由さが自分たちの中に現実にあることを謙虚に認めつつ、その通じ合えない領域をも含めて相手の存在を受け容れようと決断するのか、が問われるのです。それはまた、自分は相手の好ましさを愛しているのか、それとも相手を愛しているのかを質《ただ》すための試金石でもあります。このような夫婦の関わりをめぐる様々な試練や危機は、二人に対して、「一人の人を愛するということは神がその人について配慮するようにその人を見ることである」（ドストエフスキー）という真理を、その都度想起するよう促しています。

第二節　夫と妻の関わりの育成――生涯教育としての夫婦の関わり

〈二人の絆を育てる〉

日常生活の中で夫婦が愛を深めること、関わりを深めることは男女が人間的成熟を実現するための基本的な生涯学習（life long learning）と言うべきものかもしれません。フランスの教育学者ポール・ラングランは、一九七〇年の「国際教育年」に生涯教育について提唱した書物『生涯教育入門』の中で、生涯教育で最初に取り上げるべき主要なテーマとして、家庭における夫婦の共同生活における関係、とりわけ夫婦の感情レベルのコミュニケーションの重要性を強調しています[30]。

ラングランの卓見によれば、大人が人間的成熟を求めるための自主的な継続教育の最初の基盤となるべきテーマは、家庭生活における夫婦の関わりのあり方ですが、夫婦の「感情教育」すなわち「心を耕し合うこと」がとりわけ大切です。「夫婦はお互いに、男性または女性を代表し、かつ社会を構成する重要な一員としてお互いの〝特質を知り〟それを〝認める〟だけでなく、それを〝受け入れること〟を学ばなければならない」と言っています。

お互いを受け入れ合い、多くを与え合える夫婦の絆を育てるためには、どのような関わり方が必要なのでしょうか。その実践的条件をいくつかまとめて素描したいと思います。

（1）お互いのための時間を持つこと

マザー・テレサが指摘しているように、私たちは流されやすい生活の中で「お互いのために割く時間」を持つことを様々な言い訳を付けて惜しみます。どのような形でお互いのための時間を作り出すかを具体的に決めることが大切です。

> 愛はまず家庭から始まるのです。愛は家庭に住まうものです。……今日では、誰も彼も非常に多忙になっています。
> より大きな発展、もっと豊かな富、もっと、もっと、と求めて。
> 子どもたちは両親と過ごす時間がなく、両親はお互いのために割く時間もありません。
> 世界の平和の崩壊は、このようにして家庭の中から始まるのです。[31]

30　P・ラングラン『生涯教育入門（改訂版）』波多野完治訳、全日本社会教育連合会、一九九〇年。
31　マザー・テレサ前掲書。

たとえどんなに素晴らしいプランでも「多忙」の二字には勝てない時世ではありますが、「善をなすにあまりにも忙しい人は善き人となる時をもたない」（タゴール）という真理にもっと敏感になる必要があります。二人の関わりを深めるための時間を限られた生活の中でいかにして造り出すかは、夫と妻にとって愛の試金石です。

まず週五〇時間以上勤務という先進国でも群を抜く日本の過酷な労働環境があります。男性も、そして女性も疲れ果てて、でもともかく家に辿り着き……かといってそこで家庭のための時間が始まるわけではありません。

今日の夫婦の対話を妨げる最たるもののもう一つは、「楽しい我が家」の団欒を演出するテレビの登場でもありました。いつの間にかテレビという技術文明が生んだ小さなモンスターがほとんどすべての家庭の茶の間にどっかり腰を下ろすようになってしまいました。

テレビが無ければ夫婦が会話を交わすこともなく通夜のように黙々と食事をすることも含めて朝から就寝までの時間を維持することなどできませんが、テレビがあれば何の気まずさもなく「二人の一人ぼっち」で一日過ごすことは可能です。逆に二人で向かい合って対話しなくてもすむよう時間潰しの為（killing time）に役立ってさえいると言って過言ではないのです。

サン・テグジュペリの『星の王子さま』の中に、「愛するとは、互いに見つめ合うことではなく同じ方向を見つめること」だとありますが、まさか黙って同じテレビの方向を見つめている夫と妻の光景を思い描いてなどいなかったでしょう！

最近ではさらにPC、携帯、スマートホンと家族一人ぼっち文化がますます浸透していますが、夫婦は「共にいる」ことを実感できるための時間を、必ず毎日作り出せるはずです。それは一緒に食事する時でも、食後の皿洗いや寛ぎの時でも良いし、朝晩のバス停近くまでの散歩でもいいのです。大切なのは共に話したり、共に行動したりする雰囲気の中で、「共にいる」ことの一体感を深く味わうことです。

このような二人の時間を持てない夫婦は、たとえそれぞれがどんなに素晴らしいことに従事しても、深い一致のハーモニーと生活のリズムを失い、歩調の乱れた二人三脚のように共に歩むことが難しくなり、精彩を欠く結果となるのです。しばしば愛は測れないと言われますが、その正しさにもかかわらずどれだけ相手を愛しているかは、どれだけ相手のために時間を造ろうとしているか、毎日の生活の中でどのように持とうとしているかで見事に測ることができるのです。

大学生の子どもを持つ結婚歴二〇年以上のある夫婦の場合、夫は貿易商社の管理職にあり、朝は早く夜は接待や付き合いといった多忙な生活の中で、会社のトイレに入って妻へのラブレターを書く工夫をしたと言います。妻への電話もはばかれるような会社の中で、彼が発見した苦肉の策は、妻と語り合う時間も十分に持てない多忙の中で、淡い後悔を覚えながら流されていく若いサラリーマンよりも、はるかに夫婦としての年季を感じさせます。愛はまさに創意であり、決断です。

（2）話し合う（心を分かち合う）習慣を持つこと

夫婦の間に生きた心の通い合いが途絶えた家庭は、火の気のない冷え切った部屋か、流れの止まった池のよどみのように、耐えがたいものです。しかしそれが実り多いものになるためには、いくつかの誤解を避ける必要があります。夫婦の関わりを深めるための対話は、特定の問題解決のために意見を出し合うことではなく、また特定の事柄に関するお互いのまとまった考えや思想を交換する思索的探究のように、論じ合うべき事柄を中心にした対話とは、異なります。夫婦の対話は、二人が日頃の生活の中で体験し、深く感じた心の世界を語り、聴き、分かち合うための対話です。大切なのは、日々の生活の中で体験した「喜び」や肯定的な感情を伝え、味わう「感情体験の共有」に心がけること、つまり自分の心を伝え、相手の心を味わうことです。

感情を豊かに表現することは、自分の生きて感じる心を表現することであり、相手の生きて感じる心を汲み、味わおうとする、共有しようとすることにほかなりません。その際喜びや、感謝の賞賛のメッセージは、お互いに相手を近くに感じ心を聴く上で、またお互いに相手に愛され、受け入れられていることを深く実感する上で、とても大きな助けとなります。

こうした対話は多くの夫婦にとって、決して最初のものではありません。

結婚前の恋人同士や新婚時代のロマンスの中で、心を弾ませながら、お互いの心を分かろうとし、また分かってもらおうとしたあの体験に通じるものなのです。私たちが相手に何かを教えようとしたり、相手の話したことに解答や客観的な評価を与えようとしたりする心構えや、自分本位の関心の持ち方、聴く態度から転じて、相手の感じ方で相手の心を味わおうとする共感的な態度に身を置けるとき、真の夫婦の対話が始まるのです。日常生活を維持してゆく上で、必要な情報の伝達や意見の交換のような機能的な会話とは異なった次元で、夫婦がどれだけ二人の関わりを深めるための実存的な対話を持ち得ているかを振り返って見ることは非常に大切です。

（3）否定的な感情を隠さないこと

否定的な感情（寂しさ、悲しさ、悔しさ、怒り、不安、恐れ……）を隠さないとは、そうした感情のすべての原因をただ相手に決め付けたり、相手を腹いせやうっぷん晴らしの対象に仕立てたりするのとは、ちょっと話が違います。否定的な感情――ありのままの感情――を相手に伝え、受け止めてもらう勇気が必要なのです。

相手のなにがしかの特質をその欠点をも含めて知ることは、夫婦にとってさほど難しくはありません。生活を共にする過程で、かなりの部分がお互いに見えてきます。しかし相手を「そういう人」と認めるだけでなく、その相手を感情レベルでも受け入れようとすることは必ずしも容易ではありません。人間関係の中で最も親密なはずの夫婦の関わりでさえ、心を伴わない「形」だけの振る舞いや、感情をむき出しにして相手を拒絶するような極端な行為に走りがちです。夫婦がお互いに相手を「心から受け入れる」ことの難しさにどう対処するかが、その夫婦の関わりの深さと強さを決めていくのです。

ただ無難で平穏であることだけを望む夫婦は、自分のニーズに気付いてもらう努力をしないでお互いに比較的受け入れやすい表面的な関わりにとどまろうとします。つまり一時的に気まずくなることや緊張を恐れて、また相手にどう思われるかを恐れるあまり、無理に自分の感情を押し殺したり自分の本心を閉ざしたりして、いわゆる「善良な夫」や「善良な妻」の役割遂行者としての振る舞いの中で、自己を固く防御するのです。それによって、性格の相違や文化的、社会的な生育背景、性差などから来る現実の困難に直面することは回避されるかもしれません。ただし感情の自己処理に終始することは、自分を相手に閉ざし、生きた関わりを阻害しかねません。その代償として二人に約束されていた夫婦の深い一体感を放棄しているのです。このような夫婦に最も欠けているのは、打ち解けた心の通い合いをもたらす相互の信頼です。

（4）和解の文化を育てる

生身の二人がお互いを受け入れ合い、深い一体感を実現し、「一つであること」を実感しようと努めることは決して容易なことではありません。「愛したいから」「一つになりたいから」結婚し家庭を持ったはずでしたが、一つになりながら一つになれない苛立ちと孤独感を噛みしめることが多いはずです。実は一つになることを学ぶため、愛することを学ぶために結婚したのだと気づくことでしょう。けれども愛すること、一つになることが「難しいから」諦めて、ほどほどの所で折り合いを付け、淡い失望をなだめすかして利口になろうとしがちかもしれません。

しかしそうは思いながら、「難しくても」諦めなかったことを感謝するのは決して珍しくありません。

「真理の流れは誤りの水路をとおって流れる」（タゴール）。

そのように、夫婦と家族のゆるぎない一致（深い交わり）は、エゴがきしむ相克と苦い試練の航海の中に現れる凪ぎの世界かもしれません。それは現実離れした到達不可能な夢のようなものでしょうか。それは狂気だと現実主義者は言いたいところです。でも賭けて見るに値する夢だとドン・キホーテは言っています。

「あるがままの現実を見ないで理想を追うのは確かに狂気かもしれない。
しかし、最も忌まわしい狂気は、あるがままの現実に折り合いをつけて、
実現すべき真実の姿のためにおのれを賭けないことだ！」

絆を深める上で重要なのは、避けられなかった対立や緊張、喧嘩の不本意な現実を、自分や相手だけの問題にしないで、「自分たち」の現実として認め、そこからお互いの傷を癒し合う「寛さ」を育て、「許し合う」ことです。もし夫婦が、「誰一人として完全な人はいないと同時に、欠点だけの人もいない」という真理の前に謙虚になって、お互いのありのままを自分たちの現状として受け入れ、そうした自分たちの関わりを大切に育もうとするならば、二人はもっとお互いに心を開き合えるようになるはずです。

夫婦の関わりを根底から支えているのは、人は誰でも自分を心から「あなた」と呼んでくれる人の存在を必要とし、自分もまたその人を心から「あなた」と呼べるような親密な関わりを必要としているという基本的な真理です。したがって夫婦は、相互の人格の中心部による深い融合と一体化を求めて相手を理解し、受け入れることを学び合う時、ラングランの言うように、「それぞれの人格の形成過程において、お互いの教育者として積極的な役割を果たすこと」ができるのです。

時として自分で自分を受け入れることすら難しいことを知っている夫や妻は、そういう自分であるにもかかわ

らず相手から大切に受け入れられていることを実感できる時、自分自身の欠点やいたらなさへの悲しいこだわりから解放されます。相手からの力強い支えと愛を感謝する喜びの中で、相手の真心に応えていきたいという成長への強い望みと決断に導かれるはずなのです。夫婦愛のこのような力が、人生の厳しさにさえ、敢然と挑戦してゆくことを可能にする例は、枚挙にいとまがありません。

概して「照れ屋」の夫婦が多いからでしょうか、それとも愛することをどこかではき違えているためか分かりませんが、相手の性格を「頭で知る」のではなく「心で受け入れる」感情教育ができていない場合が非常に多いようです。そのためか、我が国の離婚の最大原因は「夫婦の性格の不一致」です。しかし性格が一致していないと別れなければならないとしたら、おびただしいカップルが離婚しなければならないはずです。要するに、「性格の不一致」という言い方で表されている夫婦の問題は、お互いに相手の心を受け入れることができなくなったところにあると言えましょう。許すことは感情ではなく「意志」の働きであり、愛の決断です。和解のできる夫婦には希望があります。和解は未来に希望を置くことのしるしであり、二人で作る愛の文化なのです。

(5) 相手をほめること

特に強調したいのがこの相手をほめるということです。夫婦の間で交わされる言葉が、不機嫌、不満、怒り、避難、叱責……などの否定的・攻撃的な感情の応酬で支配されたり、寡黙による冷戦の雰囲気が漂ったりする家庭は、寒々としたゴーストタウンや町はずれのごみ置き場のように荒涼としています。もし夫婦が共感し合うことの難しさに直面したとしても、相手への思いやりと行為と信頼を、自分たちの関わりの基本的態度として維持してゆこうとするならば、二人の言葉は肯定的で建設的なものになるはずです。ある側面において、受け入れ合うことが難しい局面に遭遇した時、一事が万事とばかり落胆するにとどまらず、二人にとってそれが難しいという現実を認め、保留にすべきです。そうした対話の小さな危機に直面した時、分かち合えないことの寂しさを分かち合えることは一つの救いです。

しかし、二人はそれ以外のたくさんの面で共感し、肯定し、受け入れ合う領域を持っていることの方に心を動かすことが大切です。このような時に二人に求められるのは、状況を好転させていく愛の決断のイニシャティブを相手だけに任せず、双方で取ろうとすることです。

そのような時、二人の関わりを深める上で最も大きな力を持つのは相手を称えることです。それはもちろん、ある特定の隠された（しばしば見え透いた）意図を持ってほめるセールスマンやプレイボーイのお世辞や甘言とは異なります。相手に対して、好ましいとか嬉しいと感じているその心を、素直に相手に伝えることです。

ほめるという行為が、二人の関わりの上でどれほど重要な意味を持つかは、「称賛」というドイツ語が「好ましい」「信じる」「許す」と同じ語根から来ていると言われるように、相手に対する行為と信頼と肯定的承認といった対話における基本的態度の積極的表明であることからも明らかです。夫や妻は相手からほめられる時、それが相手の真心からの贈り物であることを知るならば、自分のいたらなさや欠点に対するいらだちや悲しみの感情から解放されて、相手の信頼に応えてゆく成熟への強い望みと力がわき出る愛の不思議を体験します。受け入れ合うことの難しい側面を持ち合わせながらも、相手を心からほめることができ、また相手からの称賛を心から受け入れることのできる夫婦は、その構えのない素直さのゆえにお互いを豊かに開花し、高め合うことが可能となるのです。

(6) パートナーシップ――相手の靴を履いてみる。

長島世津子

昔の映画ですが、『アラバマ物語』(32)の最後の言葉に「相手の身になって考えろとパパは言った」と邦訳されたせりふがあります。英語を直訳しますと「相手の靴を履いて歩いてみなければ、その人のことを本当には理解できないとパパは言った」となっています。相手を理解するとは相手の靴を履き合うことかもしれません。イマジネーションを豊かに働かせて思いを馳せるばかりでなく、実際に相手の靴を履いて歩いてみると、先々での相手の喜びと悲しみ、希望と失意の気持ちが生き生きと伝わってきます。

二人が出会い、仕事、家事、子産み子育て、そしてお互いへの介護に至るまでの人生の諸々にわたって男女の固定化しがちな垣根を越えて「相互乗り入れ」を試みながら絆を深めることができたなら、それはアートすなわち芸術と呼ばれる領域において完成するのかもしれません。

社会での各々の仕事を引き受け、家庭では夫や妻としての役割、父や母としての役割、また親の介護責任など、すべて各々が負いきれないほど背負ってひた走るだけで精一杯のカップルにとって、「相互乗り入れ」や「相手の靴を履き合う」などという余裕はないかもしれません。でも挑戦するだけの価値はあります。そうすることによってこれまで家に縛られていた女性たちは、仕事だけに追いやられた男性の生きがいと達成感と同時に、熾烈な仕事への過重な責任と孤立感を自分のものとして味わうことができるようになります。また男性たちは、女性たちが忙しすぎる夫とのディスコミュニケーションを嘆きながらも子育ての喜びを感じ、かと言って家事育児と自分の職場とのやりくりに追われている憔悴と孤独の味わいを知ることになるでしょう。

男性と女性が人生を生きるに際し、社会か家庭かの一面だけに関わる「分業」に甘んじるのではなく、「協業」を心がけることによって、お互いに社会と家庭双方の光と陰を経験することが大切なのです。それを通じて、人生をあたかも相手の靴を履いて共に歩むようなライフシェア（人生の分かち合い）とパートナーシップの豊かさを実現する方向へ歩みだせるのです。これまでの文化の中で、男性をとかく稼ぎ手役割に追い込み、家事育児から遠ざけるのが妻の務めと目されがちでしたが、子育てという躍動感に満ちた現実に触れたり、四季折々の野

32　一九六二年製作のアメリカ映画。グレゴリー・ペック主演。人種的偏見が根強いアメリカ南部で白人女性への暴行容疑で逮捕された黒人青年をめぐる物語。

菜を使って料理をしたりといった感性を使う体験は、単に女性を支えるということ以上に、男性にとっても、それまで締め出されていた、生命的で豊かな新たな地平であることを女性も理解すべきではないでしょうか。

日本国憲法の起草者の一人、ベアテ・シロタ・ゴードンはその自叙伝に以下のように記しています。

女性が家庭と仕事を両立させるのは、今も昔も「新しい課題」なのだ。私は数年前に母校のミルズ・カレッジの名誉会員に選ばれたとき、「女性が仕事を続けるためには、夫の協力が必要です。もしあなたが仕事を続けたいのなら、仕事に理解のある男性を結婚相手に選ぶことです。それで、ほとんどが決まってしまうからです」と講演した。しかし二人の子どもを持つ娘のニコールを見ていると、私のころよりももっと自然な感じで、彼女は共働きを続けている。ニコールも彼女の夫も弁護士だが、彼はおしめを替えるし、料理も手伝っている。ニコールは家事が手抜きになっていることに、私のように後ろめたさを感じていないようだ。長男のジェフリーの場合を見ると、子どもが小さいので奥さんは家でパソコンを使った仕事をしている。インターネットを使って情報を集め、ユーモアに富んだ育児雑誌の編集をしている。今は家庭にいても、いろんな仕事ができるんだなあと驚く。もちろん、子どもを抱えた女性が安心して働けるように託児所や休暇の問題は、もっと改善されなければならないと思うけれど、自分の意志でかなりのことができる時代である。(33)

第四章　家庭――絆と広がり

長島　正

〈開かれていく家庭〉

（1）家庭から社会へ

お互いに相手に対して自己を開き、関わりを深め合う夫婦は、温かく愛の豊かな家庭を築き、世界の一角に愛を実現します。それは小さな灯《あか》りであっても、とかく愛に乏しい現代世界を一隅から照らす希望の灯りです。しかし、それはまた愛はその本質が共感的であるため、決してマイホームの安らぎを窓辺に灯《とも》すような孤高な静けさにとどまるものではなく、もっと直接的に果敢に世界に関わっていく力動性に溢れているはずのものです。

愛の豊かな感性に満ちた家庭は、現代を愛に乏しい非人間的な世界へと駆り立てている様々な傾向と、そこからもたらされる人間の不幸に対して、決して無関心ではいられないでしょう。たとえば、人間を組織や機構に従属する非人格的な機能や部分とみなす機能主義的な傾向や、個人を強調しながら他者の存在に心を閉じたり協調を欠いたりしがちな自己中心主義的な傾向を、決して黙認できないはずです。

また、生を分かち合うことの喜びから遠ざけられた孤独な人々の存在や、家庭の温かさから退けられている子どもたちや老人の存在に心を閉ざす家庭には、決して愛が豊かに生きているとは言えないでしょう。

33　ベアテ・シロタ・ゴードン自叙伝『一九四五年のクリスマス――日本国憲法に「男女平等」を書いた女性の自伝』平岡磨紀子構成・文、柏書房、一九九五年、一五六頁。

それと同様に、家郷を追われ流浪する現代の幾百万もの難民の存在にまず自分の都合を理由に平然としていることのできる家庭、飢えと栄養不良に苛《さいな》まれている開発途上国の人々、特に子どもたちに心を動かさない家庭に、愛が息づいていると言えるでしょうか。

七〇億を優に超える世界の人口のうち九人に一人が飢餓と栄養不良に苛まれているというおびただしい貧困の事実がある一方で、ほぼそれと同数の先進国の人々は飽食社会の中で肥満・生活習慣病に苦しんでいるという世界の食糧配分の不均衡があります。[34] そうした「南」の諸国（開発途上国）の現実を座視しながら、世界の軍事関係支出は増加の一途を辿っています。総額は年間一兆七七六〇億米ドル[35]に達していると発表されました。これは地球全体を何度も破壊するだけの核兵器が保有されていると同時に、この一〇分の一で世界の飢餓に苦しむ人たちに食糧を行き渡らせることができる金額なのです。この著しい矛盾を抱えた現代世界が「死と破壊性」へと走ることなく、「生命の愛」に根ざした生存への途を歩むためには、平和の担い手であり、次の時代への生命の送り手である家庭の中から、一人の父、一人の母である家庭人が、人類家族の一員としての包括的な感覚に目覚めていく以外にはありません。

私たちが今日問われているのは、自分たちの「我が家の幸福」が誰かの不幸と隣り合わせであり、自分たちの豊かさが、誰かの強いられた貧しさと無関係ではないとき、果たして満たされた気持ちでいられるだろうかということです。けれどもこうした人間社会へと開かれた良心は、まだ多くの人々に共有されるには至らず、「他人の面倒をみない代わり、他人に迷惑をかけない」といった人間的な関わりを回避して仕事と家庭だけに向かう閉鎖的な意識、すなわち連帯性の乏しさと社会への無関心が目立つマイホーム志向を持った人々が大勢を占めているのが現実のようです。[36]

今日ほど、家庭において育まれる愛が社会へと開かれていくことが求められている時はないのではないでしょうか。マザー・テレサは、今日の最大の病気は、ハンセン氏病や結核ではなく、自分はいてもいなくてもいい存在で皆から見捨てられていると感じることであり、最大の悪は、愛の足りないこと、すなわち人々が不正や貧しさ、病気におびやかされていても無関心でいることであると指摘しています(37)。

　愛と共感に乏しい非人間的な社会ではなく、人間的な社会へと向かう基点となるような、開かれた家庭像が求められているのです。

（2）二人共同体から世界共同体へ

お互いに人格の成熟を導き合う愛を生きる中で、広がりと自由を与え合う家庭は、帰巣本能が強い鳥ほど遠くまで飛翔する力を有するように、その家庭への愛が強いほど、社会へ開かれていくことが可能となります。

このように、進んで他の人々と関わろうとする意志に燃えて社会に心を開く家庭は、人間が相互に生かし合うファミリアルな共同世界の実現を求めていきます。こうした家庭は、とかく機能と利益が支配しがちな現代世界の価値の転倒に対して、生命的な愛の価値に基づいた人間的な秩序を打ち建てようと挑戦していく小さな「人間の砦《とりで》」なのです。戦争や政争の狂気が人間の死に対する感覚を麻痺させていくような時でも、常に痛ましい犠牲となるのは家庭です。一人の夫、一人の母、一人の息子の死を悼む家庭の悲しみは、人間の死に対する畏敬の心を人々に甦らせ、戦争自体の反人間性を激しく弾劾する良心の原点でもあります。時として傷つけ、争いながら

34　国連世界食糧計画（ＷＦＰ）二〇一四年資料。
35　Stockholm International Peace Research Institute 発表の二〇一四年度レポート。
36　ＮＨＫ放送文化研究所編『現代日本人の意識構造［第八版］』（ＮＨＫブックス№一二二八）、ＮＨＫ出版、二〇一五年参照。
37　Ｍ・マゲッリッジ『マザー・テレサ――すばらしいことを神さまのために』澤田和夫訳、女子パウロ会、一九七六年。

も、許し癒し合う和解の力を持った愛の家庭は、生命の安らぎの場であり、平和の原点なのです。ボヴェーが言うように、「この世の平和の偉大な担い手は家庭」であり、「あらゆる国において戦争反対を表明するのは家庭であり、どのような形にせよ全体主義的な政体に対して、反対の旗印をかかげるのは家庭」なのです[38]。

このように、家庭がその本質において平和の担い手であるとしたら、内側に灯された平和の灯をもっと力強く社会に点火していくことが求められるのではないでしょうか。政治的・経済的な「力の原理」が常に左右する社会の現実の中で、そうした現実の制約を認識しながらもそれを座視し流されるのではなく、人間と人間を繋ぎとめ共に生かし合う「愛の原理」を自分たちの足許から次第に拡大させていこうとする意識と行動を、一人の父であり母である家庭人が自らのものとした時、その時家庭は新しい時代の創造へと向かうアイデンティティを生み出す基盤となるのです。

エリクソンによれば、今日の人々の要請に応え、それに方向を与えることができるのは、「可能な限り最も広範な共同性の感覚と可能な限り最小のコミュニティの両者を再定義する」ことです。すなわち、夫婦の「生ける共同体」を中心とした家庭の親密さ（ファミリアリティ）と共同性を、そのまま世界共同体（人類家族）という普遍的な感覚の中で包括できる新しいアイデンティティ、すなわち人類の同一性（all human identity）を確立することこそ、現代人に託された歴史的な使命であるとしています[39]。

エリクソンはまた、核時代における人間の生存を可能にする新しい倫理について次のように言及しています。

「新しい倫理は、各世代が次の世代に対する義務は何かをいちだんと重大に認識することによるのだと思います。……今日国の内外、世界中で、特権を持たない人々に対する我々の義務感がいっそう大きく存在し、あらゆる国で次の世代に起こりつつある事柄はなんでも今日の我々の問題である、という、一層包括的な感覚が存在します[40]」。

第五章　家族における愛とケア

長島　正

『愛、深き淵より』の作者で詩人画家、星野富弘氏の詩に次のようなものがあります。

いのちが一番大切だと
思っていたころ
生きるのが苦しかった

いのちより大切なものが
あると知った日
生きているのが
嬉しかった(41)

38　T・ボヴェー『ボヴェー著作集〈4〉家庭生活の歓び』三浦安子訳、ヨルダン社、一九九〇年。
39　R・エヴァンズ前掲書。
40　前掲書。
41　星野富弘『鈴の鳴る道』偕成社、一九八六年。

しばしば学生にこの詩を朗読し、「いのちより大切なもの」とは一体何だろうかと訊ねることにしています。自信無げではあるのですが、多くの学生がおそらく「愛」だと思うと答えます。この詩の前半部分には、二四歳で晴れて体育の教師となったわずか二か月後に、放課後の生徒への模範演技に失敗し、それ以来回復の望みない障害の身を病室に横たえて、無力感と無用感に悶々としながら失意の日々を過ごした孤独な作者の姿が浮かんできます。そしてこの詩の後半からは、その孤独な自問と自責の絶望的な怒りの独房から、ある日心が青空に向かって解き放たれた喜び、打ちひしがれていたいのちが癒され輝いた幸せな時の訪れの瞬間が伝わってきます。苦しみの日々から喜びの日への大きな転換、そこには一体どんなドラマがあったのでしょうか。いずれにせよ、家族をはじめとして、関わりを生きる人間の「愛」がテーマであったに違いないのです。

〈愛とケアをめぐる成長への招き〉

人生の春夏秋冬を人間の成長への招きという図式で表しているE・H・エリクソンは、「愛とケアは人生における大人の主要な課題」であることを強調しています。彼によれば、「愛」は若い成人期の人格的成熟の課題であり、それは他者との間に相互の自立に根ざした「親密さ」（intimacy）を実現できることを前提としています。この「親密さ」は、いたずらに相手にもたれかかる依存的なものではありませんし、また相手を「孤独」から逃れるための避難所にする消極的なものでも無いのです。確かに、「孤独」は「親密さ」への強い動機付けとはなりますが、「親密さ」が実現するのは「孤独」を逃れることによってではなく「孤独」を学ぶことによってなのです。すなわち他の誰とも置き換えのきかない自分の独自性を引き受けて、自分ひとりの時間を持って、自分の世界を育てることのできる落ち着いた態度を身につけることが前提となります。

エリクソンの表現を借りると、「親密さ」とは「自分の何かを失いつつあるのでは無いかという恐れなしに、自分のアイデンティティと他の誰かのアイデンティティとを融合する能力」なのです。言い換えれば、自分らしさを失ったり、相手らしさを損なったり否定したりすること無しに、自他の相違や独自性を承認しながら、相互に受容し、共感できる「愛し、交わる能力」が、「親密性」なのです。人はこうした「親密さ」を育てる中で、相互に自分を与えあう（mutual self giving, mutual commitment）「愛」を根づかせることが可能となります。「愛」は「共同的存在」である人間の本質的要求、すなわち「共生への意志」「生を分かち合おうとする強い望み」であり、またその意志や望みによる行為でもあるのです。

さて、エリクソンの図によりますと、若い成人期において習得されるべき人格的特性（徳、virtue）としての「愛」は、やがて成人期において実現されるべき人格の中核的な特性としての「ケア」へと深められます。「ケア」は基本的に「親」であることに関わる特性なのですが、それは、いのちを生み、育てるといった世代的な使命と行為に端的に示される「生殖性・世代性」（generativity）を主要な課題としている成人期の取り組みの中で深められる愛他的な特性です。すなわち「親」はいのちを生み、育てる「親業」を通じて、新しい世代の誕生と育成に関わります。いのちが成長した成果としてやがて自分を必要としなくなり、さらに自分を乗り越え、自立してゆく者（出立する者）を「送る」ことを学びながら、「ケア」を修得する人生に招かれているのです。

ところでこうした「ケア」は、出産、成長、創造といった常にプロダクティブあるいはプログレシブな働きかけや営みの中で学ばれるわけではありません。時には生み育てることの困難に直面し、乗り越えられない壁を前に立ちつくしたり、親であることの自信を失い、自分の歩んで来た人生に不安や疑いを抱いて自問したり、また自ら病を得たり……といった「負の体験」が待っています。すなわち「生殖性・世代性」の対極にある「停滞感」や「自己埋没」の厳しい体験や試練を通して、ようやくより深い共感（compassion）に充ちた人間理解や人生理解に根ざした「ケア」の深まりを体得することになるのです。その意味で、ターミナルケアの先駆者であるE・キューブラー＝ロスの次の指摘は至言と言わねばなりません。

「私たちが知っている最も美しい人々は、敗北と苦悩を知った人、喪失を認識し、悲しみの底から彼らのゆくべき道を見出している人々である。これらの人々は生の高貴さを知り、生を理解し、生への深い感受性をたたえている。彼らにとって生は共感と優しさと深い愛と関心とに充ちている。美しい人は、決して偶然に現れるのではない[42]」。

〈ケアとは何か〉

「汝の成長を促すとともに他者の成長を促すことを、他者に対して行え[43]」（エリクソン）。

ケアは「生命と成長、健康に関するその人のニーズにすすんで応えようとすること」です。すなわち、「その人の生命（身体的、精神的）を養い、癒し、健やかにして豊かに生かしめるための不断の配慮と支援の営み」なのです。三つ子の未熟児として生まれ、生命を危ぶまれたキューブラー＝ロスは、そうした自らの体験を念頭に置いて次のように言っています。

「私が最初に得た人生の有意義な教訓は、生と死の岐れ目は、親身になって世話（ケア）する一人の人間がいるかいないかである、ということであった[44]」（キューブラー＝ロス）。

このようにケアは、助力を必要としているその人の「傍らに立つ」ことです。彼女の場合、産声を上げたときはわずか二ポンドやっとで、到底生き延びるとは思われていなかったくらいでしたが、それにもかかわらず、母の強い決心のおかげで昼夜を問わず三時間ごとの授乳を得て、奇跡的に生き延びることができたのです。この彼女の誕生にまつわるエピソードは、ケアとはなんであるのかを雄弁に物語っています。

これから、こうしたケアの基本的なあり方を特徴づけているいくつかの主要な要素について考察しましょう。その際、念頭にあるのは言うまでもなく家族における「親」の子に対する関わりを通して見えてくるケアなのですが、それはケアの特殊化されたケースというよりも、むしろそこにケアの基本が映し出されているという理解を前提としているのです。

〈ケアの主な要素──生の共有（life share）、生の同行者（companion）〉

ケアをすることは、ケアを必要とするその人と、様々な意味で人生を共にすることです。親はケアの行為を通じてこの生（生命、生活、人生）の大切な部分に深く関わりますが、子がケアを必要とする長期間にわたって、願いや思い、関心、感情（喜怒哀楽）をその都度、共に分かちながら、子の生に与《あずか》り、そして成長や治癒の持続的なプロセスを共に歩むことを承諾しているということなのです。したがって、ケアは非人称的な行為ではなく、基本的に人格的な関わり（person to person）に身を置くことによって可能となるものなのです。言い換えれば、ケアをすることは、その個々の行為に先立って、ケアを必要とする人に対し、「あなたを一人ぼっちにはしない」ということを何らかの形で表明すること、つまり、関わりの当事者になることを表明することなのです

（1）責任（responsibility）

ケアは前に述べたように、生命と成長、健康に関わるその人のニーズに対して応える態度や用意ができている

42　E・キューブラー・ロス『死、それは成長の最終段階──続　死ぬ瞬間』鈴木晶訳、中央公論新社、二〇〇一年、一七一頁。
43　E・H・エリクソン『ライフサイクル、その完結』村瀬孝雄／近藤邦夫訳、みすず書房、一九八九年、一一三頁。
44　キューブラー・ロス前掲書、一九八頁。

という、「応答能力」（response + ability）を意味します。誰かに対して責任を引き受けるということは、求められているニーズに対して答えることを改めて約束し、保証すること（re + spondee = 再び＋約束する、誓約する）なのです。しかも外側から課せられた義務（duty）を果たすこととは異なっていて、責任は自発的な意志（spons = 自由意志、spontalis = 自発的な）による選択的な行為なのです。このように責任は、まず相手のニーズを注意深く聴取し、かつ洞察することから始まります。

注意すべきことは、私たちはしばしば相手を気遣うとき、そうした相手のニーズに対して自分がどう応えるべきかではなく、相手の生命や成長や健康に対して、あたかも相手に成り代わって責任を引き受けるかのような善意の押し売りや干渉を行いがちな点です。しかし責任を引き受けることは、ケアを必要としている相手（主体者）に対して「応答的」（responsive）であることであって、決して相手に対し「支配的」（dominative）だったり「所有的」（possessive）だったりしてはなりません。この点が見過ごされると、ケアする者がケアを必要とする者の優位に立つ管理主義や権威主義に陥る結果となってしまいます。とかく親や教師、医師が陥りやすい点です。「応答的」であるということは、基本的に人格的に対等な関係においてのみ成立するものなのです。

（2）尊敬（respect）

責任を引き受けることが、相手への「踏み込み過ぎ」となり、相手の主体性を損なったり傷つけたりする支配や所有に堕してしまうことを免れる上で重要なのが、ケアを必要とする人への尊敬です。

尊敬は、E・フロムが言うように、語源（respicere = 眺める）によれば、「見ること」に関する自覚的な態度です。すなわち、尊敬は「人をあるがままに見、その独自な個性を知る能力」であり、「相手がその人自身としてありのままに成長し、発達することを望む」ことなのです。[45]

他方補足的に述べますと、尊敬（respect）は、「再び、見る」（re + spect）ことで、したがって「もう相手を知っている、分かっている」というふうに、既に見てきた自分の既得情報や通り一遍の情報で間に合わせ、それで事が足りているとして、新たな気持ちで相手をよく見ようとしないで「軽視」したり「無視」したりするといった「あなどり」や「慢心」とは正反対です。また「これ以上見ても何の変化も無いはず」といった相手への「見限り」や「見切り」、「見捨て」とは対極にあるものです。尊敬には、時にケアする者の理解や予想とは異なって、相手が相手に即したやり方や進み具合で成長したり、発達したり、回復していく変化の可能性や潜在的能力を持っていることを理解し、またそうすることの権利を認めながら、相手にとって真に望ましい事柄がいつか実現することを希望するという態度が存在しているのです。

（3）知識（knowledge）、**（4）理解**（understanding）

ケアが錯覚や誤解のまま、独り相撲や自己満足に陥らないためには、相手のニーズが何であるのかを的確に知ることが必要です。親が目の前の子のニーズを正しく知るためには、まずその発達段階での子どもの身体的・知的・情緒的・社会的な発達状況一般についての基本的な知識が必要ですし、医師が患者のニーズを知るためには、まず病状一般に対する正確な知識が前提となります。このような知識は、子ども一般について、患者もしくは病気一般についての知識、すなわち「～について知る」ことの知識です。

しかし、こうした一般的な前提知識や個別的な分析的知識だけでは、ケアにおいて相手のニーズを的確に理解するためにはもちろん不十分です。もともとケアをする親や医師は子どもや患者の単なる分析者ではなく、相手の成長や回復を支援し、良き理解者として「励ます人」のはずです。

この本来的なケアに必要な知識は、相手に対する愛の「気遣い」（配慮［concern］から導き出される「［共感的］

45　E・フロム『愛するということ』懸田克躬訳、紀伊國屋書店、一九五九年。

理解」［understanding］）と言うべきでしょう。理解は、その語義「under ＝～の下に・～の内側に、stand ＝立つ・立ち続ける」からも想像されるように、相手を冷静に、観察的に見るという態度ではなく、また上から見下したり、鋭い視線で一網打尽に相手のすべてを生け捕ったりするような支配的・搾取的な態度とも対照をなしているような、内的・共感的な態度に貫かれた知識なのです。

このような理解は、「出会いの哲学者」M・ブーバーの言い方によれば、「我―それ」（彼／彼女）の関係ではなく、「我―汝」の人格的な関わりが深まる中で初めて可能です。したがって、この共感的な理解は、ケアをする人が、ケアを必要とする人の世界に赴き、両者の「出会い」の中で相手「を」知る（相手の何か「について」知るのでなく）ようになるということです。

フロムの洞察に倣いますと、相手が怒りの言動を表現している時、私はその怒りに心を奪われ当惑するか、またはその怒りを勝手すぎると批判したり、相手は怒りっぽい人だと内心で非難しながら、「まあ、まあ」となだめることに終始するでしょう。しかしもし私が相手を内的・共感的に理解することを継続した関わりの中で学んでいるとしたら、私は相手の怒りに振り回されずに、かといって怒りをなだめる要領のよさを楽しむのでもなく、相手の怒りの奥にあるいっそう深い内的状態、たとえば相手の悲しみや、不安や孤独とか真剣な願いといった内的な「心の叫び」（ベーシック・ニーズ）をしっかりと受け止め、その傍らに共に立ち続けようとするのではないでしょうか。そうすることによって相手が怒りから解放されるのを手伝うことができるのです[46]。

もう、二〇年近くも前になりますが、今でも鮮明に覚えている光景があります。それはインドのボンベイにあるマザー・テレサの修道会が運営する施設「死を待つ人の家」を訪ねたときのことです。そこには家族から打ち捨てられケアを受けることもないまま死にかけていた老人たちが収容されていました。粗末なベッドが整然と並んだ部屋の片隅には、たった今なくなった老人の遺体がシーツに包まれて横たわっていました。私はそこのケアをしているシスターに案内されて部屋の中に入り、老人たちとあいさつを交わしたものです。老人たちは胸の前で合掌してあいさつしてくれました。死を前にして、生まれて初めて優しく手厚いケアを受けると、人はこのような優しい目になれるのだろうかとひそかに感動しました。

そんな時だったのです。一人の老女が私の合掌のあいさつを拒絶するような険しい怒りの目を見開いて非難めいた言葉を吐き続けたのです。すっかり当惑して目のやり場を失った私に、シスターは穏やかな口調ですかさずこう言われました。「安心して大丈夫ですよ。この人はあなたのことを怒っているのではないのです。自分の人生に起こったことを、あなたに向けて怒っているのです」。

ケアを必要とする人を知るということ、理解するということの深さを思い知らされた瞬間でした。もしも、多くの親や教師、医療従事者がこうした理解を持ち合わせているとしたら、どれほど多くの子どもや生徒、そして患者たちが「心の叫び」を表出することが許され、かつその「叫び」が理解されたという実感と深い落ち着きを得ることができるでしょうか。

（5）忍耐（patience）

『ケアの本質』の著者ミルトン・メイヤロフは、ケアの重要な要素の一つとして「忍耐」をあげています。ケアをする人は、忍耐によって、相手が相手に則したやり方や進み具合で成長したり、回復したりするために必要な時間と生活のゆとりを与えることを可能にしている点を指摘しています[47]。

忍耐できない人は、相手に成長や回復のための時間を与えることができないばかりでなく、そうした時間を相手から奪ってしまいかねず、相手の生活のゆとりを脅かしてしまいがちです。このように「忍耐」は、ケアをす

46　フロム前掲書、三八頁。
47　M・メイヤロフ『ケアの本質――生きることの意味』田村真訳、ゆみる出版、一九八七年、四三～四五頁。

る人が自分の思いや都合を中心にして相手の成長や回復を求めようとはやる心や「先走る」態度に出てしまうことへの内的な闘いや自制となるものであり、またケアをする人の狭量さと不寛容さを克服した上での相手に対する愛に導かれた「寛大さ」(tolerance)を意味しています。

この点で想い起こされるのが、幼児期の親のケアに対するエリクソンの指摘です。彼は幼児期の発達課題の達成を支えるべき親の基本的な態度として「確固とした態度をとると同時に寛大であれ」と述べています。すなわちこの「寛大さ」は単なる「お人好し」の意味や、また多くの親がそうであるような自信や確信のなさに由来する無責任な「物分かりのよさ」ではなく、ケアをする人に或る種の確たる「信頼」があってこそ可能な内的な力を意味しています。その信頼はケアを必要とする人の成長や回復に対する信頼であり、また人生に対する基本的な信頼でもあるのです。こうした信頼がないと、親は不安や焦燥に駆られながらもすべてを背負い込もうとするあまり、子どもに対し、「早過ぎるしつけ」や「厳し過ぎるしつけ」に走りがちになります。その結果、子どもを不寛容で思いやりに欠けた偏狭な「道徳主義者」に仕立て兼ねません。この幼児期の「しつけ」をめぐる問題点を鋭く指摘し、自ら「叱らない教育」や「しつけ無用論」を提唱してきた平井信義は、叱るしつけの多くが親の身勝手な都合やエゴからなされていることを指摘しています[48]。

「忍耐」がケアの重要な要素であるとしたら、「早過ぎるしつけ」や「厳し過ぎるしつけ」は子どものためというよりも親の身勝手や親の忍耐のなさによって引き起こされており、それが幼児期に形成されるはずの自主性や自発性、思いやりといった極めて中心的な人格的特性の基礎をどんなに阻害するかを肝に銘じるべきなのです。ところでこうした「忍耐」も、その意味がしばしば取り違えられることがあります。その為、若干の補足的考察が必要であると思われます。

まず忍耐はいわゆる「我慢強さ」と必ずしも同義ではありません。「忍耐」も「我慢」も厳しい状況に対して音をあげたり、降伏したりしないことにおいては共通していますが、「我慢」という言葉には、自分を自慢する、強情、我を張るといった意味があるように、辛い状態の中で、歯を食いしばって貫く自分の意志の強さが注目されています。言い換えれば、辛いことや苦しいこと、不本意なこと、また欲求を抑制することを、果たしてどの程度、どのくらいの時間自分は「辛抱」できるかといったことが問題になります。そして「我慢」に意味があるのは、一つにはそれが自分の意志力を強く鍛えるトレーニングになるからであり、一つには我慢することの見返りとして積極的な価値が獲得されるであろうということのゆえです。いずれにしても、「我慢」にはどこか肩を凝らしたような意志の硬直性と独り善がりになりがちな面が見られるのです。言い換えれば、「我慢」は逃れることのできない困難や辛さをどれほど辛抱できるかが問題で、それ自体をどれだけ理解しているかは問題ではありません。むしろ、その辛い事態をなるべく考えないように気を紛らしたり、他のことに集中することによって無関心になることでやり過ごすことも珍しくはありません。その場合、人は我慢するという意志的な行為から何かを学んだり、獲得したりすることはあるのですが、辛い事態、厳しい現実そのものとの関わりは基本的に変わらないわけです。したがってその辛く、厳しい現実そのものからは何も学んではいないことになります。たとえば、人生の半ばで不本意な状態に陥った夫婦や親子が、会話さえ満足にしないような気まずい状態にあるとします。双方がそうした状態の改善をあきらめて我慢してしまうとしたら、その我慢によって気まずい状態を持続することはできても、その不本意な状態そのものを変え、事態を改善することはできません。またその気まずい関わりに直面することを通して相互の理解を深めるといったように、不本意な事態から何かを積極的に学ぶということはありません。

これに対して、ケアの要素としての「忍耐」（patience）は、忍耐することの見返りとして獲得することのできる目標の実現とか病の回復という望ましい価値のためだけではなく、忍耐すること自体の中に積極的な価値があ

48　長島正／福島章編著『親と子のかかわり』金子書房、一九八六年、六五頁。

るのであり、また忍耐すること自体に成長や成熟への途が用意されているのです。言い換えますと、「忍耐」において重要なのは、困難に音をあげないで持ち堪えることであるよりも、むしろ困難な現実を回避せずに積極的・かつ前向きに関わっていくことであり、困難な現実との関わりを通して、その現実に何らかの意味や価値を見出してゆこうとする態度であると言えます。

こうした態度について深い考察をもたらしたV・フランクルは『夜と霧』の中で、人は逃れることのできない苦悩（passion）に対してどう関わるか、苦悩をどう引き受けるかという態度決定によって、人生の高貴さを証する人間の内的価値を実現することが可能であることを雄弁に指摘しています。避けられない苦悩を「仕方なしに」被る者にとどまるのか、それともその苦悩を何らかの意味あるものとして自らに引き受けることを決断する者となるのかの人生の選択があるのですが、「忍耐」は後者の選択なのです。フランクルによれば、人はいかなる苦悩であっても、そこに意味を見出すことができる限りそれを受け入れ、耐えることが可能であり、耐えることができないのは「無意味さ」であることを指摘しているのです[49]。

ところで「忍耐する」を意味しているラテン語（patior）が、「苦しむ、耐える」の他に「受け入れる、甘受する」、さらには「ゆるす、寛容である」などの意味を含んでいることはこれまでの考察と重ね合わせてみて興味深いものがあります。最後に、ケアの要素としての「忍耐」を考える上で肝に銘じるべきこととして、ケアにおける中心はケアを必要としている人の「苦悩」であり、「忍耐」であるということです。子どもや患者自身がどのような苦悩にあり、どのような忍耐が求められているかを配慮することが優先されるべきで、親や医師の苦悩や忍耐が優先されるべきではありません。

（6）希望（hope）

エリクソンの生涯発達論によりますと、成人の人格的特性の中核をなすケアのその中核をなすのが「希望」です。「希望」すなわち「求めるものが得られるという信念」や「未来に対する信頼」は、人が人生の最初期において「最初に」体得すべき内的強さです。もちろん「希望」が人生において重要なのは乳児の時だけではありません。「最初に」の意味は時間的な始めというだけでなく、それが人生全体を通じて第一に位置するという意味なのです。「希望」は人が生きてゆくために無くてはならない「内的力（人格的活力）」です。

二〇世紀の人類の大きな証言の一つは、まさに「希望」の力についてでした。それは広島や長崎、そしてアウシュビッツの体験からなされたものです。未曾有の人間破壊にもかかわらず、人間は破壊しつくされることなく、広島や長崎の廃墟の中から平和都市の復興をもたらし、アウシュビッツからは人類の未来へ託すメッセージを語らしめています。その復興の力は「希望」の力にほかならないのです。

自らアウシュビッツを体験したフランクルによりますと、あの絶望的な状況にもかかわらず多くの人々を絶望から救ったのは、「未来に対する信頼」すなわち「希望」でした。

「未来を信ずることのできなかった人間は収容所で滅亡していった。未来を失うとともに彼はその拠り所を失い、内的に崩壊し身体的にも心理的にも転落したのであった」[50]。

この「希望」の芽が、人生の最初期において乳児に育つのは、主に母親との関わりを通して最初の発達課題すなわち「基本的信頼」が獲得されることによってです。この「信頼」が乳児と母親との感覚的関わりを通して体験される情緒的な寛ぎや安らぎであることは、既に見たとおりであります。ところで「希望」の芽が子どもの心

49　フランクル前掲書、一八三頁。
50　前掲書、一八〇頁。

にしっかりと育まれるには、親自身の中に人生に対する「希望」がしっかりと根を下ろし、生きられて居ることが大切です。すなわち、ケアを必要とする人の心に「希望」が育まれる上で、ケアをする人自身が希望を生きているることが大きな支えになるのです。

エリクソンはこの「希望」という用語を説明するにあたって、プラトンが若い動物の跳躍する（leap）姿に遊戯性の原型を見たことを想い起しながら、「希望」（hope）が跳躍を意味する〝hop〟にもつながりうる点に注目しました。彼は、「希望」とは「期待に充ちた跳躍を促すような自由感すなわち空間的ゆとりの感覚」として表されるような「期待に充ちた願望」（expectant desire）であると述べています。[51]

しかし、今日のケアを巡る様々な問題を見ますと、根本的な問題の一つとして指摘せざるを得ないのが、『希望』の欠如です。それはケアを必要とする人に限ったことではなくむしろケアをする人すなわち親たちや看護者の問題でさえあるのです。そして「希望」の欠如は、「希望」と混同された「期待」（expectation）の肥大化と無関係ではありません。たとえば今日どれだけ多くの子どもたちが親の「期待」に縛られ、圧迫されて「自由」を失い悩んでいるのでしょうか。あるいはまた親の期待の「放棄」と「失望」に自己の存在感や自己価値観を脅かされているのでしょうか。

〈希望と期待の区別〉

ところで、「希望」と「期待」は、いずれもまだ確定されず実現されていない未来に対する積極的な関心ですが、そのあり方において両者は基本的に区別される必要があります。

まず「希望」は、エリクソンも言うように、人間の中核的な特性であり、習得されるべき内的・人格的強さです。それは文字通り「願い望む」（希＝願う、望＝のぞむ）という仕方での「未来への信頼」でありまして、「欲望の貪欲性」（すなわち、決して「これで十分」とは言わない欲望の肥大化）と「欲望の硬化」（すなわち、〜でなければ気が済まないという欲望の頑なさ）を伴ってはいませんから、一種の自制や柔軟性（被拘束性）を伴う点で「期待」とは異なっています。

一方「期待」は「待ち設ける」仕方での「未来への働きかけ」ですから、自分がこうあって欲しいことを前もって予想（予測）し、当てにして待つことです。ちなみに「期」は「取り決めた日時」や「（必ずそうなると）目当てをつけて待つこと」、「（一定の時と所を決めて約束して）会う」ことを意味します。それは「希望」の「希」が「まれ」や「（めったにないことをあってほしいと）願う」ことを意味し、「望」が「（見えにくい遠方を見ようと遠くから）眺める」ことや「（得難いものを得ようと）望む」こと、すなわち「長い目で待ち望む」こととは意味合いを大きく異にしています。

この言葉の区別からもうかがえるように、「期待」には、期待するものの「催促がましさ」や「要求的な態度」、「自分の要求（欲求）を貫徹しようとする意志」が伴っているのです。

この「期待」の態度をよく示しているものに、『猿蟹合戦』の一節があります。それは蟹が猿から騙されて交換した柿の種を大切にして育てる場面でのセリフです。「早く芽を出せ、柿の種、出さぬと鋏でちょん切るぞ！」。柿の種ならまだしも、よそ事ではないのは、蟹のような親がこうした熱い期待感で子どもを急き立てていることです。この一節には、期待通りにならなければ承知しないという期待の硬化が紛れもなく表現されています。

このように「期待」は、自分の思いを相手に強いる「自己拡大性」と「自己中心性」に走りがちです。「期待はずれ」の結果に対しては、無理な期待をした自分を責める替わりに、期待に応えなかった相手の努力や能力の不足を責め、「期待を裏切られた」と非難しがちになります。逆に「期待通り」の結果になると、自分の予期や予想の正しさに注目して自己満足し、喜ぶことがあっても、相手の努力や幸運を感謝することは忘れがちです。

51　エリクソン前掲書、七六頁。

なぜかと言いますと、それは心のどこかで「当て」にしていたことなので、その通りになっても「当たり前」と受け取りがちになるからなのです。それと比べて、「希望」は、たとえどんなに真剣に願っても「めったにないことをあってほしいと願う」わけですから、「希望が叶った」時はむしろ自然に喜びと感謝の感情が先に立つことになります。こうして、ケアを必要とする人や子どもの能力や努力を期待し当てにする人や親は、期待の持つ拘束性で相手を縛り、しかも相手の努力や誠意をどこかで当てにしています。一方、期待される側は、期待する人の自己拡大的な要求がましさに圧迫されて、期待に応える意欲や喜びをそがれ、自分の自由を失い、負担感が増し、やがて怒りを抱く結果になりかねないのです。

ところで、「期待」で縛られ拘束されるのは期待される人だけではありません。実は期待する側も、その期待感を募らせる中でその期待によって縛られるのです。ここで指摘したいのは、「期待」一般をケアにおいて否定することではなく、「期待」があまりにも陥りやすい問題性を明らかにして、その弊害を取り除くことの重要性についてです。実際、親の期待に縛られる子どもも窮屈で気の毒ですが、親に期待されることの無い子ども、すなわち親から期待を「放棄」されている子どもはもっとうつろで孤独ではないでしょうか。もっともそのような場合でも、親はある時期までは「早く芽を出せ、柿の種……」と合唱していたはずですから、途中で期待通りにならない現実に疲れて期待することをあきらめてしまった場合が多いのでしょう。その時点で「期待」を放棄する替わりに学ぶべきであったのは「希望」だったはずです。

人生の終焉を間近にした人々に対するターミナルケアに先鞭をつけたキューブラー＝ロスは、患者と最後まで「希望」を分け持つことがいかに重要であるかを述べています。いかなる患者も「放棄」されてはならないのです。医療従事者や医学的手段が及ばないからと言って患者を「あきらめ」てしまうとしたら、患者もまた自己放棄し、気力も意欲も失い、多くは「放棄された」という感じや体よく「あしらわれた」、「騙された」という思いと孤立感を深めることになると言っています。(52)

第六章　スピリチュアルなケアと魂の教育

長島世津子

〈ＷＨＯとスピリチュアルな健康〉

死にいたるいじめ、自殺志願サイトでの犯罪、「口やかましい」肉親殺し、自死といった痛ましい事件が、中学生のみならず小学生に至るまで、今日そう珍しくない日常の出来事となった感があります。いのちの重み、生きることの喜び、自分が大切な存在であることを確信できる自己価値感……そうしたすべてが深い闇に覆われているような魂の不安や危うさ、飢え渇きを受け止めてもらえない無力感が、今日私たちを支配していないでしょうか。

ＷＨＯ（世界保健機関）は、これまで人間の「健康」概念を長い間、身体的健康、心理的健康、社会的健康といった側面でのみ捉えてきましたが、一九九〇年代に及んで、従来の視点に「スピリチュアルな健康」という視点を加えることを提唱しました。それと同時に、人間がそのいのちの終焉を相応しく迎えることを支えるための全人的なケアに言及する中で、従来の「身体的、心理的、社会的なケア」に留まらない「スピリチュアルなケア」（魂の教育）の重要性を明記しました。人間を身体的、心理的、社会的存在としてみるだけでは不十分であり、そうした側面を有機的に統合する「スピリチュアルな存在」として捉えたということです。

健康に恵まれ、楽しいスケジュールに事欠かず、多くの友達に囲まれながらも、今ひとつ生きていることの実

52　Ｅ・キューブラー・ロス『死ぬ瞬間——死とその過程について』鈴木晶訳、中央公論新社、二〇〇一年、一七六頁。

感に欠け、深い人生の味わいを失っているような虚しさと、そのような生活を続ける自分の人生の将来への不安を覚えたとしたら、それは充足を渇望するスピリチュアルなニーズの顕れと言うべきものです。それは、いのちの重み、生きることの喜びや意味を確信したいという欲求です。自分が大切な存在であることを確信できる自己価値感への欲求、自分の存在の証しなどを残したいという欲求、死後の永遠のいのちへの希望などが含まれるのです。どの人生の段階においても人間にはスピリチュアルなニーズがあります。しかし人生の試練や苦難の時、また人生の終焉を迎える際のターミナルケア（終末期看護）において、それが最も切実で重要なテーマとなってくるのです。したがってターミナルケアにおいて、限られた人生を有意義にその人らしく生きることに仕えるケアの現実に与り触れることは、スピリチュアルなケア（魂の教育）のための貴重な「学びの原点」となります。

スピリチュアルなケアを、病の治療――疾病という問題（problem）の除去または解決（solution）――という視点で理解しようとすることは、もともと無理と言わねばなりません。ケアする人と患者（与える者と与えられる者、救う者と救われる者）といった主体―客体の視点だけでは、極めて不十分だからです。

その視点とは異なった、人の心の傷や不安、痛みに対する共感的関わり、それを通して魂の奥深い神秘に触れ、共に与ろうとすることが必要なのです。深い存在の交わり（communion）に身を置くような関わり方を目指そうとする、そういうケアが必要なのです。奥深い魂の不安や心の闇、心の苦痛や魂の叫びを受容・傾聴し、共有し合おうとする全人的な関わり（魂と魂の出会い）のことなのです。

家族のひとりが人生の終焉を間近にして、人間の基本的な問い（たとえば、何のために生きるのか、なぜ私が苦しまなければならないのか、死んだらどうなるのか……といった問い）を回避しないで、その問われている生の神秘に共に与るためには、宗教的な生きた内省なしには不可能と言わねばなりません。自分自身の死も含めて、身近な人の死（二人称の死）を間近にした家族や、もはや家族だけでは負いきれない十字架を共に引き受ける緩和病棟のスタッフ、ボランティアのメンバーたちが一様に直面する「なぜ」という問いなのです。

宗教は人間のスピリチュアルなニーズや、人生の目的や人間の尊厳、苦しみや死についてなどスピリチュアルな問いに対する固有の解答を提示しています。その宗教特有のスピリチュアリティ（霊性）がその宗教を特徴付けているはずです。ここに一人の主婦の一文があります。

告知の日神を感じた

その病院の正面の塔の上に金色の十字架が立っていた。私はその十字架を仰ぎながら、病院の一角にあるH先生のお部屋へ向かった。その日、私は先生に招かれ、私の「がん」を知らせていただくことになっていた。先生と私は向かい合って座り、私は「私は助からないがんで……？」とお話しした。先生は肯定も否定もなさらず、私の目を黙って見ておられた。私は泣くだろうと思ってハンカチを二枚用意していったが、何の動揺もなかった。

不思議な、厳粛な雰囲気だった。神の臨在を感じた。翌日、私は先生に心から感謝の手紙を書いた。先生の診察を受け始めてから、一年になっていた。その間、先生は「月に一度手紙をください」と言われ、私は心の葛藤のすべてを手紙に書き続けた。先生は私のすべてをご存知であった。

慢性白血病を発病して、もう一三年になる。毎年梅の季節、桜の季節には、これが最後かもしれないと思って花を眺めている。末期の目で見るとき、森羅万象は光り輝いて見える。なんということだろうと思う。こういうことだったのかと思う。最も低いところにたつとき、最も高いものが見えるのだということがわかる。生かされていること、動けること、誰かのために何かができるということが、どんなにありがたいことであるかがわかる。当たり前だと思っていたことが、すべて賜物だということがわかる。死を見つめて生きることは大切であり、そこから初めて本当の生き方が見えてくるのではないかと思う。一日一日を大切に、明日を思わず、今日を感謝して生きていこう。「がん告知」は、私にとって、神の恵みであった。

（宇都宮市　小山美知子　主婦　五五歳）(53)

〈視点のコペルニクス的転換〉

スピリチュアルなケア（魂の教育）の根本は、一個の人格（パーソン）と人格との関わりに身を置くことです。そこで問いを共に生き、問いの神秘を共に与ることが求められるのです。それを通してこの主婦のように、精神的レベルや心の面でのコペルニクス的転換を体験することができるのです。それによって人生の危機と対面し、その危機を通して新しい自分の生き方を発見することも可能です。このように、心の見方の転換のゆえにクライシスは最後まで創造的に生きる希望を持つための挑戦にもなることができます。宗教には、こうした新しい見方や新しい生き方への「視点の転換」のインパクトが期待されているのです。

ただし私たちは特定の宗教なしにもそのスピリチュアリティの深みに触れ、そのニーズや問いを生きることが可能です。人間は本質的にスピリチュアルな存在だからです。人間は人間である限りスピリチュアルな存在であり、人生の意味の探求――生きる意味や目的、その深みを問わずにいられないのがその特徴なのです。

ヴィクトール・フランクルは、人は「意味」なくして生きることはできないと語っています。人間は「意味」がないところで自分の生の実存を維持することはできません。自分にとって全く不当としか思えないような苦しみを、その苦しみの「意味」が何かを探ることによって、すなわち何のための苦しみか、その苦しみの目的を見出すことによって、自ずから苦しみを引き受け耐え抜こうとする力が湧いてきます。そして多くの場合、その目的は抽象的な何かではなく、具体的な家族や友人、愛する人のためであったり自分のやりかけた仕事への責任感や使命感だったりするのです。

人生の意味や目的、人生の根源的欲求を、フロイトは「性欲」に、アドラーは「力」に見ようとしたのに対し、フランクルはそのいずれをもってしても人生を説明することに限界があることを指摘し、生の意味を求めてやまない意志（will to meaning）を、人間の根源的な欲求として捉えました。フランクルのこの視点は、スピリチュアルなケアや魂の教育に極めて示唆的であると言えます。

〈マリアフリーデンの取り組み〉

死を間近にした人々との関わりの中で、スピリチュアルなケア（魂の教育）は実際にどのように取り組まれているのでしょうか。

ここでご紹介したいのが、二〇〇四年に夫共々ケアの研修グループで訪れたドイツ、ストラスブールに近い村にあるハウス・マリアフリーデンというエイズホスピスです。このホスピスはカトリックの女子修道会がリゾートホテルを買ってエイズのホスピスにしたもので、一九九〇年一一床で運営し始めました。今の社会のニーズにこたえるために修道会として何ができるか考えた末、社会で最も疎外されている人々を援助しようとスタートさせたため、現在エイズ患者のみでなく重い病気を持った寄る辺ない人（がん、難病）にもこのホスピスを開放しています。

所長はプロテスタントのケルコビウス氏で、中心的に働いているシスター、ベアテ・マリアは教育者の資格を持った、温かく献身的な方でした。平均入院日数は一三七日で六年の間に一〇〇人死亡という状況です。医者は基本的には週に二回やって来ますが臨機応変に対応しており、家庭的な空間にホスピスをどのように変えていけるか、その方向性の実現に心を傾けているため、病室のような消毒の匂いもしていませんでした。ここに入院している一人一人を個性ある人間として迎え、その人その人が自分なりに納得できる仕方で人生を送れる家庭のよ

53『朝日新聞』「ひととき」欄、一九八九年七月七日。

うな場所を提供しようと努めています。一日の生活のリズムは、家庭にいるのと同様、自分たちでできるだけ決めるように指導し、それをわがままとはみなしていません。自由な生活を保証することは人間の本質的要求だからです。「エイズ患者にはホリスティック（全人的）ケア――身体的、社会的な実存的ケア（社会的に疎外された患者への金銭的援助も含む）、心理的ケアのほかに、特にスピリチュアルなケア――が必要で、それがホスピスの根本的となるケアである」と所長が繰り返していました。

死に臨む人の中心課題とは「人間は何処から来て何処へ行くか、苦しみにはどんな意味があるのか、人生の目標は何か」であり、この三つの問いにまずケアに立つボランティアスタッフ自身が必ず答えることを要求されており、それぞれ自分なりの応答ができるよう教育がされているのです。この三つの問いにボランティア自身が答えを持ちえなかったら、ここではホスピス・ボランティアとして働くことができません。援助者が自分自身を知って初めて、相手の援助が可能であるという援助者の基本姿勢を説くと同時に、「なぜ」の問題と真剣に関わらせているのです。

このケアをする側の人間がまず自身と向き合う哲学から始まることは、家庭におけるケアの本質を見事に表しているように私には思えるのです。どんなに親しい者同士とはいえ、ケアをされる側と同様ケアをする人間は共に問われている存在であり、人間としてのはかなさ、限界性に満ちた存在であることの自覚がまず必要だからです。その人があなたの献身的な行き届いた配慮とやさしさに感じ入って、あなたにもたれかかり依存しようとしても、結局は無理なのです。あなたはどんなにその人を愛し、心を込めて関わったとしても、その人になり替わることはできません。苦しむその人を前にして自身の無力感、さらに脆弱性（vulnerability）をかみしめざるを得ないのです。そのような体験を自身の家族の中で持たれている方も多いのではないでしょうか。最後は神のまなざしの下でその人が一人で人生と決別しなければならないのです。その孤独をケアする者とケアされる者がまず受け入れるそのところから真に思いやりに満ちた親密な、それと同時に相手をコントロールすることのない自由で対話的な関わりがスタートするのです。最後は一人、でも決して一人ではない、その人を心から気遣ってくれるあなたが共にいるからなのです。

マリアフリーデンのボランティアスタッフはエイズ患者と関わることを通して「その人」を受け入れることを学びます。すなわちホモセクシュアル、ドーピング、薬物依存、売春といった、社会の人々が裁く対象としやすい背景をもった相手に対する道徳的判断をせず、また心理的葛藤も取り除いて、患者と深い人間関係を作ろうと努力するのです。必要なのは共感ではなく共存すること、共に歩む（companionship）ことだからです。

〈共に歩むホスピスケアとその姿〉

（a）がん患者で五八歳のマーガレットは死に瀕していました。家族はバラバラで、両親兄弟はもちろん、離婚したため子どもは離散し自分の家庭がありませんでした。その結果あまり自分からは話そうとしないし、その上ボランティアスタッフ全員に不信感を持っているふうでした。マーガレットは人生において苦い経験をたくさん積み重ねてきた女性で「私がここになじめるようになるには相当時間がかかるから」と最初から言っていました。ところが時間が経つにつれて「ここに来てから自分の人生で初めて安心できた」と言うようになったのです。

彼女の病状が悪化するとシスター・ベアテ・マリアが頻繁に世話に当たるようになりました。昏睡状態になったとき、シスターはマーガレットの顔を正面から見ながら座っていました。「彼女がベッドに寝て私は顔を見るようなかたちで座っていました。その時ふとこの位置は何か間違っているのではないかと感じたのです。自分が今死に臨んでいる彼女と視線を合わせることによって彼女の心にプレシャーを与えているのではないか……。そう感じたので足元に座りなおしました」。

旅立ちに向けて永遠との関わりの中で自ら整えつつある相手の魂に敏感になり、その瞬間に敬意を払って割り込まないようそっと位置を変え、けれども傍にしっかり寄り添うというデリケートな配慮は、スピリチュアルなケアの特徴と言うべきものです。そのためのマニュアルはありませんが、日頃心がけていることは、たとえば以下のようなことだと言っていました。すなわち、家庭に居るような安心感、家庭のように信頼のできる場を与えるということ。そして、「死に臨んでいる人」を対象の中心として関わるのでなく、「この人（一個の人格）の最後の日々」に関わるのだということを心に刻むことです。

対処の仕方は経験を積み重ねることによって上手になるでしょうが、死に臨んでいるのはこの人だからです。家族における一人一人のように、かけがえのない唯一無二な人間として理解しようとする関わり方を持つ必要があるのです。

患者は自分のことをよく理解してくれていると感じるとき、初めて安心します。そのため病気、苦しみ、死を何かの理論や考えとしてではなく、実存的なものとして自分の中に受け入れようとしなければならないのです。車椅子の扱い方をマスターすることでなく、乗っている人がどういう気持ちかを感じ取ろうとすること、乗っている人の気持ちに入り込むのです。医者や警察官が一つ一つそのようなレベルで関わるとしたら身が持たないかもしれませんが、ここではそうしようとしていると言っていました。

（b）ヨゼフはベルリンに住んでいたホモセクシャルです。具合が悪くなったときレクリエーションになるから滞在させてくれと言ってきました。彼は大病院の看護師の長をしていたのでエイズには大変詳しい人でした。三週間滞在しましたがその間少し回復し始め、滞在の間深く関わってくるようになったものの、その後ベルリンの自宅に戻り、文通も途絶えがちになりました。

その後彼のことをテレビで偶然見かけたのです。彼がエイズの代表として出演していたためで、ホスピスの住人が見つけて「ヨゼフがテレビに出ている」と叫びました。番組の中で、エイズの経過に詳しい彼は、「最後になったら自殺するつもりだ。そのための薬品はすべて揃えている」と述べていました。そのインタビューには兄弟も登場していて、ひどく泣いていました。ヨゼフはどのように自殺し、どう葬儀してほしいかを具体的に説明し続けました。ケルコビウス氏にとってもそれは深い衝撃でした。一九九五年五月のことです。

ところがその八月の末にヨゼフがマリアフリーデンに突然電話してきました。もう自分は死ぬと思うから、その部屋が空いているかと聞いてきたのです。空室があったので入院させました。

ベルリンではケアが行き届いていたようです。社会保険で自分で生活できるよう自宅はきちんと設備が整えられていましたし、毎日四時間の在宅ケアの人も来ていたようです。専門の医者もいつも電話で呼ぶことができたし、ボランティアが彼を手伝いに来てもいました。

ではなぜマリアフリーデンに戻って来たのかということですが、彼は今でもハッとさせられるような、スピリチュアルなケアを見事に言い表している答えをしました。

「私は心の安らぎと安心できる場を探していたんだ。誰かが時には用事なしにぶらりと入ってくるようなそんな場所がほしかった」。

つまり呼び出したからでは無く、また掃除の人が勝手にベッドの整理のためにやってくるようなし方でもなく、さしたる目的もなしに自然に入って来てくれるような場を求めていたのです。ヨゼフは一二月に、安らかに自殺せず旅立ちました。八月に入院してから一二月に至るまですべての自殺の薬は何の話題にものぼらなかったそうです。

スピリチュアルなケアは何か特別な技能を持ったエリートだけができるものではない、どのような人間にもできるとケルコビウス氏は言い切りました。ある日パンクロックファッションの若者がボランティアをさせてほしいと事務所に来ました。周りの人がびっくりするのを尻目に、所長が「どんなことをしたいのか」と聞くと、分からないとジェスチャーで答えました。

「何か特別な資格か才能を持っているか？」

「いや」。

「趣味は？」

「ビデオを見ること。自分で作ったビデオを見ることかな」。

そこが出発点でした。所長は彼に「入院患者が一一人いる。一人一人の患者に『もし今負っているハンディがなくて自由に過ごせるとしたら一日をどう過ごしたいのか』」尋ねてくるように命じたのです。さっそくその通りパンク氏が尋ねに行くと、一一人はそれぞれ個性的に答えてきました。

「シスコの浜辺に行きたい。昔よく遊びに行っていたから」。

「自分の街のしょっちゅう行ってたバーに行きたい」。

「アクロバットをやっていたんだ。馴染みの公園に行ってもう一度やりたい」。

「自分が生まれ育った故郷の家に帰りたい」。

パンク氏は一一人の患者が言ったそれぞれの所へすべて出かけて行ってビデオを撮ってきました。そして一人一人に一〇分間のビデオを作製して、ある午後その鑑賞会を開いたのです。一一人のエイズ患者がそれを見てどのように感じたかは想像に難くありません。


〈地域の人々との協力〉

町の人々はドイツで初めてのエイズホスピスだっただけに、エイズが何かも分からず極度に不安に陥ったようです。ケルコビウス氏はあちこち講演に飛び回って研修会も開き、なぜこの地域で、何を行おうとしているのか説明しました。人々の強い不安はエイズに感染するのではということだったのです。馴染みのない状況との出会いだったため、地域の人々をエイズホスピスであるマリアフリーデンに招いてエイズの人々に出会う体験をする機会を度々作った結果、町の人々の気持ちが前向きに変わり、入院している一人一人に関心を持ってくれるようになりました。

ケルコビウス氏にバスの運転手が、以前バスに乗せたことのあったあの人はどうしているかと聞いてきました。一か月前に旅立ったというと「若かったのに」と言って嘆いていました。また郵便局に行くと窓口の人が「あの人はどうしているか」と尋ねるのです。郵便物を出すために郵便局にそのエイズ患者がよく通っていたからでした。今状況が悪くて死に直面していると告げるとびっくりして「彼はきれいな記念切手をよく買いに来たから、これを持っていってあげてほしい」と言って記念切手を差し出し、後で花も注文して届けてくれました。

終末を迎えようとしているがん患者あるいはエイズ患者たちと、彼らと共に歩む訓練を受けたホスピスボランティアのスタッフたち、そして温かく見守る地域の人々との相互的な信頼のうちに実践されているスピリチュアルなケアは、そうしたケア機能を身内のものに発揮しきれず、持て余すか無力感を抱えている多くの家族に、力強い良きモデルを提示しています。そのモデルは家族の本来的なケアの機能をしっかりと取り戻させ、補強してくれ、また家族の尊厳と輝きを回復させる大きな励ましと援けとなっています。

参考文献

村田久行『ケアの思想と対人援助』川島書店、一九九八年。

加藤常昭／井ノ川勝／賀来周一／山岡三治『日本の教会と魂への配慮』日本基督教団出版局、二〇〇五年。

エリザベス・キューブラー＝ロス『死ぬ瞬間——死とその過程について』鈴木晶訳、中央公論新社、二〇〇一年。

ヴィクトール・E・フランクル『新版　夜と霧』池田香代子訳、みすず書房、二〇〇二年。

ヴィクトール・E・フランクル『意味への意志』山田邦男訳、春秋社、二〇〇二年。

世界保健機関編『がんの痛みからの解放とパリアティブ・ケア』武田文和訳、金原出版、一九九三年。

第二部　親と子の関わり

第一章　家族のパーソナリティ機能

第一節　子どもの「社会化」と成人の「安定化」

長島　正（編集　長島世津子）

〈はじめに――家族機能の変化〉

家族は、人間にとって最も基本的な集団（basic community）です。家族について様々な定義が可能ですが、「夫婦・親子・きょうだいなど少数の近親者を主要な成員とし、成員相互の深い感情的包絡で結ばれた、第一次的な福祉追求の集団」と見るのが適当ではないでしょうか。[1] すなわち家族という集団は、近親者相互の人格的な交わりと感情的な融合（愛、共感、思いやり、分かち合いなど）を基本とした生活共同体（life community）であり、その成員の生活と生涯の全般にわたる福祉追求を主要かつ包括的な機能とします。しかも家族はその機能において、他のいずれの集団にもまして基本的かつ主要な集団であり、その意味で第一次的な福祉追求の集団です。

家族はそれを実践する上で多くの具体的な個別機能を兼ね備えているわけですが、それらの個別的な家族機能は、社会の変化やそれに伴う家族形態の変化のもとで、同様に変化を生じながら今日に到っています。そして今日の家族に大きな影響を及ぼした社会の変化として、社会の産業化（industrialization）がほぼ共通した認識として挙げられますが、アメリカの社会学者W・オグバーンは、既に一九三〇年代に、社会の産業化による専門分化の進行に伴い家族機能が縮小化してきたことを指摘しています。[2] 彼によれば産業化以前の家族は、経済・社会的地位の付与・教育・保護・宗教・娯楽・愛情という七つの機能を合わせ持っていましたが、産業化過程において出現した専門的な制度や組織が愛情以外の六つの機能を家族に代わって引き受けるようになりました。そのために愛情という情緒的機能が家族に固有の機能として大きな比重を占めるようになったことになります。このように、従来の家族が担っていた機能を家族以外の制度や組織に委譲することによる機能の縮小化は、一方では家族機能の減退とも見なされますが、他方ではむしろ家族本来の機能の明確化と見なすこともできるわけです。

タルコット・パーソンズはアメリカの中産階級の家族をモデルとした核家族の研究で有名ですが、この点について次のように述べています。

「この（分化の）プロセスの結婚、核家族からいろいろな機能が他の社会機構、とくに職業的な組織体へと移っていった。言い換えれば家族は以前よりずっと専門化した（specialized）機関となった。おそらく過去に知られたいかなる社会にもまして専門化されたと言えよう。そのかわり伝統的に家族と結びついていたある種の様相は衰退したわけである。もっともこのことが、一般的な意味での《家族の衰退》を表すことになるかどうか、それは別の問題である――我々としてはそうは思わないのだが。

いろいろな確証のさし示す方向は、新しいタイプの家族構造が全般的な社会構造との新しい関係のなかで、相互的な安定性をとり始めたということだと思う。この新しい関係において、家族は以前よりずっと専門化しているが、さりとて一般的な意味で決してその重要度が減じたわけではない。なぜなら社会は一部の主要機能を遂行するにあたって、以前よりずっと一筋に家族によりかかっているからである(3)」。

1　森岡清美／望月嵩『新しい家族社会学』培風館、一九八四年、三頁。
2　Ogburn, W. F., The Family and its Functions, Chap. 13 in President's Research Committee on Social Trends (eds.), *Recent Social Trends in the United States*, McGraw-Hill, 1933.
3　T・パーソンズ／R・F・ベールズ『家族――核家族と子どもの社会化』橋爪貞雄ほか訳、黎明書房、一九八一年、二そして、彼は高度に分化された社会において明確化され重要度を増す家族機能は、「パーソナリティのための機能である」と指摘しています。[4] それは、人間のパーソナリティは「生まれる」ものではなくて、社会化の過程を経て「つくられ」なければならず、まさに「家族は人間のパーソナリティをつくり出す《工場》である」からなのです。[5]

パーソンズの表現はいかにも産業化の進行のめまぐるしい二〇世紀半ばのアメリカ社会を思わせるものですが、彼は現代家族の主要な機能として「パーソナリティのための機能」を挙げ、具体的に次の二点を指摘しています。

「それゆえ、我々は家族機能のうちで、基本的かつこれ以上減らすことはできないというものは次の二点であると提案したい。第一は、子どもが真に自分の生まれついた社会のメンバーとなれるよう行われる基礎的な社会化（primary socialization）。第二は、社会の人々のうち成人のパーソナリティの安定化（stabilization）」。[6]

パーソンズの指摘する家族のパーソナリティ機能の二つの面、すなわち子どもの「社会化」と成人の「安定化」は、別個のものではなく密接に関連しており、相互的（mutual）な関係にあることは言うまでもありません。すなわち、「子どもが自分の生まれついた社会の文化を内在化（internalization）すること」[7] によって社会のメンバーとしての態度や価値、行動様式を身につけてゆく子どもの「社会化」は、その役割を担う親の情緒的、人格的な「安定化」を当然必要とします。またそうした親のパーソナリティの健全なバランスと安定によって、とりわけ情緒的側面において、子どもは重要な存在なのであります。いわば、こうした親と子の相互作用の上に家族に本質的なパーソナリティ機能が実現されるわけです。

それにもかかわらず、「社会化」や「しつけ」を考える際、とかく親や養育者の意識的な働きかけだけを重視し、それだけが子どもの成長に影響を与えるといった一方的な伝達過程が暗黙のうちに前提にされがちです。そのために、基本となる親と子の相互作用（interaction）の相互人格的（interpersonal）な動的過程がしばしば見過ごされます。その意味で、人間の成長過程における個人とその環境との相互作用を重視しつつ、ライフサイクルにおける人間の成長について最もまとまった形で基本的な理論を提示しているE・H・エリクソンの発達理論は、家族のパーソナリティ機能を理解する上で益するところが少なくありません。

したがって本論では、エリクソンの発達理論に沿って主に乳幼児期の子どもの成長と親の役割を中心にして、家族のパーソナリティ機能について考えてゆきたいと思います。

〈エリクソンの理論に見る人間の発達の筋道〉

G・フロイトは性欲の発達を中心に人間の発達段階を区分し、それぞれの段階に固有の葛藤や課題を取り上げ、また各段階での欲求の過・不足による固着（fixation）や退行（regression）を論じ、治療に寄与しようとしました。このフロイトの段階理論を基盤に取り入れながら、フロイトの理論がどちらかというと幼児期に詳しく、思春期以降を大きくまとめ過ぎている偏りを補い、人間の生から死に到るまでの生涯全般にわたる人格発達を特に心理・社会的（psycho-social）な側面を十分に踏まえて理論化したのがエリクソンです。まずフロイトの発達段階論に簡略に触れます。

五頁。
4　同右。
5　同右。
6　同右。
7　同右。

(1) フロイトの発達段階論の発展

フロイトは成人の神経症の治療において、幼児期から青年期、とりわけ人生初期の発達段階のいずれかの時期に体験したことが成人期の症状の原因となっていると見なし、過去の領域にさかのぼってその体験を意識化することを通じて、過去の障害を取り除く治療ができると考えました。その治療上の必要からフロイトが理論化したものが、人間の発達過程を性的欲求との関連で段階づけた心理・性的（psycho-sexual）な発達段階論です。

フロイトによれば、人間の発達段階は、性感追求の器官が所属する身体部分の展開によって以下のように五つに分けられます。

・第一期（口唇期［oral phase］）——乳児が母親の乳房や肌との接触を通して「快」を体験することに代表される時期です。ここで乳児は母親に代表される外界の取り入れとそれとの合一を体験するわけです。

・第二期（肛門期［anal phase］）——幼児が肛門括約筋による排便のコントロールに象徴されるような、自分の身体の調整・コントロールの「快」を体験する時期です。このコントロールをめぐって行われるしつけを通して、母親に代表される社会の要求に適合するためのトレーニングが課されます。

・第三期（男根期［phallic phase］）——エディプス期（Oedipus phase）とも呼ばれる。男児にとってはエディプス・コンプレックス、女児にとってはエレクトラ・コンプレックスと称される同性の親に対する敵意・対抗と異性の親への愛着という傾向が見られます。ところでこうした感情の傾向をコントロールすることを通して、同性の親との同一化（identification）すなわち同性の親の属性を自分に取り入れ自らのものとすることが行われるようになります。

・第四期（潜伏期［latent phase］）——学童期にあたるが、エディプス・コンプレックスの禁止・抑圧とともにそれまでの小児性欲（infantile sexuality）が抑圧される時期です。

・第五期（性器期［genital phase］）——思春期（puberty）を境として、それ以前は身体の各部分において体験されてきた「快」が、性器的体制（genital organization）によって統合され、愛する異性との相互の結合を目指す成人の全身体的・全人格的性愛が達成される時期です。

（2）「漸成、発達分化（epigenesis）」

エリクソンの理論の特徴は、人格の発達過程を考えるに当たって、「漸成、発達分化（epigenesis）」という生物学や胎生学の概念を取り入れている点にあります。生物は通常、受精の瞬間から特定の時期に特定の形態が順次形成されてきます。その形態発生は、基本的に環境との相互作用の中で行われるのですが、その際生物はすべて「予定表（ground plan）」すなわち見取図のようなものを予め持っており、それに従って生体の各部分が順序だって発生し、その生体としての「機能的な統一体（functional whole）」を形成します。人間の場合も同様で胎児期を経過し、やがて誕生すると、新生児は子宮という化学的交換の場（chemical exchange）を離れて、社会的交換のシステム（social change system）へと向かいます。そして次第に増大してゆく能力は、胎児期におけるような新しい器官の発達によってではなく、一連の移動能力や知覚能力、社会的能力の前もって予定された発達順序（prescribed sequence）に従って、個人とその主要な社会環境すなわち世話をする人々との相互作用の中で次第に実現されていきます。(8)

このようにして人間がその発達段階を徐々に達成してゆく動的な過程を、エリクソンは「漸成（epigenesis）」——epi は upon（～の上に）を意味し、genesis は emergence（出現）を意味する——と呼んでいます。彼はこの「漸成」を八段階で見ていますが、一つの段階から次の段階への発達がいつ頃現れるかは、年齢だけではなく個人に

8　E・H・エリクソン『自我同一性』小此木啓吾訳、誠信書房、一九七三年、五五頁。

よってまた文化によっても異なってきます。

（3）「危機（crisis）」と発達課題

人間が人的・社会的環境との相互作用を通じて順次実現してゆくことが予定されている発達過程について、エリクソンは図1のような八段階から成る漸成的な発達図（epigenetic chart）を作成しています。[2]

図1　エリクソンの人格発達漸成論における作業仮説表

発達段階	心理―社会的課題と危機	基本的徳目（活力）	重要関係の範囲	社会的秩序の関連要素	心理―社会的モダリティ	心理―性的段階（フロイト）
Ⅰ	基本的信頼感と不信感	希望	母性	宇宙的秩序	得る、お返しに与える	口唇―呼吸器的、感覚―筋肉運動的（取り入れモード）
Ⅱ	自律感と恥、疑惑	意志	親	「法と秩序」	保持する、放出する	肛門―尿道的、筋肉的（把持―排泄的）
Ⅲ	主導感と罪悪感	目的	基本家族（親・同胞との関係）	理想の原型（手本）	作る（求める）、「～のように作る」（あそび）	幼児―性器的、移動的（侵入―包含的）
Ⅳ	勤勉感と劣等感	適格	「近隣」・学校	技術的要素（原則）	ものを作る（完成する）、ものを結びつける	「潜在期」
Ⅴ	アイデンティティとその拡散	忠誠	仲間集団・外集団、リーダーシップのモデル	イデオロギー的展望	自然に振る舞う（振る舞えない）、活動を共有する	思春期

Ⅵ	親密感と孤独感	愛	友情、性愛、競争、協力の関係におけるパートナー	協力と競争の模範	自分を他人の中に失い、そして発見する	性器期
Ⅶ	生殖感と沈滞感	世話	分業と家事の共有	教育と伝統の思潮	存在を作る、世話をする	
Ⅷ	統合感と落胆	英知	「全人類」「我が一族」	知恵	あるがままに存在する、非存在（死）に直面する	

それによれば、人間はその漸成的な発達の段階において次のような固有の発達段階を達成するよう招かれています。

（Ⅰ）「基本的信頼（basic trust）」→（Ⅱ）「自律（autonomy）」→（Ⅲ）「自発性（initiative）」→（Ⅳ）「勤勉（industry）」→（Ⅴ）「同一性（identity）」→（Ⅵ）「親密さ（intimacy）」→（Ⅶ）「生殖性（generativity）」→（Ⅷ）「自己の統合（self integration）」。

ところで、以上のような発達課題は、前段階から次の段階への単なる移行ではなく、「漸成」（～の上に出現する）の意味からも明らかなように、後の段階はそれ以前の段階を包摂し統合する形で出現します。たとえば「基

9　リチャード・I・エヴァンズ『エリクソンは語る――アイデンティティの心理学』岡堂哲雄／中園正身訳、新曜社、一九八一年、一六〇頁より。

本的信頼」は、次の発達課題「自律」の基盤となる形で「自律」の基底部分として包摂されるわけです。またこうした発達課題は各人がその時期を迎えれば自動的に備わるものではなく、むしろ各人が達成すべき固有の人生課題（life task）であり、さし当たっては「発達的危機（developmental crisis）」として存在します。すなわち「（人間の）心理・社会的発達は危機的段階の解決によって前進する」のです[10]。

その際、「危機（crisis）」または「危機的（critical）」という言葉でエリクソンが表しているのは「破局的」という否定的な意味ではありません。彼自身の言葉で言えば、それは「転機（urning point）」の意味であり、医療場面でよくなるか悪くなるかの「峠」を言うのに似ており、「前進か退行か、統合か遅滞かを決定する瞬間の特質」なのです[11]。したがって人間はその段階（stage）に固有の発達課題をめぐる「峠」を、環境との相互作用を通じて「越える」かそれとも「遅滞」したり「後戻り」したりするかということが現実の問題となるわけです。

この発達的危機は発達課題をめぐる正と負、陽と陰、成功と失敗の両極の「せめぎ合い」という力動的な緊張関係の形で存在します[12]。たとえば、第一段階の発達課題は「基本的信頼」ですが、この段階の発達的危機は、「基本的信頼」対（versus）「不信」という形で示されます。ここで重要なのは正と負の力動的なバランスであり割合です。「基本的信頼」という発達課題に到達する過程で、人はもちろん正の「信頼」を体験することが重要ですが、それだけではなく負の「不信」を体験することもまた重要なのです[13]。

（4）「**相互性**（mutuality）」

エリクソンの理論を他の発達理論から際立たせている大きな特徴は、前述のような人格発達のダイナミズムが、それぞれの発達段階で重要な意味を持つ人的・社会的環境と個人との相互作用の中で実現されることを強調している点です。彼は人間の心理・社会的発達（psycho-social development）に注目するに当たって、個人と環境の「相互性（mutuality）」を重視しているわけです。

「相互性」とは、主体と対象の両者が相互に影響を及ぼしかつ影響を受けながら、相互に支援しかつ挑戦し合う（support and challenge）交流を通して、双方の人格的発達に関わり合う関係を意味します。

エリクソンは、「相互性とは発達に必要な自分の内なる強さを培っていくために、お互いに依存し合っている関係のことである」と述べています。(14)そしてこの「相互性」の例を親と子の関係に指摘し、説明しています。

「さらにつけ加えなければならないのは、一番小さい赤ん坊の弱さそのものが赤ん坊に力を与えているということである。まさにこの極端な依存性と弱さによって、環境が特別に敏感に応答するような信号を、その環境に送るからである。そして赤ん坊の存在そのものが家族全員の内的・外的な生活全般に対して、一貫した永続的な支配を及ぼすことになる。家族メンバーは自己の存在を赤ん坊に同調させるように強制されるために、個人としても、集団としても否応なしに成長しなければならなくなるからである。家族全員が赤ん坊を統制し、育てるといわれるが、逆に赤ん坊が家族全員を統制し、育てるという言い方もまた正しい。家族というものは、赤ん坊に育てられることによってのみ赤ん坊を育てることができる。赤ん坊の成長は、社会的な相互作用に向かって、新たな発達を遂げようとする潜在力を助けようとする家族に対する一連の挑戦によって成り立っている(15)」。

10　Ｅ・Ｈ・エリクソン『幼児期と社会Ⅰ』仁科弥生訳、みすず書房、一九七七年、一四八頁。
11　前掲書、二四八頁。
12　福島章「ライフサイクルと人間の意義」『ライフサイクルと人間の意義――昭和六〇年度上智大学学際的共同研究報告書』上智大学人間学研究室、一九八六年、一二頁。
13　エヴァンズ前掲書、二四頁。
14　Ｅ・Ｈ・エリクソン『洞察と責任』鑪幹八郎訳、誠信書房、一九七一年、二三七頁。
15　『自我同一性』五八頁。

したがってまた、この「相互性」のゆえに「親たちは子どもの発達という現実に直面して、絶えず彼らの挑戦に対応して暮していかなければならず、親たちも子どもとともに成長していかなければならない[16]」。

そこにはエリクソンが協調する「相互性」の基本的な一面、すなわち「相手の力や可能性を引き出そうとしていながら同時に自分自身の力や可能性が引き出される」といった関係が見られます[17]。こうした「相互性」は単に親子に限定されず、男と女、夫と妻、青年と友人や社会など、様々な現実の中に見ることができるわけです。

（5）「**人格的活力**（virtue）」

エリクソンは『幼児期と社会』（一九五〇年）に人格発達の漸成理論を初めて著して以来、実証と理論的検討を加えてきていますが、『洞察と責任』（一九六四年）の第四章「人格的強さと世代の循環」において、人格的特性に関する新しい考え、すなわち「人格的活力（virtue）」について詳述しています。それによれば、人間には道徳的観念によって培われた高潔や公正という意味での人格的特性（品性）だけではなく、むしろそうした高尚な道徳生活の基礎となる人間の強さ（human strength）が存在する。すなわち愛情関係や仕事、友人関係や社会人としての関わりにおいて、正しいと考えられる目的追求を集中してやれる力という意味での内在的な強さ（inherent strength）や積極的な性質（active quality）としての人格的強さが備わっています。

この強さの人格的特性（human quality of strength）をエリクソンは「人格的活力」と呼んでいます。ところで、“virtue”という用語を彼が選ぶ理由は、ラテン語 virtus が力強さ、生殖力を意味し、その用語でエリクソンが示したいと思っている「強さ（strength）」、「統制力（restraint）」、「勇気（courage）」といったものの統合された性質が含まれているからです。もっともラテン語の“virtus”には男らしさ（vir ＝男）の意味があることから、男性的属性のみが「活力」であるという誤解を生じないために、女性的属性もまた「活力」に重要な役を果たしているとわざわざ付言しています[18]。

また彼は、"virtue"という語は古代英語ではうまく保存されている薬とか酒の持つ効力や効能を意味しており、この点でも「人格的活力」を表す語として適当であると見なしています[19]。

ところでこのような「人格的活力」は、先に漸成図で見たそれぞれの発達段階に固有の心理・社会的発達課題と密接に対応しており、またその展開の過程も同様です。すなわち図1に示したように、第一段階から第八段階までのそれぞれの時期に固有の中核的な活力があり、それらは次のように順次漸成的な発達を期待されています。

（Ⅰ）「希望（hope）」→（Ⅱ）「意志（will）」→（Ⅲ）「目的（purpose）」→（Ⅳ）「適格（competency）」→（Ⅴ）「忠誠（fidelity）」→（Ⅵ）「愛（love）」→（Ⅶ）「世話（care）」→（Ⅷ）「英知（wisdom）」

以上の一連の「活力」は、一見すると関連があまりないように見えますが、これらは相互に密接に関連し合っているのです。たとえば「意志」（または意思）を持つ力は「希望」する力がないと獲得されず、また「愛」する力は「忠誠」が確かなものとなるまでは相手との関係の中で生まれ出るには到らないことなどをエリクソンは挙げています[20]。

16　『幼児期と社会Ⅰ』八二頁。
17　『洞察と責任』二四一頁。
18　前掲書、一〇七頁。
19　同右。
20　前掲書、一一〇頁。

第二節　乳幼児の成長と親の役割

次に彼の考えに沿って、特に乳幼児と親の成長と役割の「相互性」について考察したいと思います。彼の漸成論の第一段階（乳児期）、第二段階（児童前期）、第三段階（遊戯期）までの子どもの幼少期と、その時期に親として関わる第七段階（成人期）の内容とその発達的な意味について見ることが主な狙いとなります。

この時期（stage）の親子関係に注目するのは、次のような理由によります。

今日、特に欧米を中心に進行している家族変動は、たとえば離婚の増加や単身家族、結婚しても子どもを望まない夫婦、結婚制度によらない男女の共同生活……など、これまでの家族概念からすれば家族崩壊や逸脱と見なされるような家族の形態と機能の多様な変化が目立ちます。

こうした状況の中で、家族の持つパーソナリティ機能も多様化しつつあり、T・パーソンズが定式化したような「子どもの社会化と成人の安定化」という形でのパーソナリティ機能は、家族が社会一般に対して負う社会的機能としては普遍的であるにしても、個別家族がそれぞれに担う機能としては、相対化されつつあると見なされます。

しかし、こうした変化は、親と子の相互性を中心としたパーソナリティ機能の重要性がいささかも否定されるわけではありません。むしろ後に考察するように、一個の人間の人格発達について考える際に、親としてのあり方を特徴づける発達課題や人格的特性についての理解は、家族形態や個人のライフスタイルの多様性を越えて、成人としての生きがいと成長、人間としての成熟……などに貴重な示唆をもたらすものなのです。また、特に幼少期の親子の関わりに焦点を当てたのは、この時期が双方にとって家族のパーソナリティ機能の重要な基盤となると見られるからです。

〈乳児期——基本的信頼〉

ライフサイクルにおける人間の最初期はフロイトの言う「口唇期」に相当します。その行動の基本的様式は「取り入れ（incorporative）」であり、「得ること（to get）」です。

新生児にとって口は人生との最初の接点であり、「赤ん坊は口を通して生き、口によって愛する[21]」。乳児は、食事を与え、安心させ、抱擁したり、温かくしたりしてくれる母親との関係において「取り入れる」ことの喜びを学ぶのであり、私たちが人生において最初に学ぶことがらです。こうして母親は人間の最初期における最初の環境（世界）なのです。

ところで、乳児が「取り入れる」のは必ずしも口だけに限りません。他の諸感覚すなわち視覚や触覚を通しても外のものを内に取り入れ、受容します。エリクソンは「横断的補償（horizontal compensation）」（同じ発達段階での他の方法による補償）について言及して次のように述べています。

「それはまた口唇受容器 oral receptors 以外のものによる十分な満足を通して、口唇的に与えることのできなかったものを補うことによって可能になる。たとえば、それは、抱かれたり、温められたり、微笑みかけられたり、話しかけられたり、あやされたりなどによる喜びである[22]」。

以上のような行動様式を通して人間が学習しなければならない基本的な心理・社会的態度は、乳児が母親との関わりを通して自分の世界を信頼しうるようになることです。乳児が抱くこの最初の社会に対する信頼（social

21　『自我同一性』六二頁。
22　前掲書、六五頁。

trust）は、たとえば摂食時のくつろぎや安眠、笑顔などのかたちで示されますが、それは本人の欲求と世界との間に調整されるべき対応関係（たとえば空腹に対し授乳し、泣き声に対しあやすなど）がうまくいっていることを前提としています。この本人の欲求と世界との対応関係の調整は学習されるべきものです。すなわち「得る」ことが成り立つためには、求める乳児の信号に対し母親の方で与える手段を講じて調整するのに対して、乳児の方も自分が手に入れ易いように自分に合わせて調整してくれる母親のやり方に即して、自分の態勢を調整する……といったことを学ぶ必要があります。

こうした「相互的調整（mutual regulation）」が行われることによって本人と世界との対応関係ができ、「くつろぎの相互性（mutuality of relaxation）」が成立します。このくつろぎや安らぎに表現される「信頼感（feeling of trust）」が、エリクソンが人間の最初期の心理・社会的発達課題として取り上げる「基本的信頼（basic trust）」です。なぜ「基本的」かと言えば、この素朴な「信頼感」こそ、「人間がもつべき最初の心理・社会的特性であり、それ以後のあらゆる他の特性の基礎である」(23)からで、それなしには生きることのできない「源初的な楽天性（original optimism）」だからなのです(24)。

この「信頼感」のおかげで、乳児は母親が見えなくなっても、無闇に不安になって泣いたり怒ったりしないで、母親がきっと来て、不安をなくしてくれることを信頼し、母親の不在を受け入れることができるようになるのです。ところで「信頼」には、必要なものを供給してくれる他者（outer provider）が常に同じであること、連続性を有していることを期待することを学んだという意味ばかりでなく、自己を信頼し、様々な衝動に対処する自分の諸器官の能力を信頼することを学ぶという意味も含まれています(25)。

言い換えれば、この「基本的信頼」は、母親に代表される世界に対する信頼であるとともに、自分に対する信頼（self confidence）であるという二面性を含んでいるのです。これはまた母親においても指摘されます。「基本的信頼」をしっかりと確立することは、既に言及したように人間に課せられた最初の課題ですが、それはまた当然母親側の世話（maternal care）にとっても第一の課題となります。すなわち、母親は乳児の様々な欲求に敏感に応じて世話をするのですが、その際、彼女が所属している社会や文化の中で、彼女自身が信頼され認められているという確信と落ち着きに満ちた育て方で、乳児の心の中に信頼を育てていくのです。(26)

このようにエリクソンは、乳児の心の中に信頼を育てていく親の側が信頼に根差していることの重要性を指摘しています。「世界は信ずるに足るものである」という子どもの「基本的信頼」を育てるには、親自身が人生に対する信頼を持っていなければなりません。彼はこの種の「基本的信頼」や確信の源泉を多くの成人が宗教から得ていると語っています。(27)

〈乳児期――不信〉

ところで、母親がどんなに注意深く乳児を世話したとしても、乳児のすべての欲求に応じることは不可能です。言い換えれば、乳児と母親が時として「相互的調整」に失敗したり、信頼感を脅かされたりすることは避けがたいことです。しかしこのことは信頼感の達成の上に必ずしも重大な妨げとなるとは限りません。そうした「信頼」の失敗すなわち「不信（mistrust）」を感じることを学ぶことも、（信頼を学ぶ上で）重要なことなのです。(28)

エリクソンが「不信」という言葉で表そうとしているのは、危険に対する準備態勢や不安の予期という意味で

23　E・H・エリクソン『青年ルター』大沼隆訳、教文館、一九七四年、一一八頁。
24　同右。
25　『幼児期と社会Ⅰ』三一八頁。
26　前掲書、三二〇頁。『自我同一性』七〇頁。
27　『自我同一性』七二頁。『幼児期と社会Ⅰ』三二一頁。
28　『エリクソンは語る』二四頁。

もあり、それは動物の場合は本能的な装備となっていますが、人間はこれを文化全体の中で学ばなければなりません。ちなみにこの「不信」を学ぶことによって人間はある特定の状況に身を置くとき、どのくらい信頼でき、どのくらい警戒し、不安に備えなければならないかを見分けることができるのです[29]。このようなわけで、乳児期に求められているのは、「基本的信頼が不信を上回るバランスをもった永続的なパターンをしっかりと確立すること」なのです[30]。

彼はこの「信頼」を基盤にしてこの時期に備わる「人格的活力」として「希望（hope）」を挙げています。信頼できる母なる人物との最初の出会いにその萌芽を宿す「希望」こそ、「人が生きていくためになくてはならない最も必須の活力」です[31]。「希望」とは求めるものが得られるという確固とした信念であり、この「希望」を具体化していくことこそ、人間的成熟の本質（the nature of man's maturation）なのです[32]。

〈児童前期――自律〉

乳児期に続くライフサイクルの第二段階は児童前期もしくは幼児期です。この時期はフロイトの言う「肛門期」に相当します。筋肉の成熟に特徴づけられるこの時期の行動の基本的様式は「保持することと手放すこと（holding on and letting go）」に代表される二つの様式すなわち「保持―排除様式（retentive-eliminative mode）」であり、それは排泄行為に代表されます。排泄行為は「保持」と「排除」という互いに矛盾する二つの様式を協調・統合して硬直と弛緩、屈曲と伸展を司る筋肉系の全般的な調節作用によって行われます。こうした行為をめぐる訓練や試行錯誤に代表されるこの時期の心理・社会的発達課題としてエリクソンは「自律（autonomy）」を挙げています。

「自律」とは、一言で言えば「自分の足で立つ（stand on his own feet）」ことであり[33]、環境に対し一層能動的になる前提となります。すなわちそれは自分自身の身体や行動をコントロールできたり、自分を自由に表現したり、行動を選べる有能さ（powerfulness）や自負（pride）の感覚、肯定的な自己評価（自尊心）を失わずに獲得した自制の感覚（sense of self-control without loss of self-esteem）――「自分でやれる！」――を伴うものです。[34]

ところで、この「自律」を獲得するに到るまでの幼児と成人との間の「相互的調整」は決して簡単なことではありません。幼児の側について言えば、「自律」を発展させるためには、初期の「信頼」すなわち第一期の発達段階を通してしっかりと獲得された自分自身や世界への基本的信仰（basic faith in himself and in the world）が、まだ調和のとれない自分自身の激しい欲求や衝動によって著しく脅かされたりはしないという「確信（firmness）」を持ち合わせることが必要です。この「確信」があることによって、幼児はまだ識別感覚（sense of discrimination）が十分に訓練されておらず正しい分別をもって「保持したり手放したりする」ことができないために陥りがちな混乱状態や無秩序から、自分自身を守ることが可能となるのです。[35]

しかしそのことも、幼児を取り巻く環境の側からの支援や励ましが必要であることは言うまでもありません。まだ自分の欲求や行動をうまく調整できず混乱状態に陥りがちな幼児に対して、幼児が徐々に「自律」を経験するように周囲で指導することが不可欠です。そうした重要な役割をこの時期に担うのは主として両親です。

次に両親の側について言えば、彼らが行う外部からのコントロールは幼児に確かな安心を与えるようなものであることが必要です。しかし親たちは往々にして厳し過ぎたり早過ぎるしつけ（too rigid or too early training）に走

29　同右。
30　『自我同一性』七〇頁。
31　『洞察と責任』一一〇頁。
32　前掲書、一一二頁。
33　『幼児期と社会I』二三三頁。『自我同一性』七九頁。
34　『幼児期と社会I』二二六頁。『自我同一性』七九頁。
35　『幼児期と社会I』二二三頁。『自我同一性』七九頁。

りがちです。そのため幼児は自分自身の身体についての無力さや外界に対する無力さを実感するあまり、退行（regression）や偽りの前進（fake progression）によって満足を回復せざるを得なくなるのです。たとえば幼児はめそめそ泣いて要求がましくなったり、攻撃的でわがままになったり、本当は獲得していないにもかかわらず誰にも頼らない「自律」や能力を持っているかのように振る舞おうとしたり、特に感じ易い子は自分自身を過度に調整しようとし過ぎたり（overmanipulate himself）、早熟な良心（precocious conscience）を発達させようとしたりして、本物の内的な「自律」を身につけられないことをエリクソンは指摘しています[36]。

このように幼児の成長と親の期待や要求を伴う養育との「相互的調整」の困難に直面することを免れないこの時期に、親の取るべき望ましい基本的な態度について、エリクソンは次のように述べています。

「確固とした態度をとると同時に寛大であれ。そうすれば子どもは自分自身に対して確固たる態度をとると同時に、寛大になるであろう」[37]。

この時期の子どもに親が主に「しつけ（training）」というかたちで関わることによって、幼児が成長へ向かって歩み始めた「自律」への試みを阻害しないでその達成を支援できるために、エリクソンのこの指摘は当を得ていると言えるでしょう。

〈児童前期――恥と疑惑〉

ところで、「自律」という心理・社会的発達課題の達成へと向かう試行錯誤において重要な意味を持つ負の極は「恥、疑惑（shame, doubt）」です。「恥」と「疑惑」の感覚は、筋肉と肛門の無能感（sense of muscular and anal impotence）に代表される自分の身体的無能感や自己統制の喪失感（sense of loss of self-control）や両親から過剰に統制され過ぎるという感覚（sense of parental overcontrol）から生まれるものです。[38]

「恥」は彼によればまだ十分に研究されていない幼児的な感情（infantile emotion）ですが、自分が完全にさらしものにされて、見られていることを意識すること、すなわち見られる存在であると同時に見られる準備のできていない自己を意識すること（self conscious）です。[39] 文化によっては、この「恥」は「罪悪感（sense of guilt）」に吸収されがちであったり、また「恥をかかす（shaming）」教育方法が大幅に取り入れられたりしています。しかし「恥をかかす」という手段は、自分が小さな存在であるという感覚の増大を利用することであり、過度に恥じさせることは真の内面的な正しさ（genuine propriety）の感覚を育てることになりません。それは、人に見られさえしなければ何でもうまくやってしまおうという密かな気持ちを起こさせることになります。まして、自分自身や自分の身体、自分の欲求が邪悪で汚らしく恥ずべきものだという感情を強いられたりしたような場合には、一層複雑です。[40] 一方「疑惑」は「恥」の兄弟であり、「恥」が白日のもとにさらされているという意識に左右されるのに対して、「疑惑」の方はむしろ見えない「背後」への恐れや不安の感情と結びついています。

ここでも重要なのは正と負の両極すなわち「自律」と「恥、疑惑」の割合であり、「自律」は「恥、疑惑」の体験やその感情を建設的に解決することから生じます。[41] また「自律」の達成の過程で実現されるこの時期の「人格的活力」を、彼は「意志（will）」と呼んでいます。[42] 幼児が「意志を持つ」ということは、強引に思いを通

36　同右。
37　『自我同一性』八二頁。
38　前掲書、七九頁。
39　『幼児期と社会Ⅰ』三二四頁。『自我同一性』八〇頁。
40　同右。
41　『エリクソンは語る』二九頁。
42　これについては主に『洞察と責任』第四章「人格的強さと世代の循環」で扱っている。

すことではなく、むしろ自己の衝動を適切に生かすための判断力と決断力を徐々に獲得することです。言い換えれば何を欲し、行うことが可能であるかを見分ける力です。したがって幼児は意志する価値がない時は諦めることも学ばなければならないし、避け得ないものであれば正面から受けとめることをも学ばなければなりません(43)。もちろんこの段階で言う「意志」は、成人における成熟した意志力（will power）のことではなく、成熟した人間の能力の基盤（rudiments）です(44)。

重要なことは、「希望」と「意志」なしには誰も生きることができず、いかなる自我もまともではあり得ないという事実です。またちょうど「希望」が少ない場合と同様、「意志」が小さい場合には、人は自分の新しい課題に直面するとすぐ望みを捨ててしまい、これを成長と発展の糧とし、自分にとって満足のいく興味深いことがらとする代わりに、自分と無関係な非現実的なものにしてしまいます(45)。したがって人間はその幼児期において、「恥」や「疑惑」の体験を避け得ないながらも、「自律」へと向かう不断の決意（unbroken determination）を身につけることが学ばれ、育てられるべきなのです。

エリクソンはまた、この時期の「活力」である「意志」は人間が日常の社会生活において各々の特権とその限界、義務と権利を与えられる「法と秩序の原則（principle of law and order）」を受け入れる基盤（basis）でもあることを指摘しています(46)。ちなみに「意志」の社会的側面を表している言葉に「善意（good will）」があるが、それは「意志」を相互にある程度制限（自制）することの上に成り立っています。幼児が自分の仲間として新しい友達を受け入れられるようになるのは二、三歳になってからですが、幼児の強さの持つよさを認め励ましながらも、また一方で弱さの「権利」を擁護することの大切さを教えるのは、子を愛する親としてなすべき公正な態度（task of judicious parenthood）です。

こうした親の接し方が次第に幼児にとって自制（self-control）の尺度となり、幼児はわがまま（willfulness）を自制し、進んで思いやる心（willingness）を示し、善意を与えることを学びます。そして、終わりには幼児の自己像

（self-image）が他者とは異なるものであり、人間は本来、他者と切り離された存在であることを学んでいくわけです。[47]

〈希望と信頼〉

ところで見過ごされてならないのは、こうした幼児の「意志」の発達に見られる善意や公正さ、思いやりの芽ばえが、「法と秩序の原則」に基づく両親の公正な態度の中にその根を持っているという点です。[48] 人生に対する「希望」と「信頼」をもち合わせている母が乳児にとって「希望」と「信頼」の源初的な確認（original verification）であり得たのと同様に、幼児の「自律」と「意志」の発達は両親の生き方に負うところが大きいのです。すなわち両親が成人としての正当な権威（rightful dignity）や正当な自立（lawful independence）や公正な思慮深さ（judiciousness）を生き方の中で表現するような仕方で、幼児に接するか否かが重要なのです。

この意味で、両親の生活のあり方が問われるのであり、親同士すなわち父と母の関係をはじめ、親の職業的関わり、政治社会的関わりが問われてくるわけです。エリクソンはこうした点を強調しながら、その理由として、子どもの中にひきおこされる「恥」や「疑惑」や侮辱（indignity）や不確かさ（uncertainty）の多くが、結婚生活や仕事や市民権についての両親の失意（frustration）の結果であることを挙げています。[49]

43　前掲書、一一三頁。
44　『エリクソンは語る』三一頁。
45　『洞察と責任』一一五頁。
46　同右。
47　同右。
48　同右。
49　『自我同一性』八六頁。

子どもにとって人生の最初の教師である親の生き方そのものが子に及ぼす影響力を想起するとき、以上のようなエリクソンの指摘は銘記すべきことであると言えるでしょう。しかしながら、また彼も言うように親の生き方は単に親個人の問題だけでなく、前述のように親を取り巻いている現実の政治的・経済的な社会生活と密接に結ばれています。したがって、子どもの発達段階や人格的特性の達成は、そこで望ましいとされる人格的価値が、親の生き方のみならず、社会の機構や文化の中で十分に評価され支持されているか否かによるところが大きいのです。(50)

第三節　遊戯期——相互関係の中で

パーソナリティは「生まれるもの」というよりも「なるもの（becoming）」です。家族において親子もまた単に親子で「ある（being）」だけにとどまらず、親子に「なる（becoming）」べきダイナミックな相互関係です。今日の家庭の機能の低下は、親子であっても、親子になっていないところに大きな問題があります。生物学的・遺伝学的には親子であり、戸籍上も問題ありませんが、今一つ親子になり切れていない一種の「擬似家族」が増えてきています。こうした傾向の背景には、社会の急激な変化とライフサイクルの大幅な変化の中で、人々が多様なライフスタイルを探す姿があります。それなりに納得のいく「自分になる」ための選択肢を広げる一方で、とかく成長のための基本的な見取り図や展望、枠組を見失い、拠り所を欠いたまま、不安や自信喪失もしくは独り善がりに陥りがちな状況が見え隠れするのです。

その意味で、ライフサイクルにおける人間の成長と危機もしくは転機について基本的な理論を提示しているE・H・エリクソンの発達理論をあらためて考察することは、各人がそれぞれの固有な人生課題を人間生活の普遍的な意味との関連を見出しながら歩むために、何らかの貴重な示唆をもたらすものと思われます。

〈遊戯性〉

乳児期、児童前期に続くライフサイクルの第三段階は遊戯期です。フロイトの言う「男根期」もしくは「エディプス期」に相当し、「移動―性器期」とも呼ばれます。幼児は急速に行動・生活空間を拡大し、より自由により活発に「動き回る」ことを学ぶとともに、性の区別にも気づくようになるからです。

この時期の行動の基本的様式は「つくることや、ものにすること（making）」「思いを遂げること（being on the make）」であり、そこには目標に対する集中や征服、達成の喜びが暗示されています。相手や周囲に対する幼児の積極的な働きかけは、単に身体的な移動や行動にとどまらず、言語がより活発となることと相まって「想像」や「夢」の世界にまで駆けめぐってゆきます。子どもは失敗や、また時として自分が夢見たこと、考え出したことに脅かされたり恐怖や不安、緊張につきまとわれながらも、溢れるような余剰エネルギーを駆使して身体的にも心理的にも「一つのまとまりをもって」成長します。今までにも増して「その子らしくなり」、愛情豊かになります。また情緒面のゆとりをはじめ、分別や判断力にも子どもなりに賢さが見られるようになります。

この時期の子どもに期待されるのは、こうした「くじけることのない積極性（unbroken initiative）」です。「積極性」は幼児に失敗をすぐに忘れさせ、望ましいものや欲しいと思われるものに向かってひるまず、しかも、目標により正確に接近することを可能にするわけです。エリクソンはこの「積極性」、すなわち「自発性（initiative）」を、遊戯期における心理・社会的発達課題として挙げています[51]。

「自発性」を前段階の発達課題「自律（autonomy）」と比較するならば、「自律」はすでに見たように「自分の足で立つこと」であり、環境に対して一層能動的になる前提であります。それは自分自身の身体や行動をコント

50　前掲書、八六～八七頁。
51　『幼児期と社会Ⅰ』三一七～三一八頁。『自我同一性』八九～九〇頁。

ロールできたり、自分を自由に表現したり、行動を選べる有能さの感覚、自尊心を失わずに獲得した自制の感覚を伴うものであります。

一方「自発性」は、こうした「自律」の特質に加えて、「活動を引き受け、計画し、果敢に取り組む」という一層の積極性と時間的・空間的な広がりへの能動的な関与を伴います。今や幼児は、何かを「自分でやる」という能動性の段階から、単に「やる」だけではなく何かの目標の実現や獲得に向けて「もくろむ」という取組みの段階に招かれているわけです[52]。

この時期の子どもを最も特徴づけるものは「遊び」です。遊びは「幼児にとって、ちょうど、成人にとって思考、計画、青写真（すなわちもくろみ）の持つ意味と同じく、試行的世界に属」します。成人から見れば一見「意味のない空想」にふけり戯れることが、幼児にとっては大切で、遊びのルールは、すべて成人の意志によって与えられたり、支配されたりすることがあってはなりません。

幼児は、遊び遊具と遊び友達との世界の中で、いろいろに姿を変えたり、自分の過去を演じたり、未来を予想したりします。とりわけ「ごっこ遊び」の中で、自分よりも年上の様々な役割を演じながら、やがて自分がやらなければならない役割がどんなものかを見出したりします[53]。

〈親との同一化――自発性と罪悪感〉

この時期に、「自発性」という心理・社会的発達課題の達成へと向かう試行錯誤において重要な意味を持つ負の極は「罪悪感（guilt）」です。幼児は、新たに得た運動能力と認知能力、想像力を心ゆくまで楽しもうとしてもくろんだ目標や実行した行為に関して、ときに不安や「罪悪感」を抱くことがあります。

「罪悪感」は精神分析学の立場からは幼児性欲や性的好奇心と結びつけて考えられます。「近親相姦のタブー」や「去勢コンプレックス」がそれであり、一言で言えばいわゆる「エディプス的な罪悪感」すなわち同性の親をライバルとして憎み、異性の親を思慕するといった抑圧された無意識の複合した感情「エディプス・コンプレックス」です。[54]

このエディプス的な状況が幼児にもたらす緊張や不安、罪悪感すなわち父＝母＝子の三角関係（男児は母親に恋すると同時に父親の怒りを恐れ、女児は父親に恋すると同時に母親の愛を失うことを恐れるといった関係）は、幼児をして人格的な成長の上に重要な意味を持つ同性の親との「同一化（identification）」へと向かわせます。男児は父親を、女児は母親をそれぞれ自己の人格形成上のモデルとして注目すると同時に、また男児は母親を、女児は父親をそれぞれ異性愛の「最初の対象」として体験するわけです。

このことは、この時期の親子関係が、それ以前の前エディプス期における母親を中心とした親子関係の原初的な重要性とは異なった意味で、子どもの成長の上で極めて重要であることを物語るものです。

前エディプス期の乳幼児に対する親の養育機能は、主として母親によるスキンシップや愛情を中心とした「与える」機能に代表されます。一方エディプス期の幼児に対する親の機能は、基本的には親子の対象関係において実現される最初の社会化機能としての「導く」機能であると言えるでしょう。幼児は親と「同一化」することによって親の価値観やモラルを沈殿化させ、内面化するわけです。後でみる良心の形成の問題です。

ところで、エリクソンはこの「同一化」の考察において「親への同一化」と「仕事への同一化」とを挙げています。[55]「親への同一化」は、幼児がエディプス的状況の緊張や不安から解放されて、自分にとって「非常に力強くまた美しく見える存在」である親のように「なりたい」と願い、どうしたら親のように「なれるか」を思いな

52　同右。
53　『洞察と責任』一一一頁。
54　『幼児期と社会I』三二八〜三二九頁。『自我同一性』九一〜九二頁。
55　『幼児期と社会I』三三一〜三三二頁。『自我同一性』九八頁。

がら同性の親に同一化することを意味します。こうした同一化はたとえば幼児の「ごっこ遊び」などに顕著です。子どもはこの「遊戯期」において、「最も積極的に、かつ素早く熱心に学ぼうとし、また義務やその履行を共に負担し合うという意味で最も成長する」ものです。子どもには義務や規律や作業を共に分かち合う感覚が成長し、「一緒にものをつくる（make things together）」ことに熱心です。子どもは「構成したり、計画したりする目的で他の子どもたちと合同することを好み、またそれができる」し、人生の教師たちや理想的な模範や手本を進んで「模倣する（emulate）」努力を惜しみません。とりわけ子どもは「親と一緒に何かをする」という、様々な技術的な仕事を共にする体験を通じて、ある種の「平等の精神（spirit of equality）」と「仲間意識（companionship）」に結ばれたより現実的な同一化へと導かれます。これをエリクソンは「仕事の同一化（work-identification）」または「第二の同一化（second identification）」と呼んでいます[56]。

重要なのは、この「親と子が一緒に何かをする」という体験の共有を通じて実現される一層現実的な同一化において、親と子の間に生じる「平等の精神」にもとづいた「仲間意識」が、自由な協力によって築かれるべき人間社会の平和的発展を可能にする人格的平等の関係の原体験にもなり得ることです。

エリクソンは、親と子の間で体験されるこの「仲間意識」について次のように語っています。それは「タイムスケジュールでは同等ではない（inequality in time schedules）」が「価値という点では同等だ（equality in worth）」という経験を発達させせます。このような仲間意識は親子ばかりではなく、人類にとっても恒久的な宝物になるし、大きさやスケジュールの違い（年齢や成長段階の違いによる発達的な相違）による弱さを利用すること（強調すること）から生まれてくるすべての潜在的な憎しみを緩和させる上で、どうしても欠くことのできないものです[57]。言い換えれば、幼児が時には脅威でさえある成人や親と一緒に何かをする上での仲間や相手として選ばれ、彼らの共働者として認められる体験は、幼児の中に親との心の絆を強化するばかりではなく、一個の人間としての人格的な感覚と自尊感情を強化します。

それと同時に、弱者である幼児が強者で頼もしい親を目前にしたエディプス的状況下での憎しみや罪悪感の重苦しさから自らを解放し、活動的な世界や未来へと向かうより自由な「自発性」へと導くわけです。しかも、このような価値における両者の同等感が体験される親子の共同体験は、成長の途上にあってひとが体験する差異、すなわち人種、職業、年齢などの違いがあってもお互いに同等の人格的な価値を認め合う感覚をもって、自由な協力による「自主性の平和的な開発（peaceful cultivation of initiative）」を可能にする原体験としての意味を宿しているのです。あらゆる差異にもかかわらず、幼児にこのような「価値の同等性」の体験をさせることは、この時期の親に求められる「公正さ」であるとも言えるでしょう。

〈良心の形成、道徳意識の発達〉

この時期の幼児の発達段階を特徴づけるものに「良心」の形成、すなわち道徳意識の発達があります。「自律」や「意志」の発達においてすでに自分が他者と異なる一個の人間で「ある」という「自己意識」を獲得した幼児にとって、目下の課題は自分はいったいいかなる人間に「なろうとしているか」について意識することです。親との「同一化」や「ごっこ遊び」、「模倣」などのこの時期に特徴的な振る舞いは、幼児がどのような人間に「なろうとしているか」をめぐっての果敢な試行的な取り組みと言っても過言ではありません。

そこでは単に「する―しない」「したい―したくない」「できる―できない」という尺度だけではなく、「望ましい―望ましくない」「すべき―すべきでない」「なるべき―なるべきでない」といった道徳的な選択が伴います。言い換えれば幼児の「自発性の偉大な統治者」としての「良心」の働きです。

56　同右。
57　『自我同一性』九八～九九頁。

精神分析学では、この良心を「超自我（super-ego）」すなわち、長期間にわたる幼児の両親との依存関係を通じて両親の要求や叱責、禁止などが継続的に幼児の自我の中に取り入れられ内在化した沈殿物と考えています。「良心」の形成に関して特に留意されるべきことは、エリクソンが指摘しているように「親の行き過ぎと横暴さ」でありましょう。ちなみに親の行き過ぎについて、彼は次のような問題点を挙げています。

親たちがあまりにも熱心に幼児に道徳的な課題の達成を求め、過度な負担を負わせ過ぎるならば、幼児は、「ありとあらゆる全面的な禁止によって、自分自身を拘束してしまう」ことを身につけてしまい、親が要求するよりももっと厳しく「融通の利かない従順さ」を発達させ、子どもの良心は「原始的で残酷で非妥協的なもの」になりえます。しかし、当の親自身は、子どもの中に育ててきた親以上に厳しい「良心」に従って行動しているようには到底見えないため、子どもは「深刻な退行やいつまでも続く恨み（deep regressions and lasting resentments）」を抱くことになりがちなのです。

また、親の横暴さに関しては、親が子どもの目から見れば到底ゆるしがたいような罪悪を、親や大人たちが「罰せられずにうまくやりおおせよう」とするのを見つけてしまったときの親に対する「憎しみ」が挙げられます。このような子どもの目に映る親の罪悪は、元をただせば親と子の間が対等でないためにしばしば成り行き的に生じやすいのです。それらの行為は必ずしもすべてが親の身勝手ばかりではなく、特定の状況下での分別心や止むを得ない事情があったりするわけですが、厳しい子どもの目には、「良心のモデルであり執行者」である親自身による、対等でないがゆえの「親の横暴」として体験されることになります。エリクソンはこの種の幼児の葛藤を、「人生における最も深刻な葛藤の一つである」と語っています。

こうした葛藤において親の横暴さを体験した子どもは、その出来事のとらえどころのない複雑さと猜疑心に加えて、超自我の「一切か無か」という妥協を許さない二者択一的な体質のために、極端な「道徳主義者（moralistic man）」になりがちです。しかしこのような「道徳主義的な人間」は、自分の切なる望みや奇抜な空想が抑圧され、禁止されるのと同様に、覆い隠されなければならない激しい怒りの内在化によって生じる独善的な態度で、非常に偏狭かつ執拗なまでの関心を他者に向けがちです。

そこに至っては、道徳は「まるで復讐や他者への圧迫と同義語」になってしまい、もはや「自発性」を導くものではあり得ません。(58) こうしたことからも明らかなように、「良心」の形成に際し、「内的な声（inner voice）」として幼児の心に内在化される親や大人の声やイメージ（超自我）は、幼児の活発な良心の発達に深く影響を与えるのですから、いい加減に矛盾・対立してはならないわけです。(59) またそうした一貫性もさることながら、親があまりにも生真面目に「厳し過ぎるしつけ」に走ることが、子どもを偏狭で不寛容な「道徳主義者」に駆り立てることの弊害も見極められるべきです。

「遊戯期」の幼児にとって、遊びは発達課題の最大の学習の場であり、エリクソンは人間生活に重要な「ユーモアの感覚」も、この遊戯に根源を有していると述べています。(60) 親の「厳しすぎるしつけ」やユーモアを欠いた生真面目な「道徳主義」は、幼児から「遊戯性（playfulness）」すなわち「遊び心」を奪いかねません。

幼児に対する親の取るべき基本的な態度に関してエリクソンは「確固とした態度をとると同時に寛大であれ」と指摘していますが、このことは特に子どもの「良心」の形成に際して重要です。とりわけ子どもが過ちをおかした際に、親は行為の是非を子どもがわきまえられるよう十分説明し、ことの善悪を教え諭しながらも、子どもが「痛み」と同時に「ゆるされること」による「希望」へ常に導かれるよう配慮すべきなのです。

58　『幼児期と社会Ⅰ』三三〇〜三三一頁。『自我同一性』九六〜九七頁。
59　『洞察と責任』一一八頁。
60　『ライフサイクル、その完結』一〇五頁。

〈人格的活力――目的性〉

「自発性」と「罪悪感」という心理・社会的発達課題の二極をめぐるせめぎ合いの発達過程を通じて実現されるこの時期の「人格的活力」は、「目的性（purpose）」です。「目的性」とは、エリクソン自身の言葉によれば「幼児性の空想の挫折、罪悪感あるいは罰を受けるかもしれない絶えざる不安などによっても禁止されていないような価値ある目的を心に描き、実際に追求する勇気（the courage to envisage and pursue valued goals uninhibited by the defeat of infantile fantasies-by guilt and by the foiling fear of punishment）」です。それは「目指すべき方向をもった強さ（the strength of aim-direction）」であり、「空想によって育てられ、罪の意識によって制限を加えられ、道徳的には（morally）制約されているが、倫理的には（ethically）活発である」ような目標指向性を意味します[61]。幼児は、遊びや一見意味のない空想にふけり、そうした「目的性の萌芽と戯れながら」、次第に「現実性の感覚」を身につけるようになります。すなわち、その目標指向は達成可能なものや、「言葉で分けもつことのできるもの」に結びつけられてゆくわけです。

この時期の幼児の目覚ましい発達に関連して、言葉の発達を指摘しておくことは重要です。幼児は言語的表現や言語的コミュニケーションを通じて、より広範な現実世界との意味に富んだ対話が可能となると同時に、情動的な世界にとどまらず、ロゴス（理性、道理、論理）の世界にも開かれてゆくのです。先に考察した道徳意識の発達においても、ことがらの是非を「聴き分け」「見分け」「道理を分けもつ」ことを可能にする言語と結びつくことによって、その発達が促進されるわけです。

こうして幼児は、遊びを通じて単に意志力を鍛えたり、活動能力を育てたりするだけではなく、自分に「なる」ための夢多き人生計画に向けて「目的性」のアドバルーンを膨らませ活発にあげ始めているのです。この時期の幼児の発達に重要な役割を果たす他者は、言うまでもなく親ですが、それと同時に生活の基本形である家族や遊び仲間、そして幼児なりに理解できる職業的な人物や心を引き付ける特徴的な人物へと広がってゆきます。

以上、乳幼児期（乳児期―児童前期―遊戯期）は、親の側から見れば「新婚期」の二人時代の後に迎える「養育期」であり、人生八〇年のライフサイクルにおいて、子どもにとっても、夫婦にとっても、また親子関係から見てもまさに重要な基盤づくりの時期であると言えるでしょう。エリクソンのライフサイクル論に従えば、人はその発達段階に固有の人生課題を有し、自己と世界――とりわけ重要な関わりを持つ他者――との相互的な交わりの中でその課題達成が可能となり、漸成的な成長過程を歩んでいきます。遊戯期に至り「自発性」と「目的性」を身につけた幼児は、やがて「児童期」（学童期）―「青年期」へと社会化と個性化への歩みを続けてゆくことが期待されるわけです。

第四節　成人期の成長と危機

〈生殖性〉

エリクソンが、「成人期」の発達課題として挙げるのは「生殖性（generativity）」です。「生殖性」は、「子どもを生み出すこと（procreativity）」「生産性（productivity）」「創造性（creativity）」を包含する極めてダイナミックな概念です。それは新しい存在や新しい製作物や新しい観念や価値を「生み出すこと（generation）」を表しています。[62]彼によれば、男女がその「異性愛的な相互性（heterosexual mutuality）」を通じて自分たちのパーソナリティとエネルギーを共通の子孫を生み出し育てることに結合したいと願う、その願望を基盤にした拡大・発達が「生殖性」であり、それは本質的に次の「世代（generation）」に関わっています。したがってまた、たとえ生理的な理由そ

61　『洞察と責任』一一八頁。
62　『ライフサイクル、その完結』八八頁。

の他で子どもが生まれないとか、さもなければ他の方面で特別な才能に恵まれているために、「生み出すこと（generation）」を子孫に向ける代わりに、別の形態の愛他性や創造性に向ける場合があるにしても、やはり、「生殖性」は第一に「次の世代の確立と指導に対する関心（the interest in establishing and guiding the next generation）」を意味するのです。こうして「生殖性」は基本的に「親であること（parenthood）」の特徴的なあり方なのです。[63]

ここで注目されるのは、健康な成人の発達課題である「生殖性」は、自己を越え出て他者と結合することによって新たな存在を産出することに示されるように、本質的に「自己超越性」や「愛他性」を伴うと同時に、自分自身の存在や行為とその意味を、より普遍的な存在への帰属やそれとの連関において捉え直す「視点のコペルニクス的転換」を伴う点であります。言い換えれば、「生殖性」は、単なる自己の生命の躍動や燃焼にとどまるものではなく、必然的に世代の交代を伴う生命の継承への献身的・情熱的な意志です。それはまたある種の信仰的な態度、すなわち人類に対する「より包括的な感覚」、たとえば共同体的な感覚や歴史的な感覚を伴った「種への信頼（belief in the species）」に根差すものです。“GENERATIVITY”（「生殖性」）がしばしば「世代性」と呼ばれることの妥当性は、「生殖性」が第一義的に「世代に対する関心」であり、次の世代に対する責任感を伴う積極的な関与（commitment）であることからも明らかです。それは子どもに限らず、生産物、観念、芸術作品などの「生産」や「創造」においても同様です。すなわち成人は、自分の子どもの産出、もしくは他人の子どもの世話、あるいは子どもたちのためによりよい世界を創り出す多様な活動への参画を通して「生殖的」「世代的」たり得るのです。[64]

〈自己埋没と停滞〉

さて、エリクソンの言う「生殖性」の対極（負の極）は「自己埋没（self-absorption）」や「停滞（stagnation）」です。「自己埋没」とは、成人が愛他的な行動がとれず、過度に自己愛的になる状態を言います。人は先に触れたような「生殖的」な積極的活動に失敗すると、「擬似的親密さ」への強迫的な要求へと退行し、しばしば「停滞」の感覚と人間関係の貧困化に陥りがちです。その結果、人は子どものように自己中心的になり、自分を甘やかすようになったりするのです。そして場合によっては自分の身体的・心理的虚弱感にとらわれがちになることがしばしば見られたりします。こうした「自己埋没」や「停滞」の背後には、がいして、自分自身を人類に対する包括的な信頼の中で捉えるような感覚やグローバルな共同体的なアイデンティティの不在が指摘されます。

しかしながら「自己埋没」や「停滞」も、この段階において重要な意味を持つものとして理解されるべきことも事実です。現代の複雑化した社会の中では、人々の「生殖性」は必ずしも容易にかつ伸びやかに発揮されるわけではありません。様々な障害や制約を余儀なくされることが決して稀ではありません。たとえば身体的、もしくは経済的・社会的諸条件のために、子どもを望むように生み育てることがかなわず、また高度に分化した管理社会的状況の中で生産的なエネルギーを必ずしも思うような形で行使できずに、「生殖性」をめぐるフラストレーション（欲求不満）に直面することは大いにありがちなことです。要はこうしたフラストレートしたエネルギーをいかにしてより建設的、より広範な方向に効果的に適用し、昇華してゆくかにあります。

たとえば、自分の子どもや自分の職業的活動範囲内での生殖的エネルギーの表出という限定された狭い枠組内での悲しみや恨みを越えて、より普遍的な視点からすべての子どもの福利や特に支援を必要とする障害者や高齢者の問題に積極的に関わったり、途上国の人々の問題、人類の共同生活や生存そのものに深い影響を及ぼす健康や環境問題などのグローバルな諸問題に積極的に関わったりすることは、特に近年見られる傾向です。こうした動向は、個別生活の中での得失を越えた広範な社会的・普遍的な次元で人々が「生殖性」や「世代性」を発揮し、

63 『幼児期と社会Ⅰ』三四三頁。
64 『エリクソンは語る』六四頁。

「親であること」を生きることを可能にする「新しい生殖的倫理」の出現を意味します。

このように、「自己埋没」や「停滞」も、エリクソンの挙げるすべての発達段階での負の極と同様、発達課題の達成を確かなものにする上で重要な役割を果たすわけです。いかに「生殖性」に富んだ活動的で創造的な人であっても、「自己埋没」や「停滞」と無縁な人は存在しません。むしろ、こうした負の極に自ら直面する体験を通して、「生殖性」や「世代性」はより人間的に深化し、内面化して確かなものとなると同時に、またより普遍性を有することが可能なわけなのです。

〈世話〉

成人期の特性（徳性）としてエリクソンが挙げる「世話」は、人間の本来的なあり方、すなわち、人間が「教える種（teaching species）」であることに由来しています。

人間は本来的に「他者性」に開かれているのであり、成人は、「他人から必要とされることを必要としている」(need to be needed) というエリクソンの指摘は、「世話」という人格的特性の「相互性」、ひいては人間存在自体の本質的「相互性」を言い表しています。親は生む者であるとともに教える者であり、子ども（教えられる者）から「必要とされることを必要としている」ばかりでなく、子どもから教えられることも稀ではありません。

我々は、人生課題の達成において、とかく子どもの成人への依存を強調するあまり、成人が子どもに依存している側面を見落としがちです。しかしこのことは、親が次の世代を教え、導く者であることを否定するわけではありません。たとえばすでに見たように良心の形成において、親は善悪の審判者と理想的な価値の伝達者にならなければなりません。

親が教え、導き、諭し、ゆるし、癒す者として真の「権威性」を適度に内包していることは、むしろ真の「生殖性」「世代性」の条件でさえあります。このことが力そのものを生活の支配のために「非寛容的かつ非生殖的」に行使する「権威主義（authoritism）」と異なるのは言うまでもありません。「世話するもの」と「世話されるもの」とのこのような関係に立つ成人の人格的特性としての「世話」を、エリクソンは次のように定義しています。

「〈世話〉は、これまで大切に（care for）してきた人や人物や観念の面倒を見る（take care for）ために、次第に広げられてゆく関心・配慮（widening concern）である」(65)。

「世話」はまた、「自分の生み出したもの、育てねばならないものを護り、支えそしてやがて、自分を乗り越えてゆくものからの厳しい働きかけを必要としている」成人期の生き方を可能にする愛他的な強さなのです(66)。この特性には、それまでの人生そのものの「蓄え」である乳児期から成人初期に至るまでの発達過程で順次生み出されてきた人間の内在的強さ（inherent strength）、すなわち「希望」「意志」「目的性」「適格」「忠誠」「愛」が、次の世代の強さを育むという、「世代継承的課題（task of generative succession）」の達成のためにすべて必要不可欠のものとして、総動員されることになります(67)。親は基本において、自らが与えられ、導かれて生きてきたところから与え、導き、やがてその成果のあかつきにおのれを継承し、かつ乗り越えてゆく子どもを輩出する存在です。このように世代から世代へと生命が継承されてゆくことのライフサイクルにおいて、自らを生かす術を学ぶ者がまたよく子どもを生かしめるわけであり、おのれを「世話」することのできる者がまた他者を「世話」する

65 『ライフサイクル、その完結』一二九頁。
66 『洞察と責任』一二九頁。
67 『ライフサイクル、その完結』八八～八九頁。

ことができるのです。その意味で、エリクソンは成人に求められる倫理的感覚、「世代的（生殖的）倫理」は、「汝自身の成長を促すとともに、他者の成長を促すことを、他者に対して行え」であると述べています[68]。

他者を生かしめることを通しておのれをも生かす成人の「生殖性」と「世代性」と裏腹の「自己埋没」と「停滞」に直面することは、この時期の最大の試練であり、危機であります。しかし人はその最も活動的な人生のさ中での失敗や挫折の厳しさを通して、人格的特性の上に深まりとともに広さと寛さ（普遍心）を獲得することも決して稀ではありません。

ちなみに終末医療・看護の先駆者キューブラー゠ロスは、人生の様々なステージで繰り返される生と死のドラマと深く関わる貴重な経験から、次のように語っています。

「私が知っている最も美しい人々は、敗北と苦悩を知った人、喪失を認識し、悲しみの底から彼らの行くべき道を見出している人々である。これらの人々は生の尊さを知り、生を理解し、生への深い感受性を湛えている。彼らにとって生は共感とやさしさと深い愛と関心とに満ちている。美しい人というのは偶然に現れるのではない[69]」。

「世話」に関するエリクソンの論述において、特にその広さ（普遍性）との関連で興味深いのは、「擬似種族化（pseudo-speciation）」の問題です。ちょうど関わりの近しさに選択的な幅があり、親しさの度合いがあるように、「生殖性」や「世話」が選択的なものになることは避け難い事実です。

誰もが現実の生活の中で個人として、また集団として体験するこの「生殖性」「世話」と「拒否性」との葛藤は、エリクソンの言う「擬似種族化」、すなわち、「ウチ」と「ソト」、同胞と異邦人に二分に排外的に捉える「擬似種族化」のために、人類は「一方では最善で最も真実な忠誠とヒロイズム、協同と創意を引き出しながら、一方では種々の種族（humankinds）をして相互的な憎悪と破壊に関与させてきたということであり、人間の最も深いディレンマの一つである」と言えます。[70]
今日、親の世代に問われることは、その「世代性」や「世話」の遂行において、「擬似種族性」から解放されたより普遍的・包括的なアイデンティティに重きを置いた「普遍的な世代性」「普遍的な世話」を追求する「新しい世代的（生殖的）エトスや倫理」の伝達に向かうのか否かの岐路の選択であると言えるのではないでしょうか。[71]

〈エリクソンの理論の今日的な意義〉

乳幼児期と成人期に関して、特に今日的状況との関連において注目されるいくつかの点を指摘したいと思います。

(1)「相互性」「相互的調整」の強調

今日の胎児医学・小児医学の研究の成果は、人間はその初期において普通我々が考えていたよりもはるかに感覚器官がよく機能し、環境に対して活発に働きかける能動性を有していることを明らかにしました。その結果として、人間の健全な発達の上で、胎児期に始まる乳幼児の「母子相互作用」の重要性、とりわけ感覚的な出会い

68　前掲書、一三三〜一三四頁。
69　E・キューブラー・ロス『続　死ぬ瞬間』川口正吉訳、読売新聞社、一九七七年、一七一頁。
70　『ライフサイクル、その完結』九二頁。
71　前掲書、九一頁

を通しての情緒的コミュニケーションの重要性が指摘されています。[72]

これらは、エリクソンの理論の基本にある、人間の最初期からの親と子の「相互性」「相互的調整」を強調する視点が、その後の医学の発達と相まって胎児期へと向けられたことの成果と見ることもできます。しかも、彼は「相互性」を単に「母子関係」や「親子関係」という「家族内関係」の中にとどめず、母や親という家族的環境と彼らを取り巻く社会的・文化的環境との間、すなわち家族と社会との「相互性」を認識することの必要性を指摘しています。

こうした彼の視点は、子どもの生育過程における社会的ネットワークの必要性、たとえば子どもの生育環境を一つのシステムの有機的統合として捉え、母親の胎内や親の腕の中というスキンシップに代表されるミクロ、家族に代表されるミニにとどめず、保育所や幼稚園、学校などのメゾ、地域社会や国家社会などのマクロといったそれぞれの次元の生態システムの有機的繋がりが強調される中で、[73]一方では子育てをめぐる関わりの貧しさ、「母親の愛情剝奪（maternal deprivation）」、人間的・情緒的な触れ合いの欠如が指摘されるような現在、大いに傾聴に値すると思います。

（2）「信頼」に根差した「自律」や「自発性」の理論化

人間の人格形成において重要な意味を持つ初期の人格的特性を理論化するに際し、「信頼」「自律」「自発性」といった極めて人格的な価値を人格形成の基盤として理論的に位置づけたことは、すぐれた洞察です。特に我が国でも見られがちな子どもの養育における「過干渉」や「過保護」といった管理主義的傾向の弊害、特に「厳し過ぎたり早過ぎるしつけ（too rigid or early training）」に走りがちな親や教師の権威主義的な態度が、子どもの個性や自主性を剝奪している今日、極めて学ぶものが多いのです。

それと合わせて、人生課題や人格的特性の獲得の発達過程において「負の体験」が持つ肯定的な意味や試行錯誤の重要性の指摘は、プロセスを軽視して結果だけを急ぎ重視しがちな今日の効率主義の問題点を浮き彫りにするものであります。またこのことは、子どもに失敗や過ち、逸脱や迂回、やり直しの余地を与えない親と大人社会の「不寛容さ」に目を向けさせるものであります。

（3）個人主義的道徳と生産中心主義を超えた人格的・共同体的な理論の提示

彼は人生で最も活動性に富み充実した時期である「成人期」の発達課題や人格的特性として「生殖性」「世代性」や「世話」を挙げ、なおかつ今日人類が取り組むべき課題として「擬似種族性」を脱却した「より包括的なアイデンティティ」の実現を取り上げます。

この視点には彼の人間観が最もよく表されています。まず、人間の成長の豊かさを、生命の継承に象徴される人類という真の「種族性」を生きる共同体への共感的なコミットメントにおいて捉えています。また「生産性」ではなく、より包括的概念である「生殖性」を人生課題として位置づけるところに、モノよりも生命・人間、「生産性の価値」よりも「人間性の価値」の優位性を認める人格主義的な視点があります。しかもそれは、個人主義的な道徳を越えた共同体的な倫理の発見でもあるのです。ちなみに彼は次のように語っています。

「今日、全世界の人類が直面している最大の問題は、人がまとまりを失うことにも、無力にも、方途を失うことにもならずに、どれだけ広範なアイデンティティが、ひとつひとつ根をおろす今ここの具体的な生活

72　T・B・プラゼルトン『親と子のきずな』小林登訳、医歯薬出版、一九八二年。M・H・クラウス／J・H・ケネル『親と子のきずな』竹内徹他訳、医学書院、一九八五年。

73　小林登「医学からみた胎児から乳児までの発達」J・カスタニエダ／長島正編『ライフサイクルと人間の意識』金子書房、一九八九年。

状況、つまり、純正な共同体（communality）がどこまで小さくなりうるか、あるいは、小さくならなければならないかという問題だと言えるだろう」[74]。

ここで求められているのは、「今ここ」の、目で見、手で触れることのできる具体的な身近さの中での家族的なコミュニティ感覚を、「世界共同体」「人類共同体」という感覚につないでゆける普遍的な感性であるのです。

第二章　家庭教育における価値の伝承

長島世津子

〈重要な他者〉

E・H・エリクソンは生涯発達論において、人間のライフステージに沿った発達課題や人格的特性（徳性）の達成は、基本的に相互的な人格的関わりにおいて実現されると言っています。

人間はどのような成長の過程にあっても、何時も「重要な他者」（シグニフィカント・アザーズ）を必要としています。[75] 乳・幼児期に代表される人生の初期の重要な他者というのは、言うまでもなく親を指しています。子どもたちは親との関わりの中で、人生や世界に対する「基本的信頼」（ベーシック・トラスト）を持つようになり、未知の世界や未来に対しても心を開いて前向きな態度で臨むことのできる「希望」を身につけていくのです。この「信頼」や「希望」をベースにして、子どもたちは人生に対する意欲的・自律的な取り組みに対する積極的な態度を身につけ、やがて自分の尊敬する大人や人物への同一化を試みるようになります。そのプロセスにおいて、子どもは未来への憧れを抱きながら、同時に、公正さの感覚や道徳的意識が芽生えてくるのです。人生の基盤づくりの時期における「重要な他者」である親は、親自身が人生への信頼や希望を抱き、公正さを生きていること

74　E・H・エリクソン／H・P・ニュートン『エリクソンvsニュートン――アイデンティティーと革命をめぐる討論』近藤邦夫訳、みすず書房、一九七五年、六八頁。
75　E・H・エリクソン『ライフサイクル、その完結』みすず書房、一九八九年、五三〜五四頁。エリクソンはここで乳児の重要な他者、つまり母親や他の母親的人物、父親を「原初的他者」と表現している。

が大切であると彼は指摘しています。そしてまた、そうした信頼や希望、公正などの内的な拠り所を、多くの親たちはこれまで宗教的な確信や信仰から得てきたと言っています。

このような、「価値の教育」を基本とした「家庭教育」への実践的な取り組みは、「次世代育成能力」すなわち「ジェネラティヴ・レスポンシビリティ（次世代に対する責任応答能力）」の回復とともに、今日の緊急な課題ではないでしょうか。

〈家族と価値の教育〉

キリスト教的教育において、子どもにいのちを授けた親は子どもの「第一の教育者」として社会的特性を教え、子どもの成長・発達を援けることを通じて神の創造のわざに参加するという基本的使命を与えられています。

「子どもの個人的・社会的全教育を促進するような、神と人々に対する愛と敬虔の心で満たされた家庭環境を作り出すことは両親の義務……です。したがって家庭は、あらゆる社会が必要とする社会上の諸徳を教える最初の学校です(76)」。

人間社会の基礎であり、また愛に満ちた最初の学校である家庭において、親が信頼と勇気をもって伝えていくことを求められているのが、とりわけ人生の本質的な価値についてです。家庭教育、特にキリスト教的な「価値の教育」を強調している文書に『ファミリアリス・コンソルチオ(77)』がありますが、家庭という学び舎において、親たちは、子どもたちとの日々の生活の交わりと分かち合いの実践を通して人生において追い求められるべき「価値」を、子どもたちに伝えることが期待されています。その価値とは今日のような経済優先の消費社会が日々追い求めている価値と同一でないばかりか、むしろかけ離れたものと言わねばなりません。

すなわち、人間の「価値」は、物質的な価値を所有することによってではなく、かえって物質的な所有に縛られない精神の自由さの中にあるということ、そして自分だけの利益を追求したり、自分だけに価値を認めたりするような自己中心的、独善的な生き方に陥らずに、一人一人の人間の価値（人格の尊厳）を大切にする公正な正義感を身につける必要があると述べています。また貧しい人や困っている人に無関心ではなく、進んで心を開き関わってゆく「無償の愛」に価値を見出すことのできるような愛の感性を育てることが必要で、このような教育の基本に、神と人々に対する愛と尊敬の心を養う家庭の信仰教育が無ければならないと説いているのです。

「子どもは簡素な生活の中で、『人間の価値はその人の持ち物によるのではなく、その人自体による』ということを十分に確信することで、物質的な所有にこだわらない自由な正しい態度を身につけて成長するに違いありません。

いろいろなタイプの個人主義や利己主義が著しくはびこり、緊張や軋轢《あつれき》で動揺し、分裂している社会の中で、おのおのの人格の尊厳を重んじる真の正義感を子どものうちに豊かに養うだけにとどまってはいけません。さらにもっと力強く、愛の意識、とりわけもっとも貧しい人々や困窮者に対する誠実な心遣いや無私の奉仕が理解できるような愛の意識を育てなければなりません」(78)。

「個人化」や「私化」傾向の強い欧米先進国より比較的安定しているとつい最近まで言われてきた日本の家族

76　第二バチカン公会議『キリスト教的教育に関する宣言』三。教皇ヨハネ・パウロ二世使徒的勧告『家庭――愛といのちのきずな』長島正／長島世津子訳、カトリック中央協議会、ペトロ文庫二〇〇五年、七一頁で引用。
77　前掲『家庭――愛といのちのきずな』に収録。
78　前掲書、七二頁。

状況も急速に欧米化を辿り始めました。離婚には寛容で、いのちの出生や養育には不寛容な現代の人々の意識や行動によって、家庭そのものが加速的に不安定、かつ脆弱になり、教育的機能の弱体化を通り越して解体の危機にさらされていると言えましょう。最近の思春期の子どもたちの非行や犯罪の頻繁化は、親や教育者の不安や無力感を刺激し、一層その思いを募らせずにはおかないのです。

こうした欧米や日本の家族危機の主たる要因が何であるかについては、家族論にとどまらずよりマクロな社会論や文明論を含む多方面からの検討を要する問題となっています。この点に関して、教皇文書『家庭――愛といのちのきずな』（『ファミリアリス・コンソルチオ』）では、我々現代人が、自由を「結婚と家庭に対する神の計画の真理を実現していくための力としてではなく、利己的な幸せのために、しばしば他の人々を否定するような自己主張の力として」行使している点を、特に指摘しています[79]。

第一節　伝統的家庭教育の掘り起こし

今、我々にゆだねられた基本的課題の一つは、個人の尊厳や自由の否定といういかなる統制によってでもなく、教皇文書の表現に倣うならば、「結婚と家庭に対する神の計画の真理を実現するための力」としての人格的・内的な自由さにおいて、結婚や家庭本来の価値の実現、家庭の本来的教育機能の回復を図るための取り組みであると思います。その際の一つの有効な取り組み方法が、今日の多くの家庭がその姿や形を異にし少なからず変容しながらもそれが生み出される基盤となっている、かつての家族の生きられた伝統的家庭教育の掘り起こしです。もちろん、それは、未来に向けて実現すべき課題の解答をそのまま過去に求めるといった単純な手続きで済むことがらではありません。しかし、論じる以前に生きられてきた過去の経験をいわば「人類の共有遺産」として捉え、そこに一つの手がかりを求めることは極めて順当な手続きであると思われます。

こうした関心に立って、カナダのケベック州のかつての家庭教育に注目してみることにいたします。なぜケベック州なのかと言えば、筆者が一九六〇年代に思い出深い学生生活をその地で過ごし、信仰を中心とした生きた家庭教育に触れたというノスタルジックな思い以上に、ケベック州がカトリック信仰の面でカナダ国内にとどまらず世界的に特異なインパクトを持っている地であるからです。

〈古き良きケベック――歴史的概観〉

私がカナダ・ケベック州の宗教教育に関心を持つようになったのはたまたま大学時代滞在していたモントリオールを含むケベック創設の歴史に見る特異性に端を発しています。

フランスがカナダに新天地を求めた植民地化政策の最初の時点から、宣教師たちが先住民の改宗に熱意を傾けていたことはよく知られています。一七世紀初頭に「ヌーヴェル・フランス」の植民地基地がセントローレンス河岸に築かれて以来、一六一一年には既にイエズス会士が神の教えを伝え広めるためにカナダを訪れていました。全植民がカトリック教徒である「新フランス」カナダにおいて、カトリック的価値観に基づいた信徒の子女の教育に当たった中心は、当然修道者たちでした。

一六五九年に着任したラバル司教（Monseigneur de Laval）の下に、教育修道会主導型の宗教教育の確固とした土台が築かれました。すべての学校教育はカトリックの信仰によって統合された人間観を基盤に置くためです。一八世紀半ばから英国統治が始まり、プロテスタントの英国系移住者が増加したものの、その数が相対的に少なかったこともあり、またフランス系住民が宗教と言語を守るために「生き残り」（la survivance）をかけて抵抗したこともあって、その流れは変わることがありませんでした。すなわちカトリック教会が通常学校を設立し、政

79　前掲書、一五頁。

府がその学校を支援し、教育行政の最高責任は教会の司牧者が当たったのです。したがって、宗教教育は司祭や修道者、修道女たちによって必修科目として行われていました。宗教教育と言っても単なる知識教育というよりも信仰の養成を中心とした信仰教育であり、また一般市民も、日曜毎の教会の礼拝や教会活動を通じて司祭や修道者、修道女たちから深い影響を受けていました。日常生活と信仰の統合を社会全体が、いわば州を挙げて護り支えていく中で、おびただしい修道召命が生まれました。こうしてケベック州から多くの宣教者たちが世界中に派遣されていったのです。

しかしながら、ちょうど第二バチカン公会議が開催された一九六〇年代初頭より、ドラスティックな変化がこの地の宗教教育に訪れました。当時ケベックの首相を務めていたジャン・ルサージ（Jean Lesage）が提唱した世俗化の改革「静かなる革命」[80]（Revolution tranquille）によって教育の現代化（教育の機会均等、教育行政や教育財政の再検討などの学校制度の諸改革）が図られると同時に、宗教面で大きな変化がもたらされることになりました。それまで必修であった宗教教育は選択制に移行しました。このことは第二次大戦後、カトリック信徒以外の移民の児童の急増に伴う多文化社会への方向転換として、親たちに宗教教育か道徳教育かのいずれかを選択できる自由を与えようとしたものでした。

この選択制の導入によって、ケベックの宗教教育は根本的な構造変化を迫られることになりました。それと同時に、人口増加、都市集中化、急激な工業化の波が押し寄せたため政治、経済、社会面においてもケベック州は大きな変化を迎えることになりました。この変化は、福音的完徳（清貧、貞潔、従順）に中核を置く伝統的なキリスト教的生活のいわば禁欲的・修道的霊性に沿ったこれまでのライフスタイルに対する大きな挑戦でした。活発化した資本主義経済の下で、人々が清貧よりも豊かさを求め、倹約よりも消費を美徳とする欲望充足的な生き方に憧れを抱くのはケベック州においてももはや例外ではありません。

この大きな方向転換は多文化社会に開かれた適切な改革と呼ばれる反面、資本主義経済の消費主義的、欲望充実的な物質主義的価値観が一挙にこの地の世俗化を推し進めることになり、また人々の教会離れを一気に加速することにもなりました。言い換えれば、今日、ケベック州においても人々は欧米先進国や日本と同様に、家族危機、家庭の教育機能の弱体化の問題に直面しているのであり、その答えを生きているわけではないのです。

ただし、上述の歴史的経緯からも、その地における家族の復興や、その教育的機能の回復に宗教が果たし得る役割が決して少なくないであろうことは容易に推測されます。その際、家庭において生きられる信仰と生活の「分かち合い」を中心とした家庭教育のあり方が重視されるのです。筆者の関心は、こうした家庭での生きた信仰を基盤とした家庭教育のあり方を探ることにありました。そのために生きられた過去の経験からの掘り起こしの一つとして、ケベック州のかつての伝統的家庭教育の一端に触れることが当面の課題です。

第二節　人生を賭ける勇気を生み出した家庭教育

〈一〇〇名の修道者の自由記述に見る家庭教育〉

「静かなる革命」が起こされる前、一六五九年より実に三〇〇年にわたって維持されてきたカトリックの宗教教育、信仰教育を通してこの地は夥しい修道召命を生み出し、多くの宣教者を世界中に派遣し続けたことを先に述べましたが、このことは、人生をそのために賭けるに値するという確信を多くの若い男女に与える深い信仰に基づく家庭教育がその時期に存在していたことを示しています。

80　一九六〇年のケベック州選挙でジャン・ルサージが政権を取り、それまでカトリック教会が大きな教育的影響力を持ち、経済面でも税制面で厚く保護してきた同州で、これまでの価値観やケベック社会の後進性などを批判する形で産業、社会、教育面において、次々改革が行われた。

ケベック州に存在する修道会に所属し、一九六〇年代の第二バチカン公会議や「静かなる革命」以前に大学教育を受けたケベック州出身の中・高年修道者（一九四三年以前の生まれ）計一〇〇名（男・女各五〇名）を対象に聞き取りおよびアンケート調査を実施したのはそうした関心からでした。その中で、彼らが人生の初期において実際に経験した家庭での生きた信仰教育についても、記述してもらうことにしました。ケベックの友人の助けを借りながら、それぞれの修道会を足で回っていった手作りの調査だったため、各団体とも協力的で、心のこもった回答を受け取ることができたのは幸いでした。ここで取り上げる内容は調査報告書そのものとしてではなく、自由記述に当たる部分の一端のみとします[81]。

アンケートに見られる多くの実例の中から、まず父親の思い出を複数選び、次いで母親についての記述を取り上げたいと思います。

（1）正しく強く生きる父

父親は家庭を護り支えるどっしりとした柱のような存在で、子どもたちが信頼のうちに、そして時として畏敬の念を持って寄りかかれる拠り所として描かれています。命を祝福し事の善悪をきちんと教え、かと言って稼ぎ手としての父親の役割を果たすために神の助けを謙遜に仰ぐ下僕として祈りを捧げる姿も見せています。

（a）祝福の代理者としての父

①「一日一日の威厳をもった父の祝福を懐かしく思い出す。『今、私が子どもたちを祝福しますから神よ祝福してください』」（女性六九歳）。

②「毎回食事の初めに、母が父に大型の丸焼きパンを渡し、父は、一四人の子どもに分け与える前に、ナイフでそのパンに十字架を切っていた」（女性四八歳）。

（b）祈りのリーダーシップを取る父

③「父は信仰心と宗教的務めを大切にした。仕事を始める前に毎朝教会に行き、家族揃ってのロザリオの祈りの朗唱、夕べの祈り、日曜日のミサ参加の他、季節毎に子どもたちを連れて日曜日の晩課に出席することを忠実に行った」（女性六六歳）。

④「ほとんど毎晩家族で祈りを捧げていたがそれは父の意向だった」（男性六八歳）。

（c）祈りを奨励する父

⑤「父の会社がうまく行くよう、私が毎朝ミサに参加すると、〇・〇セントくれた。毎晩の祈りの時に自分も十字架にキスしたものだ」（男性六四歳）。

⑥「よく祈りを強いていた。今では父の仕事が彼を疲れさせていたのだと理解できる。兄弟たちがよく言ったものだ。『教会での長い聖務が免除される父さんの年になるのが待ち切れないよ』」（女性七〇歳）。

（d）自らよく祈る父

⑦「仕事のある日の昼間、父がベッドのそばで跪き懸命に祈っているのを見た」（女性七五歳）。

⑧「父は一二歳の時に亡くなったが、夜たった一人で暗い中、客間で長い間祈っていたことを覚えている。修道召命を選んだのを知ったらきっと父は喜んでくれただろう」（男性六九歳）。

⑨「ちょっと待って。おしゃべりを続ける前にパパはお祈りをするからね（九歳の時）」（女性七二歳）。

81　一九九六年八月より継続的に二〇修道会（男子一〇修道会　Fraternité Sacerdotale, Mission des Saints Apôtres, Congrégation de la Mission（Lazaristes）, Frères de Sainte Croix, Société des Missions Étrangères, Clercs de St Viateur, Bénédictins Congrégation de Solesmes（O.S.B.）, Franciscains Conventuels（O.F.M.）, Dominicans, Frères du Sacré-Cœur, Société de Jésus（S.J.）; 女子一〇修道会　Des Sœurs de la Providence, Sœurs de la Charité de Québec, Congrégation des Sœurs de Notre Dame, Sœurs de Notre-Dame du St-Rosaire, Sœurs du Bon-Pasteur de Québec, Sœurs de Ste-Anne, Congrégation Notre-Dame du Bon-Conseil de Montréal, Sœurs Missionnaires de l'immaculée-Conception, Soeurs des Saints Noms de Jésus et de Marie, Urselines）の修道者一〇〇名に対する記述式アンケートおよび個人的聞き取り調査を筆者が行ったもの。回収率男性六四％、女性八〇％。

（e）家族を養うためによく働く父

⑩「大家族（子ども一〇人）を養うために野菜畑を作っていた」（男性五五歳）。

⑪「人数の多い家族を養うためにがむしゃらに働き、正直だった」（女性六五歳）。

（f）ふとした時に教え諭す父

⑫「子どもたち、神に感謝することを忘れてはだめだよ。私たちにとって素晴らしくよい方なのだから」（女性六四歳）。

⑬「これから先の人生において、お前もこれとは違った困難な状況に会うかもしれないが、それも学びの試練なんだよ」（女性七〇歳）。

⑭「朝起きたら、神と人々に自分を捧げなくてはいけない。他人を解放できるものは、自分も解放できるのだ」（男性六九歳）。

⑮「食事の時に近所の人のことを悪く言っていた時、そういうふうに人のことを話すのは愛に反すると言い、私たちを黙らせた」（女性五〇歳）。

（g）言葉よりも生活を通して神を伝える父

⑯「あまり言葉で表現する人ではなかったが、熱心な信者で、日常の言動に接していると生活の中の優しく寛大な神の存在が感じられた」（男性六三歳）。

⑰「言葉によるよりも遥かに生きざまによって私に神について語ってくれた」（女性七六歳）。

⑱「父はハイドロ・ケベックの電気部に所属していた。大きな手動レバーで二本の電線の工事に当たっていた父をこわごわ見ていると、『ご覧、神様が』と言ってパパは右手で右の太い電線を見せた。今度は、左手で左の太い電線を見せて『人間と』と言いながら、接続の準備が整ったことを合図した。『共に働くと素晴らしいことができるよ！』……まるで感謝の祈りを捧げるかのように父が二つの手を組み合わせると、

町全体に明るい光が灯ったのです」（女性六五歳）。

（h）いのちへの愛を伝える父

⑲「父は子どもが生まれる度にその子を神の偉大な贈り物として私たちに紹介した。子どもは神の子であり、彼自身の中に神を宿す小さな存在である。彼は、私たちの手を生まれた子どもの胸に当てさせ神の愛と恵みに溢れたいのちの鼓動を聞かせてくれた」（女性八四歳）。

（i）生活を通して真実な愛を証しする父

⑳「私は海の近くの作業場のあった町に生まれた。私たち子どもは八人で、両親は裕福ではなかった。時折幾艘かの船が海上で衝突し、破損箇所の修理を受けに冷たいドックに戻ってきた。子どもたちはそうした船に積み残されている少々傷んだ商品を手に入れるという思わぬ儲け物で得をして喜んだ。しかし、私の両親はこのすべてが保険会社に帰属していることを知っていた。それで私たちのうちの誰かが盗むことをどんなことをしても許さなかった。……第二次大戦に先立つ経済危機の間、一家の稼ぎ手が失業していた家族を、自分たちも困難な状況にもかかわらず、両親は二年にわたり何も受け取らずに家に泊めていた。その頃、私の父も週に何日か仕事があるだけだった。家族の必要に応えるために、彼は最も危険なポストに就いていた」（男性六五歳）。

（j）試練の中で信仰を証しする父

㉑「農場の建物が火事になった時父は次のように祈った。『愛する主は私にすべてのものを与えすべてのものを奪われる。主の御名が崇められますように』」（女性六二歳）。

㉒「父は無口だったが家族に対しては献身的だった。神の意志への彼の従順については鮮明な思い出がある。ジャクリーヌが一七歳で、ロランが二二歳で、マルセルが二九歳で亡くなり、三人の喪が三〇カ月続いた時、彼はミサを挙げてもらって、この不幸を甘受することを示した」（男性七八歳）。

㉓「一九二九年から三〇年の悪夢のような経済危機の頃、商人の家を除いて村中で一日一ドルも稼げなかった。五カ月もの間、仕事で稼ぐこともできなかった後、父はミサで九日間の祈りを始めることを決心した。父は厳寒にもかかわらず七マイルの整備されていない道のりを歩いて、朝六時にミサを挙げるロバート・アビティビの村のミサに参加しに毎日出かけた。九日目の朝、父が駅に電車が着く時間に通り掛かると、電車からある人が降りて来て、その場で父を雇ってくれた。父は引退するまで一日も仕事を休まなかった。父にとって神はどこかに漂っているような頼りにならない存在ではなく現実の否定できない存在であり、生活の中で欠くことのできない存在であった」（男性六七歳）。

以上のような回答記述に見る父親像は、第一に、日常生活の中で、神の祝福の代理者を誠実に務める家族のリーダーとしての気概と、物心両面で家族を困難から守ってゆこうとする使命感が強く感じられます。回想者にとって古き良き時代とはいえ、一九二〇年代後半から三〇年代の「悪夢のような経済危機」を含めて、今日とは比べようもないほど、倹しく慎しい生活を余儀なくされた貧しい時代を経験しています。その彼らの記述に見え隠れするのは、五人から一〇人以上のたくさんの子どもを抱える生活の厳しさの中で、毎日曜日、中には毎朝ミサに出席し、夜は跪いてロザリオを唱える「祈る家族共同体」の姿であり、そのリーダーとしての父の姿です。当時の父親たちにとって、信仰を大切にし、宗教上の務めを誠実に守る手本を示すことは、生計の担い手としての責任に劣らず大きな使命でありました。そうした使命感が時に子どもたちからすれば信仰を強いる者と映ることもあったが、自分自身一人の信仰者として真摯に祈る父も多かったのです。そんな姿を見かけたことをかつての子どもたちは何か「美しいもの」として新鮮に記憶しています。

第二に、大切な価値の伝達者・教育者としての父の姿ですが、どちらかと言うと、言葉で表現するのが苦手であったり無口であった父親が、生きざまによってより雄弁に信仰を語り、人生の大切な価値、いのちの素晴らしさや恵み、何が正義にかなない、また反するか、人を愛すること、試練を耐えること、希望を持ち続けること……などなどを身をもって子どもに伝えています。失業の苦しみや、家財を失った不幸、愛する子どもたちを喪った悲しみを神に捧げ、甘受する内面的な強さを父親たちは子どもたちに伝えています。そしてその中には労働や仕事を信仰の目で見る豊かさも含まれているのです。電気技師の父は当時八歳の娘に、主を愛し、主と共に働くことの喜びを言葉と譬えで伝えています。「ご覧、神様が、人間と、共に働くと素晴らしいことができるよ！」。その時ともったのは町中の灯りだけではありませんでした。少女の胸に、主と共に働くことの喜びが人生の消えない灯りとしてともったのです。やがて修道召命の中にその道を見出したかつての娘たちは愛を込めて「私たちは父のことが大好きだった」と記しています。

貧しさの中でも人間としての品格を保ち、自分たちの貧しさも顧みずさらに困窮している人々に手を差し伸べている父親たち――そうしながらも一家の稼ぎ手としての自分の役割をいかに真剣に果たそうとしているか、その姿を子どもたちは見ています。さらに本当に窮した時には神にすべてをかけて祈る謙遜な姿も目撃していました。カナダ、ケベック州での厳寒（零下一〇度以上、時として零下二〇度以上）を私自身体験しただけに、毎朝七マイル（約一一・三キロ）歩いてミサに通い九日間の祈りを続けることがいかほどの犠牲を意味しているのか痛いほど伝わってくるのです。

（2）家庭の heart である母

家族をひとつに結ぶ核となっていたのは言うまでもなく母親たちです。彼女を通して祈りを学んだ子どもたちの心に神は生き生きとした存在となっていきました。真に母親は家庭の“heart”（心）だったのです。

（a）信仰や家庭の中心に在って、心を教える母

①「家族の一人一人に対する母の愛情と寛大さ、食事の度に私たちに与えてくれた優しさというパン、彼女

の歌と祈りは私たちに神について、またすべての人への神の恵みについて語ってくれた」（女性七四歳）。

②「母はあらゆる状況において私たちに神の話をしてくれた。神は私たちの心に住んでいて、私たちが善いことをすると喜び、悪いことをすると心を痛めるのよと。夜の祈りの時、私たちは彼女と共に一日を振り返り、幸せを感謝すること、過ちの許しを願うこと、そして神の助けに支えられて翌日はもっと善いことをすることを教えてくれた」（女性四八歳）。

③「母は私たちによくこう言ったものだ。『子犬のように寝るんじゃありません。子犬のように起きるんじゃありません。よき神様にお前の心を捧げ感謝しなさい』」（男性七八歳）。

④「母は宗教を食事と同じように扱っていた。順序、秩序を守らねばならなかった」（男性六九歳）。

（b）共に祈り、教える母

⑤「教会と家族について私たちを教育したのは母である。私はいつもは母と一緒に祈った。何か困難にぶつかった時には、母は子どもたちを教会に連れて行き、犠牲を捧げた。母は私に『子どもの祈りは必ず叶えられる』と教え、実際私は何度もそういう経験をした」（男性五八歳）。

⑥「印象に残っている家族風景は夜に家族皆でロザリオの祈りをしたことである。母は皆が揃っているのを確かめてから祈り始める。時々祈りが長過ぎて文句を言う騒々しい男の子でさえ母親に逆らおうとはしなかった」（男性六六歳）。

⑦「私たちに祈ることを教えるために母は毎朝私たちと一緒に祈った。私たちが小さい時には母が座ると私たちは順番に母の隣に跪き、母の膝の上に手を交差させて朝の祈りをしたものだ。この光景は今でも私の記憶の中で生き生きと残っていて、私はそこに多くの安らぎと静けさを見出す」（女性六五歳）。

⑧「母は家族での祈りを取りしきる係だった。祈りに加わる前に家を出ることなどできなかった」（女性六九歳）。

⑨「母は十字架や聖心の像を指さしながら『イエス』という言葉を一番初めに私たちに教えた。私たちが言葉を話せるようになったと同時に朝と晩のお祈りをさせ、学齢期になってからは、次の日の授業で覚えなければならないケベック公教要理の番号を暗記することを手伝ってくれた」（女性八〇歳）。

⑩「しっかり者の母は、子どもたちを叱って教育することができた。中でも私が覚えているのは、母が私をキリストの聖心の絵の前に連れて行き、もう机の引き出しの中をひっかき回さないと私に言わせようとした時のこと。それは単なる約束ではなく、私のイエス様との初めての出会いであった。私が四歳か五歳の時のこと」（女性六六歳）。

（c）愛を実践する母

⑪「自分たちも貧しいにもかかわらず、母は貧しい人々に私たちの持っている僅かなものでさえも分け与えた」（女性七八歳）。

⑫「母は日々、貧しい人を愛すること、そして外国の人をその人種、宗教、言語を問わず迎えることを教えた。『あの人たちがこの国に落ち着く機会をあげなくては。そうしたらあの人たちは切り抜けていけるから』。家族はハンガリー難民、ドイツ、韓国の人々など移住して来た人を迎えるために開かれていた」（男性六一歳）。

⑬「優しさに溢れていた母は、子どもを養育することによって社会に奉仕していたので、家族はよその子どもたちを迎え入れて九人にもなった。自分の子どもを養育できない母親たちを助けるためだった。その子どもたちは四年間一緒に暮らした。彼らが家を出て行く時、母は泣いたが、それでもまた立ち直った。彼女は神についてては語らなかったが、私は彼女から深い愛を受け取った」（女性七〇歳）。

（d）よく働く母

⑭「母は三七歳で九人の子どもと建設会社一つと店を残されて寡婦となった。母は勇敢に家族を養い働き続

けたため、私たちは十分に勉強するために何不自由しなかった」（男性六九歳）。

⑮「子どもたちのために夜遅くまで縫い物をしていた」（男性五五歳）。

（3）父親と母親の関わり

以上の回答記述に見る母親像は、第一にいつも子どもの傍らに在って、信仰の心、祈りの手ほどきや宗教的な情操教育といった、信仰に根ざした人間教育の基本を懇切に教える母の姿であります。子どもたちは母の優しい眼差しや声、時には叱るほどの真剣な取り組みの中で、手をつなぎ、膝に手を重ねながら、母の温もりの中で祈る心と習慣を身につけてきたことを感謝と懐かしさの中で振り返っています。しかもそうした母の厚い信仰は、多くの場合父と共に貧しさと闘う生活の最中でのものでありました。

第二に、母親が家庭内の愛にとどまらず、障害者や生活基盤を持たない外国からの移民や、養育能力を欠いた親の子どもたちを、親身になって受け入れる姿が映し出されています。その惜しみない愛の強さと行動力、その心の広さに示されるいわば家族を超えた家族的愛、社会的母性の豊かさが注目されます。

当時の家庭では神の祝福の代理者として重要な社会的経済的決定は男性が握り、女性は数多くの子女を育てると同時に子どもたちの信仰教育を取り仕切るのが通常であったようです。本国フランスでの良家の子女たちへの教育に習って、ケベックの修道女たちもその宗教教育、信仰教育を通して、夫に従順に仕えすべての利己的な願望を犠牲にして家族に献身するモデルとしての聖母マリアの秘められたナザレトでの日々を説いていました。

父親と母親が土台となって子ども一人一人がメンバーとして加わる毎に関わりの豊かさを増しながら一つの家庭という人生の「火屋《ほや》」「巣」「砦《とりで》」「港」を形作っていきます。それがいかなる人生の風雨にも耐え得る堅固なものとなれるよう、一人一人がその力に応じた努力を重ね合わせ絆を深めていくのでありますが、その基盤や中心となるのが、人間的な理不尽さをも超えた信仰の恵みによって育まれた父と母の関わりの堅固さ、その不動性、不解消性です。それが確かなものである限り、いかに時間的・空間的に離れていようと、そこを巣立ち、出立した子どもたちは幾度となく立ち戻ることのできる心の原点や原風景をそこに持つことができるのです。

子どものころ目にした両親の関わりの風景を以下のように描いています。

①「両親の仲は最高に良く、たくさんの若い夫婦が相談にやって来たものだ。夕食後の家族揃っての祈りは私にとって今なお思い出して黙想する上で、最も美しいシーンとなっている」（女性八〇歳）。

②「私は両親が一度だけ『これは神様のご意志だ』と言っているのを聞いたことがある。それは、親しい人が亡くなり、経済的にもうまくいかないなど、両親にとって辛いことがあった時のことだった」（女性七〇歳）。

③「ある日、父が涙を流しているのを見たが、母は父に、『頑張りましょう。神様がついていらっしゃるのだから』と励ましていた」（女性七三歳）。

④「父と母はとても仲が良く、信仰深い模範的な両親だった。安らぎ、喜び、公正さのある環境の中で、両親はキリスト教的な社会的価値を日々見出すように私たちに教えた」（女性七五歳）。

⑤「その素朴さ、無私の心、けなげさ、許すこと、母の心の広さ、平和」（女性六二歳）。

⑥「家族で行う日々の祈り、優しさ、穏やかさを忘れられない」（男性七一歳）。

（4）調査を振り返って

以上の自由記述に現れているのは子どもたちに人生で何が価値あるものであるのかを見える形で伝えていく生き方をしている父親であり母親でした。彼らは大切なもののためにはいかなる犠牲も厭わず、またいかなる物質的困窮も言い訳にはしていません。

父親たちはどちらかというと言葉で表現するより生きる姿を通して、また、母親たちは子どもの傍らで優しい眼差しの中で祈りの手ほどきや情操教育を通して、ともに人間にとって大切な価値、命の尊さ素晴らしさを伝え、どのように人と関わり愛するのかを子どもたちの心に深く刻んでいきました。簡素な生活の中で人間の価値は富ではなく人間性であること、どんなに貧しくとも正直に生きようとすること。他の人々のニーズに敏感になり助力を必要としている人々に奉仕する愛の精神を身につけること、虐げられ人格を貶められている人々の側に立つ正義感を持つこと、なによりも日々の生活の中に生きたもう神を敬い愛することを、素朴に生きることを通して教えていきました。そのような父親と母親の姿を通して、子どもたちは人生の優先順位を体得していったのであり価値の教育は手渡されていったのです。それは、後に教皇ヨハネ・パウロ二世によって使徒的勧告『家庭——愛といのちのきずな』（『ファミリアリス・コンソルチオ』）に描かれているキリスト教的な「価値の教育」そのままであったことを表しています。

〈今日の家庭と家族機能の回復〉

今日の欧米や日本の家庭は、この時代のような価値の伝承の場としての機能を果たし得ているでしょうか。むしろ少なからず家庭という基本的な共同体そのものの危機に直面していると言って過言ではありません。家族は今日様々な形態を取り、多様であると同時にかつての安定を著しく欠いているようです。かつてアメリカの社会学者タルコット・パーソンズは一九五〇年代のアメリカの中流家庭を念頭に置きながら、家族の主な機能は「大人の情緒的な安定と、子どもの社会化」であると言いました。今、そのような家庭をアメリカに見ることはできません。アメリカに限らず夫婦は離婚を重ね関わりの破綻に傷ついており、そのため、子どもは善き市民・社会人となるための確かな支援や導きを親に求めることができないのです。家族的な絆を欠いた人々は、皆「独り」になろうとしているかのようです。夫婦の絆に代表される不動性・不解消性を拘束と見做しがちな「個人化」の自由と自立は「孤独」という十字架を背負いがちであります。

しかし、明らかなことは、人は独りでは生きられず、関わりの中で人は愛を知り、人となるということです。家庭が関わりの原点であり、愛の学び舎であるとするなら、私たちはそのような家族的共同体をいかにして回復し、どのように実現していくべきでしょうか。人生の初期において、揺るぎない夫婦・親子の家族共同体を体験したケベックの中・高年修道者たちが、今日に至る最も変化に富んだ社会を生きてくる中で、人生の原風景として心に深く刻んできた遠い日の家族の絆は、共に祈り、共に日々の喜びと悲しみを分かち合おうとする意志と信仰によって培われたものでありました。

日常生活において、とりわけ信仰がいかに家庭の中心をしめていたか、父親や母親がいかに熱心に子どもたちに祈ることを教えたかを知ることができます。その祈りを通して子どもたちが自分の将来の道、すなわち自身を生涯神と人にささげる道をいかに自然に選び取っていったかをうかがうことができるのです。その一端に触れることを試みたケベック州のかつての家族共同体や信仰共同体についての考察を進める過程で、ケベックにおいても欧米先進諸国や日本においても、同時的課題である家族的共同体の再興、家族の教育的機能の回復の行方について、さらに思いを深めていく必要があります。

第三章　母と子の関わり——愛すること、祈ること

長島世津子

家族の心とは、「共生」への強い意志です。「いつどこに居ようとあなたは決して一人ではない」という、傍らに共に留まろうとするひたむきな思いかもしれません。あなたは家族にとってかけがえのない存在だからです。今日家族はそれを取り巻く社会とその意識とともに大きく変わりつつありますが、この「共に分かち合う」家族の本質を実現することが極めて難しい社会は、家族にとって受難の時代と言うべきかもしれません。

地球規模で張り巡らされたネットワークの中で多元化した複数の価値観のいずれかに身を置きながら、私たちの子どもが生活の中でより普遍的な善への感性を磨き、より人間的な生き方を追求しようと努めるようその援助者となることは、至難の業となりつつあるのです。学校教育の現場においても、子どもたちに道徳的価値を伝えることの難しさを感じている教師たちは今日少なくないかもしれません。

第一節　最初の学び舎

〈道徳的価値の伝達〉

始まったばかりのささやかないのちを「火屋」のように受け止めながら、「巣」を形作って養い育てていく「家族」と呼ばれる共同体なしには、人間的な生き方の意味すら身に着けることはできません。犠牲を厭わず、子どもの幸せを願う親の無償の愛の関わりの中で、そして他の家族の一人一人との関わりを通して、人は愛する

ことの意味、分かち合い支え合うことの喜びを学んでいきます。家族は人間の最初の最も基本的な学び舎なのです。そこを通して人間にとって何が大切でどれだけの意義を持ったものなのか、何が人間性を疎外し貶める可能性を秘めているのか、関わりの親しさの中で体得していきます。

その親と子の親密な関わりにおける、母親の優れた道徳的教育の力に焦点を当てた教育者はペスタロッチです。特に母親としたのは、彼の時代における育児の中心的役割を果たすのはほぼ常に母親であったこともあるかもしれません。今日フェミニズムの進展に従って、母性愛そのものを賛美したり女性に母性愛を当然視したりすることは課題と化し、母性、父性は、広く親性、両親性に置き換えられるようになりました。確かに女性だからという理由で母性愛を期待されることによって育児を女性特有の領域に固定することは、現実の問題として社会進出目覚ましい女性の選択肢を狭めるだけでなく、いのちをはぐくむ豊かさから男性を除外することでもあります。ただし、ここではそうした議論を超えて、子を産み乳を含ませるという最初の身近な関係から始まる、母と子の関わりの豊かさに注目しようとするものです。

〈世界を開く母親――ペスタロッチにおける母と子の関わり〉

ペスタロッチは、初期の母子関係から家庭生活を通して道徳的な陶冶がなされることに特に注目していました。母親自身はさして力や教養や指導力があるわけでもないのに、自然が彼女を通じて成し遂げようとすることを自覚することなく、自然の気高い道を辿り、子どものために世界を開く役割を果たすのです。この、世界を開く役割を果たすという意味は、まず乳を含ませる母親の胸、そして平和な居間、さらにその家庭から国家へ、世界へ、そして神へと母と子の関わりの親密さと、身近さを媒介として子どもの生活空間が絶えることなく広がっていく出発点となっているからです。

子どもにとっての最初の身近な関係である母との関わりは、したがってそれ自身教育的意味を有しており、またすぐれて道徳的です。

「満ち足りた乳飲み子は、真理への道において、母が彼にとってなんであるかを知っている。しかも母は、幼児が義務とか感謝とかの音声も出せないうちに、感謝の本質である愛を、乳飲み子の心に形作る」[82]。

すべての人間に備わっている能力である善さへの意欲（道徳力）、知力（精神力）、身体的諸力（技術力）は、それを使う、実行するという単純な仕方を通してのみ発展させることができます[83]。それをよりよく実現するには、外から言葉や観念を押し付けたり注入したりするのでなく、身近で親密な両親、ペスタロッチによればとりわけ母との関わりの中で、子ども自身が「直観」を磨き、それを用いながら生活することを通して培い育むことができると述べています。

「母親は子どもをはぐくみ、養い、守り、喜ばせずにはおられない」。それが彼女の持つ本性であり「母親はそれ以外のことはできない」と言いきってさえいます。お腹がすけば食べさせ、のどが渇けば飲ませ、優しいまなざしでいつも見守る母親に、子どもはまだ言葉も話せないうちからごく自然に主体的にその甘美な関わりに応えようとします。信頼と愛と感謝の道徳的な感情が芽生えてくるのです。人間が人間となることを学び、無償で愛される体験を重ねる原初的空間において道徳的価値が伝えられます。生活を通して道徳的な陶冶が行われる、「生活が陶冶する」と言われるゆえんです[84]。

親と子の大切な関わりの場でありその信頼に満ちた関わりが持続する生活の場、それが「居間」なのです。そこにおいて道徳的価値の萌芽である感謝や好意や愛情が育まれ、より人間的な生き方とは何か、より普遍的な善とは何かを子ども自ら模索し始めることができるようになるのです。

子どもが善さへの意欲（道徳力）、知力（精神力）、身体的諸力（技術力）の最初の感性の萌芽である感謝や好意や愛情を育む上で、その両親と共に生活する家庭、その「居間」はごく当たり前の隠れた存在でした――それ自体、最も教育的な空間であることを意識されることもなく。母親たちの社会進出が進み、また父親たちも過重労働に縛られがちな産業構造に組み入れられる今日、その「居間」に、父親か母親のどちらかが常駐していることは次第にまれとなり、しばしばからっぽの空間となっています。それにもかかわらず、ひとたび母親が職場からそこに帰り着き、やがて父親も揃うその時間がどんな短かろうと、そして父親と母親がその空間の持つ宝に気づこうとそうでなかろうと、その「居間」は「居間」として十全に機能し始めるのです。

第二節　母の祈りからの出発

〈世界を開く子ども〉

私たちがこの世に誕生する最初の瞬間、家族共同体に迎えられる最初の瞬間の感動を言葉で表現することは、当の赤子には残念ながらできません。

しかしそれを見届け、そもそもその誕生に最も深く関わった母親にはそれがどんなに稚拙な形であろうと可能なのです。それは通常祈りの形をとりがちです。子に生命を与えるという母親の自分にしかできない、けれども自分を超えた営みに大きな喜びと同時に畏敬の念を感じないではいられないからです。

海の外でベトナム戦争が行われていた一九七一年に初めて母になった無名の女性の素朴な詩がありますが、母

82　ペスタロッチ『ペスタロッチ全集』第八巻、長田新訳、平凡社、一九七四年、二〇五頁。
83　前掲書。
84　前掲書。

になることを通して彼女の世界が広げられているのが分かります。ペスタロッチは母親が子どもたちの世界を開く役割を果たすと言いました。けれども母親の世界を広げる役割を子どもの存在そのものが担っているとも言えるようです。母と子の緊密な関わりの中で、同時的に二人はより大きな広がりへと歩み出すのです。それは母だけに限定されるものではなく、父親に関しても同様です。親が子どもを育て成長させると同じように、子どもが親に親として成熟するための力を与えているといえるのではないでしょうか。

初めて母になった夜に

あしたになったら坊やに会える
私の坊やに
暗い病室の中で朝の訪れを待ち続けている。
どうして眠れよう？
淵のない喜びの中で夜の帳はふかくおりたまま

一瞬の出会いの後乳児室に消えた坊や……
やっと思い浮かんだその姿の上にじっと心のまなざしを留めた
このしじま　この安らぎ

ベトレヘムの夜
あのみどりごの周りにあったのもこの暖かい静けさだったろう

世界が平和でありますように——
この坊やがその中で息づき成長していくのだから
そしてすべての幼子たちが
母親たちのこの素朴な祈りの中から贈られてきたのだから

ふとベトナムの子どもたちの悲しみがよぎった
その子らの母親のさらに深い悲しみを思った
戦争は決してあってはならない
戦争を決して許してはならない

あしたになったら坊やに会える
世界中の坊やのために母親としての新しい日が始まる

授乳から始まり、食すること、愛し愛されることを、子どもたちはまず母を通して学んでいきます。母親たちの喜びと平和への願いに満ちた祈りの中で誕生し、育まれた子どもたちの応答は彼らが年老いてからも力強く、その豊かな表情を失うことがありません。

〈流浪の旅においても〉

誕生の瞬間世界は平和であってほしいのは誰もが願うことですが、地球のどこかで戦争の無かった年は思い出せないほどなのが人間の世界です。にもかかわらず、考えられないほどの不安と絶望に満ちた状況の最中に始まった誕生においても母と子の関わりの緊密さ、その愛と祈りの深さは変わることがありません。明日のいのちが定かでない戦いのさなかにある兵士たちにも、そして孤独をかみしめている老人たちにも、その記憶はあたかも彼らを取り巻く砦のように傍らにあり、彼らに生きる希望を与え続けるのです。

女性たちの会議に出席するためヨルダンを訪れていた時、偶然〝My Mother〟（私の母）という一編の詩に出会いました。戦火の絶えない故国を追われ、難民となり異郷をさまよったパレスチナの詩人、マフムード・ダルウィーシュ[85]の詠んだもので、母と子の関わりの深さに心打たれるものがあります。

以下私の娘との拙訳を付けさせていただきました。

My Mother

Mahmoud Darwish

訳　長島　愛《めぐみ》・長島世津子

母のパン　母のコーヒー
そしてその肌のぬくもり……
私の心は切ないまでに追い求め
子どもの頃の思い出が
日ごと膨らみひろがっていく
やがて死が訪れるとき
私はこの命に相応しいもの
母の涙に値するものとならなければ

いつの日か私が帰るなら
あなたの睫毛《まつげ》にかかるヴェールとし
あなたの歩みに清められた草で
私の骨を覆ってください
あなたの髪の房
あなたのドレスの背に流れる一条の糸で
ひとつに結んで欲しいのです
私は滅びることのないもの
神にもなれるかもしれない
あなたの心の深みに触れているのなら——

私が帰ったら
あなたの炉辺の焚き木
ひさしの物干し綱にしてください
あなたの祝福あってこそ
弱い私は立てるのです

私は老いました

85　詩人。パレスチナの独立宣言の起草者でもある。一九四一年三月一三日生まれ、二〇〇八年八月九日死去。

子どもの頃の星座表を戻してください
それをたよりに
小道をたどり
燕たちと一緒にあなたの待つ巣に
帰り着くことができるように――

二〇〇八年に世を去ったマフムード・ダルウィーシュは、一九四八年にイスラエル軍によって国を追われて難民となり、異郷の地をさまようことになったパレスチナの国民的詩人です。私たちのこの世界への第一歩は母の胎内から産みの苦難を経て始まり、その涙をぬぐうかのように母の懐へと移されますが、その近しい関わりの中で愛されること愛することの無償性を味わい、自らの生き方に統合することを学んでいきます。その無償の愛は彼のための世界を開き、基本的信頼のうちに人生を歩み始めることを可能にするのです。

ダルウィーシュにとって母の焼いたパンや淹れていたコーヒーの香りは、ほんのり漂う母の匂いとともにそうした甘美な日々を思い起こさせるシンボルです。それは懐かしい思い出以上のものであり、人生全体を通して彼の拠って立つ基盤となっています。そこに心を通わせる限りどのような絶望的な状況に投げ入れられても道しるべとなる星のように希望を与え傷ついた心は癒され、たとえ異国の地をさまよう時があっても、再びその懐に戻れるという信頼によって歩む力を得させるのです。

そして「もし母の加護と祝福さえあるのなら……」人間性の脆さを超えて、不滅のもの、神にさえなれるかもしれないと信じることさえできるのです。それは老いた詩人の生涯に意味をもたらし方向を示してきた「祈り」と言うべきかもしれません。

第三節　家族が祈る時

〈祈りを求める心〉

愛し合うことは、エーリッヒ・フロムも述べているように、人間の最も強い要求であり、人間はそれを通して人格的成熟へと導かれていきます。愛の本質を彼は、与えること、配慮、責任、尊敬、理解という五つの特徴で捉えていますが[86]、それは家族共同体の関わりの中においてこそ最もバイタルな形で実現され、また学習されるものです。

しかしながら、いかに愛し合い分かち合ったとしても、ひとりの人間が他の人間の愛への尽きることない渇きを充たしきることは到底不可能です。人間は彼／彼女自身、自分がどこから来てどこへ行くのかすら知らず、その根源的な問いを生きていかなければならない限界性に満ちた存在だからです。その有限性はそのまま無限の存在を指向しています。この現実の世界は喧騒と欲望に満ちながら、魅力に満ちた現実であるとしても、それが意味に満ちた究極のゴールではあり得ません。そうした「渇き」に対していかに無力であるかを知っているからでしょう。その渇きを満たしその呼びかけに応えうる存在を本来的に希求してやまないのが人間なのです。

「谷川の水を求めてあえぎさまよう鹿のように、神よ、わたしはあなたを慕う」（詩四二・二、『典礼聖歌』一四四の訳による）と詩編に詠まれている通り、私たちの魂は個別的な肉体に宿りながら絶えずその限界性を越えようと試み、その彼方にある永遠の存在、神との出会いにおいて初めてその充足を得ることができるのです。その神に向かって心を揚げ、魂の渇きを充たす応答を求めて呼びかける祈りは人間の必然であり、その原型が存在の奥深く刻まれているのではないでしょうか。

86　E・フロム『愛するということ』懸田克躬訳、紀伊國屋書店、一九五九年。

私たちが祈る時、それは個別的具体的現実の中から放たれるがゆえに、その様相は多様を極めています。一六世紀以来「霊操」[87]を通して多くの人々に祈りの指南をしてきたイグナチオ・ロヨラによれば、祈りは抽象的なものにとどまってはならないものです。祈りは具体的、実際的でなければならず、想像の目でしっかり身近に感じながら具体的な目標を得る決心を持って行われることが必要です。すなわち、祈りを聴くのはあたかも存在するかのような漠然とした抽象概念ではなく、実在する生ける神だからです。その神との関わりは日常的生活的な場において行われるものであり、祈りもそれぞれの置かれた場に根ざした具体的、体験的なものであるはずです。

またデ・メロは、祈りは頭よりも心でなすべきものであるとしています。考えをめぐらすことから逃れれば、それだけ祈りは喜ばしいもの、力を与えてくれるものとなると述べています。[88]今日のめまぐるしい社会のリズムの中で、私たちはとかく物事を外側から表面的に素早く捉えるのに慣らされていますが、その一つ一つを内側から味わい反芻することを通してこそ、人生の喜びや活力を汲み取ることができることを忘れがちではないでしょうか。

ごく卑近な日常の場、特に家庭生活の中で行われている祈りについて、その具象性において取り上げてみたいと思います。多様な生活の場面の中から溢れ出る祈りを自由に多面的に取り上げる模索でもあります。そのことによって、家庭の豊かな表情をより力強く表現できるのではないかと信じるからです。

〈初めての祈りの思い出〉

人はその出生以来の記憶をどこまで辿れるものでしょうか。私個人の例を挙げさせていただくと、豌豆の赤い花がとてもきれいで思わず手を伸ばそうとしたその瞬間、目の前の家の窓が開いて眼鏡をかけた女性にキッと睨まれた一コマでした。柔らかい心によほど衝撃だったのか、今でも、真ん中が深い赤紫のビロードのように美しい花、窓の開く音、きらっと光る眼鏡を、まるで静止した画面のようにくっきり思い出すことができます。それがいつのことだったのかと母にその情景を話すと、「それはお隣の○○さん、まだ疎開する前、東京にいた時の話だからあなたが二歳の時よ」と即座に答えました。

祈りの記憶は辿れません。見よう見まねで神棚に手を合わせていた記憶はあります。しかし私が初めて自分の言葉で祈った記憶は鮮明です。それは五歳の時でした。敗戦を迎えて人々がうつろな絶望に満ちていた時期からようやく生活を立て直し始めた頃で、ぽつりぽつりと戦地から父親たちが引き揚げてきていました。そして一年も経つと近所から喜びの声が上がったものです。そうした家の子どもたちは「赤ん坊が生まれたよ」とあちこちに嬉しそうに触れ回っていました。

当時私は一人っ子でした。生まれて間もなく父は南方のラバウルに出征したので、父の記憶と言えば、写真で見た横顔くらいでした。母方の祖父母の大きな蔵に疎開していた私たちは母の慣れない畑仕事でやっと食いつないでいましたので、八畳ほどの一間にあるものと言えば箪笥一棹とみかん箱ぐらいで、それ以外家具らしいものはありませんでした。その一番目立つところに出征の前の日に撮った父の写真が大切そうに立てかけてあったものです。母は帰らぬ夫の安否を気遣い、また生活の不安を抱えて打ちのめされており、その頃の彼女の笑顔をどうやっても思い出せません。

そんな時の私には、赤ちゃんの生まれた友達の家が、どんなに貧しくても、まるで消えない明かりが灯り続けているおとぎの国の城のように眩《まぶし》しかったものです。

なぜその時そうしたのか分かりません。その幸せそうな明かりのことを思い描く度に、五歳の私は家の前の川

87　のちにイエズス会初代総長となるロヨラが一五二二〜二三年にスペイン・バルセロナ地方マンレッサの洞窟に籠った際の深い霊的体験をメモとしてしたためたもの。体の機能を鍛える体操のように、霊魂を準備し整える方法を霊操と呼んだ。

88　アントニー・デ・メロ『東洋の瞑想とキリスト者の祈り』裏辻洋二訳、女子パウロ会、一九八〇年。

にかかった橋を突き切って田んぼ道を走り始めるのでした。その道は小さな丘に続いていて、誰一人いないその丘は、以前から私のお気に入りの場所で、遥か遠くを横切る列車がかすかな音を立てながら稜線に消えていくのをいつまでも眺めたものでした。

けれどもその日は違っていました。そこに辿り着くと一番見晴らしのいいところに陣取り、目をつむってしっかり手を合わせました。

「神様私に赤ちゃんを頂戴！」。何度も何度も呼びかけました。

「私のうちだけ赤ちゃんがいないの。神様……」。

朝神棚にお供えして柏手を打ったり、お盆のとき灯籠舟を流すくらいが当時の我が家の宗教のすべてでしたので、「神様」は見知らぬ遠い存在でした。それなのに赤ちゃんのような素晴らしい宝をいただくには「神様」にお願いするしかないと小さい私は確信していたのです。熱い思いを込めて何度も何度も、心が空っぽになるまでその丘に来るたびに願い続けたのでした。

その祈りから数か月して父がラバウルから帰ってきました。そして一年後に待ちに待った赤ちゃんが生まれる日がやってきたのです！　その日いよいよという頃になると、産婆や父があわただしく母のいる蔵に行きつ戻りつし、傍らにいる私は「どこかに行ってなさい」と厄介払いされたものです。

そうなると自然に足は「私の」丘に向かっていました。

「神様、妹を頂戴。女の子がほしいの。おままごとができるから……」。

ひとしきり祈った後で、傍のこんこんと湧き出る泉の水を両手ですくって飲みました。あまりに冷たくて美味しかったので、きっと「神様」は応えてくださると信じることができたのです。すぐ横に満開に咲き乱れている優しいピンク色の薔薇がかぐわしい香りを放っていました。その香りの中に「神様」の微笑と、やがて生まれることになった妹の匂いを感じていたのでした。

〈家族となる祈り――フランクフルトのS家〉

二〇一〇年にドイツで出会ったS夫妻の生き方は、キリスト教的隣人愛を考察する上でインスピレーションに満ちたものでした。フランクフルトでの数日間彼らの家に招かれて滞在したのがご縁でしたが、アイデアに満ちた行動的なS氏と気配りの行き届いた快活で率直なS夫人は地域コミュニティでも見事なチームワークのリーダーシップを発揮していました。今日出生前診断は障害者を産まないための予防措置として通常使われ、障害者を持つことによる親子の負担を中絶によって阻止することを許容しています。障害者を特別視する差別的な意識が社会において皆無ではない上、就学、結婚、就職など様々なハンディを背負わなければならないことも事実です。しかしS家はそうした障害者を選んで養子として迎えた家族でした。

ことの起こりは、S夫人が娘を出産した後もう子どもを持てない体になったことでした。

S夫妻は二人とも大家族の出身でその豊かさをよく知っている人々だったので、娘が兄弟もなく一人で育つことに問題を感じたのでした。そのためすぐにドイツ国内の養子斡旋組織に申し込み登録をしたのですが、子どものない家族が優先されるため、彼らは娘が三歳になっても養子を迎えることができなかったのでした。とかく血統にこだわる我が国では、このように養子縁組希望者の多い欧米の状況を想像し難いことではないでしょうか。

夫妻は今度は国際養子斡旋組織に登録し直したのですが、それもかなり待つことが予想されました。娘が幼いうちに兄弟をと養子を強く望む夫妻に、黒人かアジア人で障害者なら比較的短期間に斡旋を受けることが可能であることを知らされたため、すぐにその希望を出しました。娘が七歳になった時にようやくフィリピンから六歳の学習障害（LD）であるJ少年を迎えることができたのです。

異なった文化の新しい言語とのつき合いはそうでなくても難しい上、LDの少年にはさらに腰を幾度か手術しなければ歩行が不可能になる障害を持っていることが後で判明しました。S夫妻は借金を重ねながら困難な手術を受けさせる道を選んだのです。それと同時に、障害を持つJ少年をいじめる学校の友人たちの理解を粘り強く求めなければならず、さらにＪ少年自身の攻撃的な性格の改善にも努める必要がありました。絶望的になることが多々あったことも事実のようでしたが、少年を我が子として迎え愛し共に苦しむことを通して家族の絆が深くなることができたと言いきりました。また、ＬＤとは思えないほどドイツ語が上達した少年を支えることを通して、娘は社会的弱者に敏感な奉仕の精神に溢れる女性として成長することができたという喜びもあったのです。

訪問当時一九歳のＪ少年は引き籠もりがちでしたが、子どもを自立させるのが親の使命だと考えるＳ夫妻の強い勧めで適性調査職業訓練合宿に参加中でした。また娘は高卒後、高齢者たちのボランティアに二年ほど従事し、医科大学に入学する準備をしているところでした。

Ｓ夫妻はまず夫婦の関わりを信仰の確かな土台の上に築き、その関わりを通して子どもたちに価値を伝えること、特に人間一人一人の中には善さが存在し、いかなる困難があっても、何時でももう一度新しい視点からスタートできるということを伝えたいと語っていました。娘に両親をどう思うかと聞きますと、「父と母は片方が理性的、片方が行動的で全く違うけれど一緒になると完全な二人。彼らがどんなに愛し合い労り合っているかよく分かります。父はどんな時でもジョークを言い、深刻な問題を抱えて泣きたい時でもゆとりを与えてくれ、母は他人がどう言おうと気にとめず私のことを信じてくれるんです」と答えました。

Ｓ家は家族の絆を強く感じさせる家でした。最も楽しかった家族の思い出を尋ねた時の答えがそれをよく表しています。

娘　「一三年間フィリピンの障害のあるＪを兄弟として迎えたこと。そして私も彼を助けることができたこと。休日、お互いへの時間がたっぷりあること。父も疲れてなくてたくさん冗談を言い私との時間もあること」

Ｓ氏「家族四人が集まり、働くわけでも何か目的があるわけでもなく、ただ楽しく遊んで冗談を言い合っているとき」

S夫人「家族四人で顔に絵の具をつけ合って遊んだ時（二月のカーニバルのため）。そのほか四人一緒の時ならいつでも」

障害者と分かっていながらS夫妻がなぜわざわざ我が子として迎えたかは、日本の社会通念では理解に苦しむことかもしれません。

今日の競争社会において人間をその機能性、有用性によって測ることが当然視されていますが、自由主義経済の先進国ドイツにおいてもそれは例外ではないでしょう。当然社会的適応の困難な人々への偏見が予想されます。経済的豊かさと機動性を求めて世界が少子化に向かう中で、こともあろうに地球の反対側から障害児を二人目の子どもとして迎えるということは現代社会に対する一つの挑戦と言えるかもしれません。

それは長く祈った後での決断でもありました。その決断とは、家族が彼を通して障害者への社会の偏見を体験し、異文化への適応の難しさを共に生きながら、障害を克服するための多額な手術代を負担することを意味していました。時として苦渋に満ちたその選択を共に生きてきた結果、「家族四人が一緒」にいることの喜びを一様に実感しているのです。J少年が三人の無意識の世界においても完全に家族の一人として溶け込んでいることが分かります。そこには家族本来の求心力がしっかりと生きている姿がよく現れているのです。

神に心を向け、その教えを実現すべく心を一つにして結ばれようとする、それは、修道者でない信徒にとっての「祈り」と表現される生き方ではないでしょうか。

〈パレスチナのクリスチャンの祈り〉

二〇〇八年のアンマン女性会議[89]の席上「エルサレムの平和のために祈ってください」と呼びかけながら、司祭ダゲルの妻は言葉を継ぎました。

神が一〇の美しさをお持ちだとしたら、
そのうちの九をエルサレムにお与えになり、
他の国々に一つ与えられた。
でも同じ神は一〇の苦しみがあるとしたら、
九の苦しみをエルサレムに与え、
他の国々に一つだけ与えられた……。

奪われた美しい平和な故郷を思うパレスチナの人々の多難な日々を見事に表しています。現在エルサレムを取り囲む一帯をイスラエル人が入植地として次々と固めていっていることは、アメリカ経由で来る限られたニュースを通しても薄々ながら知ることができますが、ほとんどはテロとの関連で当然視され、少なくとも同情されることはありません。この領土の熾烈な奪い合いのパレスチナ問題を考える時、忘れてはならない基本的な事実があります。それまで世界各地に離散していたユダヤ人たちが自らの国を約束の地に建国すべく一九四八年にパレスチナに入ってきた時、そこは既にパレスチナ人たちが数千年にわたって自らの地として住み続けてきた「パレスチナの国」であったということです。彼らパレスチナ人たちは数千年の長い年月をかけ心血を注いでより快適で住みやすい場、彼らの「故郷」へと変えていったのです。

そのパレスチナの人々は今どこにいるのでしょうか？　激しい闘いののち追い出されたあとの村にイラクやイ

ランからやってきたユダヤ人たちが住み、ユダヤ人植地（キブツ）として土地は没収され、パレスチナ人の大半が難民として国外に出ざるを得なくなりました。にもかかわらず戦争以来の年月とともに既に彼らの土地はイスラエル人の子どもたちの「故郷」となってしまっているのです。言うまでもなくパレスチナ人の根底に流れている癒されようの無い悲しみと行き場の無い憤りは、故郷を力ずくで奪われ、戻ることも許されず立ち去らねばならなかった根こぎの深い喪失感です。これは男性も女性も老若の別も無い思いであると同時に、民族を分断し管理すべくますます延びていく「ウォール」（塀）の建設によって、日々新たにされている喪失の深化でもあるのです。壊された家に戻ることも再建することもできず、ただ近くに住んでイスラエルの法のもとに労働するためだけに入ることが許されています。難民とならなかったパレスチナの人々は現に存在するのに、イスラエルにとって彼らは存在しない国の人民なのです。

ウォールの中の自宅に招いてくれた友人ハナ（Hana）・Kも同じように「私たちは存在しない国の民」だと繰り返し語りました。

ハナの祈り

私は大学に入って、先生に恋をして結婚したの。二人はアラブパレスチナクリスチャンとしてベトレヘムに住んでいたけど、二〇〇二年に家に帰ったら家が銃撃を受けたので出身地のここ東エルサレムへ移ってきた。でもエルサレム出身者なので、ビザはもらえたけれどイスラエル国籍はもらえない。一九六七年に占領

89　二〇〇八年にヨルダンのアンマンにおいて開かれた聖公会の東京教区およびエルサレム教区によって開催された女性を中心とする協議会。エルサレム教区はヨルダン、イスラエル、レバノン、シリアなど八か国から参加。

されて以来、エルサレムは皆占領下ということになっているのよ。もらえるとしたらヨルダンパスポートで、イスラエルにはお情けで滞在を許されているという状態。パスポートはあるにはあるけど、ヨルダン市民というわけでもない。選挙権もエルサレムの市議会とＰＬＯの選挙まではできるけど、イスラエルの国会議員選挙の権利は無いのよ。西岸のパレスチナ人はグリーンカードを持っていて、一部はパレスチナ人として認識されていることになっているけどＩＤを持っていない子どもは多い。私の夫は物静かで優しい反面、強い意志力を持った大学教授で、ＰＬＯに所属していてイスラエルとパレスチナ政府の交渉をするメンバーになっている。私がそうすべきだと信じることを自由に行うのを喜んで支えてくれるお陰で、あちこち出かけて女性たちのエンパワーメントに力を注ぐことができているの。

私の家族はご覧のように占領地区に住んでいる。イスラエルによってウォール（八ｍの高さの塀）を張り巡らされチェックポイント（検問所）ができたため、多くの人が職を失い、私の夫も大学に出勤するのにはるかに遠回りをしなければならなくなったし、学生たちも何度も乗り換えてお金をかけなければ通学できなくなった。家族四人東エルサレムに住むのは物価も高く苦しいわ。自分の家と親族の家の間にウォールが建てられそうになったけど、幸いこの近辺はカトリック教会所有のものだったのでバチカンからも声がかかり、裁判でも勝ったため取りやめになった。

家のすぐそばのチェックポイントを通って息子たちも通学せねばならず、子どものＩＤを見せろなど無理も言われ、長男は毎日遅刻しては怒られるようないじめを受けている。出かけるたびにチェックポイントを何箇所も通らねばならず、教会にもそこを通過していくほかない。

若いイスラエル兵とのトラブルの一つは、パレスチナの人々がアラビア語で話すこと。「汚い」言葉だからヘブライ語にしろと虐待されるの。

私たちが使命だと感じていることは、私たちが今居る場にしっかり留まること、キリスト教徒が互いにこの場に残ること。何が求められそれをどう位置づけたらいいのかたくさんの課題がある。私は、とりあえず教育を受けていない女性たちに力をつけようと頑張ることね。現在一四～四〇歳までの女性に職を与え経済力を高めマネージメントのできるリーダーシップトレーニングを目指して職業訓練学校で教えている。でもイスラエルの占領およびウォールで男性自体の失業が高い現在、女性はもっと難しいのよね。

私は会議に出席するよう招待されて海外に行くことが多いけど、アラブ人で、エルサレム居住者で、教員であるというだけでテロリストと思われがちなの。エアポート（ベンガル、テルアビブなど）でも何時もテロリスト、要注意人物として検査されている。

神にいつも祈っているわ。

いつも、いつも……。

私たちの家族が平和でありますように！　何よりも私たちの子どもたちが安全に成長して欲しい！！

クリスチャンであり女性である私たちの子どもたちは平和の中で生きて欲しい！

そのサポート、次の世代の男の子の母になる私たちへのサポートをして頂きたい。

ここは私たちの故郷だもの。この場に残ることによって私たちは戦うわ。

クリスチャンはもともと中近東から始まり、もともとこの地に生まれ育った。

度重なる戦乱でパレスチナのクリスチャンは国外に難民として逃れたので七五％から二％に激減してしまったのよ。今この地に身体を張って居続けること、そこに意義があるのだと思っているの。そう私たちクリスチャンがここにいることそれに意味を感じているの。世界との接点として。

アラブ人はイスラム教徒だけではなく苦闘しているクリスチャン、最初のキリスト教徒の家族がいることをどうぞ皆さん覚えておいてって伝えて。

一九七五年に第一回世界女性会議がメキシコで開かれた時、世界各国から集まった三〇〇〇名の女性たちは今日の女性の地位向上のキーワードを巡って熱く論争しました。男女平等を掲げる北の先進国の女性たちに対して、南の開発途上国の女性たちは「貧困が解決されずに何が平等か」と反論し、一方、紛争下にある東欧、アラブ圏諸国、アフリカの女性たちは「平和なくして何が女性解放か」といずれも一歩も譲りませんでした。結局女性のエンパワーは「平等」「開発」「平和」の三つを掲げることで決着がつきましたが、その時の議論の激しさの中の「平和」の重みを今回ほど教えられたことはありませんでした。

戦争を知らない日本の学生たちにとって、常に戦いと背中合わせのそうした家族のために自分たちは何ができるかと聞かれます。まず一つの具体的な家族と心の中で縁組して、その人のために折に触れて祈ってあげてと答えています。祈りは自己を超えて神に向かうのですが、その時たくさんの友を伴うことができます。まずあなたの家族、祈りを必要としているハナのそれのような家族、離れ離れの家族、バラバラの家族のひとりひとり、誰も祈ってくれない孤独な人々……。

Families That Play Together, Stay Together. ――ともに祈る私たちの家族、そして地球家族を愛によってひとつに結び、祝福し、良きもので満たしてくれるのは神なのです。

第三部　今日の家族とその課題

——崩壊の軋み？　それとも新しい形への胎動？

第一章　女性の意識の高まり

長島世津子

〈ベティ・フリーダンと女性解放運動〉

社会の中で不可視的な私的空間であった家族が顕在化するようになったその発端は、一九六〇年代から七〇年代にかけて広がったウーマンリブ（女性解放運動）に伴う女性たちの社会進出と言えるかもしれません。その運動はこれまで伝統的な家庭観のもとに生きてきた女性たちに大きな意識革命をもたらす引き金となりました。『新しい女性の創造（The Feminine Mystique）』[1]を著したベティ・フリーダン（Betty Friedan）によって火蓋が切られたこの運動は、一九二〇年代まで主として参政権運動を推進してきた第一波と区別され第二波と呼ばれますが、第一波が、保護される性としての女性観に立っているのに対して、第二波は一個の人間としての権利を主張する立場に立っています。

それまで強く逞しく論理的でリーダーシップを担う男性、その下に護られるか弱く繊細かつ情緒的で協調的な女性というジェンダー教育の中で、稼ぎ手役割を担う男性、家事・育児を担う主婦役割の女性の姿がごく普通の家庭の風景でした。ところが、郊外の家で豊かな物に囲まれ夫と子どもの世話をして暮らす最も幸せのはずのアメリカの中流（白人系）の主婦たちが、満ち足りた外見とは裏腹に、心が決して満たされていない焦りや不安を一様に抱えていることに気付き始めたのです。女らしさを賛美する風潮にあって、家事をしても何の満足感も得られないという「あるはずのない」感情を抱く自分を恥じながらも、「夫や子どもや家のほかに私はもっと何かが欲しい[2]」という孤独と疎外感をもはや無視することができなくなったのでした。

彼女たちが本当の自分の人生を生きる必要があること、女性自身の持っている隠れた才能を伸ばし成長させるためには、経済的に依存することなく、職業をとおして社会参加していくことが必要であることを、フリーダンは力強く説きました。そしてそのことが同じ問題を共有していた多くの女性たちの共感を呼び、第二波フェミニズムの先駆けとなったのです。

すなわち「母親になることが女性の生物的な必然性だけではなく、唯一の機能であり、地位であり、存在の証であった(3)」女性たちの生き方をフリーダンは「女らしさの神話」の時代と呼び、そうした時代においては、社会の本流で自分の能力を使うための教育や機会から女性を遠ざける口実として母性が使われていたと指摘しています。彼女たちの自由と成長への意識の高まりは夫や子どもや家庭から解放されて自分自身の固有な生き方を実現していこうとする自立した女性としての新しい自己探索と生活変革に向かわせることになりました。そしてそのことはパートナーである男性自身の家庭及び社会における生き方、関わり方への時として破壊的な力を持つ大きなチャレンジとなったのでした。

その運動が波及し女性の社会参加が増加するにつれて、欧米は言うに及ばず我が国においても家庭崩壊があちこちに見受けられるようになりました。それに対して、「『本当の自分の人生を生きよう』というのは女性のわがまま」だとする男性や、そうした運動に異議を申し立てる伝統的な価値観の女性が少なからず出てきました。しかし両極化した性役割分業意識に縛られることによって、かえって男性たちも過重労働に疲弊し家庭という生命的な場を奪われている、人間としての大きな損失に気づき始めていました。また御巣鷹山などでの航空機事故(4)

1　ベティ・フリーダン『新しい女性の創造』三浦富美子訳、大和書房、一九七七年。
2　前掲書。
3　前掲書。
4　一九八五年八月一二日、日本航空のジャンボジェットが、群馬県多野郡上野村の高天原山の尾根（通称「御巣鷹の尾に遭遇した際、犠牲者に支払われる賠償金額が、逸失利益を算定される男性と無収入の扶養者である主婦とで大きく異なっていることに気づかされることにもなりました。伝統的な役割によって男性と女性の生命の値段が違っていたのです。「内助の功」、「奥さんあってのご主人」、「母親の偉大さ」とあがめ、社会的に女らしさ、母性を持ち上げ賞賛することによって、女性たちの受ける不利益に覆いをかけていたことが、「生命の値段」というクールな数字によって明らかにされることになったのでした。「『女性の役割』を賛美するのは、社会が女性を完全な人間として扱うのを渋る程度に比例しているようである(5)」とベティ・フリーダンは記しています。

女性解放運動が目指したのは、女性の社会的・経済的自立であると同時に、それを妨げているあらゆる形態の男女差別の撤廃を含む平等の権利の実現でもありました。

一九七五年を国際婦人年とした国連によって始まった世界女性会議も五年ごとの回を重ね、女子差別撤廃条約、CEDAW（国連において批准国の女子差別を監視モニターする女子差別撤廃委員会）などを次々立ち上げ、我が国でも男女雇用機会均等法、男女共同参画社会基本法などを矢継ぎ早に整備し、女性が男性と対等な社会参加の機会と同一価値労働同一賃金を可能にするために取り組んでいます。

それは双方の意識の改革が前提にあり、さらに家族や職場や地域社会の理解と支援を引き出すというエネルギーを要する試行錯誤が避けられないため、心理的なゆとりを欠いた場合、容易に挫折しかねません。女性たちの意識の高まりは最も身近な夫婦や家庭のあり方に直接的な影響をもたらし、そこでの男女の葛藤や対立が勢い離婚の増加を招いたと見られています。

〈セカンドステージへの移行〉

フェミニズムは個人としての女性を家庭（家事、育児）の束縛から解放し、女性の社会的・経済的自立を目指すと同時に、男性の家庭への参加、家庭における役割の分担を要求するものでありました。こうした要求をかなえることのできない男性とは離婚するか、初めからシングルの身分を選んでキャリア・ウーマンとして社会的・経済的自立を実現する以外にはないということが、家庭崩壊を加速させる一つの原因であったかもしれません。

しかしながら米国において離婚した男女の約八割が三年以内に再婚していると言われます。この事実は、男性をも含めて人間にとって社会的・経済的自立が決して唯一の価値ではなく、結婚・家族によって与えられる深い心の結びつきの実感や自分が受け入れられているという安らぎの実感を求めてやまない人間の真実を物語っているようです。男性優位の社会の差別的構造を正し、女性の権利を一個の人間として拡張する上で大きな影響を与えてきたフェミニズムは、そうした新しい課題に直面する必要があったのです。それは、男女を対立的存在として捉えるのではなく、いかにして男女が真のパートナーシップを創り出していけるかという課題です。

米国における女性解放のカリスマ的先唱者であったベティ・フリーダンは、『新しい女性の創造』[6]を書いた二〇年後に『セカンドステージ』[7]を著しました。女性解放運動の先頭に立って、彼女自身も離婚を体験し人間的孤独に直面しながら、男性中心社会に対して生命力溢れる挑戦をした「第一期」の運動の成果と歩みを踏まえて、家庭の取り戻し、産む力の回復、仕事の場への対等な新しい参加などへの「第二期」すなわちセカンドステージへの移行の必要を呼び掛けたのです。

今日のフェミニズムが目指すべきなのは、単なる女性解放（ウーマンリブ）あるいは男性解放に留まらず、男女が共同で家庭の重要性を再認識して、人間解放（ヒューマン・リベレーション）へと向かうことであり、今はそのための「セカンドステージ」であるとしたのです。女性の成長を求めて、家庭からの開放に始まったフェミニ

根」）に墜落した航空事故。
5　フリーダン前掲書。
6　前掲書。
7　ベティ・フリーダン『セカンドステージ』下村満子訳、集英社、一九八四年。

ズムは、社会生活と家庭生活の両立が可能であるような調和したライフスタイルを共同して作りだしてゆけるような男女の関係を、家庭を基盤に醸成してゆくことが大切であるとしました。

それはまず家族との新しい関係――愛や仕事の関係を構築することなのです。仕事と家庭の双方の持つそれぞれの豊かさと意義は、女性にとっても男性にとっても人生の生きがいとなるものであり、この両面への欲求の一方を、お互いに抑圧しないような関わりを構築しようとすることから、人間としての解放が始まるのです[8]。

フェミニストたちの運動が、ともすると「産む産まないは女性の権利」というスローガンのもとに、もっぱら「産まない権利」を強調して、中絶も産児制限の前提として容認することに対して、フリーダンはむしろ勇気を持って異議を唱えています。

「司教や司祭などを含むカトリック教徒たちは、家庭奉仕の中で一〇代の妊娠に取り組みながら動揺している。私たちは中絶を罪だと考えるこれらの人々の価値観や良心、そして苦しみを尊重することができる。彼らは本当の敵ではないのだ[9]」。

「なぜ私たちは中絶に反対するカトリック教徒のような、生命に宗教的信仰を持っている人々と力を合わせて、子どもをつくる権利のために戦わないのだろうか？[10]」

この「セカンドステージ」の視点は、なぜか、日本のフェミニズムから抜け落ちるか、十分な評価を与えられていないのが残念です。もっともフリーダンがこの著書を出したとき、夫も家庭も捨てて女性解放運動を担ってきた多くの女性たちにとって、それは敬愛する指導者からの裏切りにほかならなかったと言われています。

第二章　個人化する家族と「小さなデモクラシー」

長島　正

〈人間的家族の可能性――「小さなデモクラシー」〉

家族を構成する男女、親子がますます個人化傾向を示してきました。日本人の意識と行動に関する近年の諸調査の結果は、今日の青年をも含めて「マイホーム志向型」が大勢を占め、「他人の面倒をみないかわり、他人に迷惑をかけない」というような、人間的な関わりを回避して専ら仕事と家庭だけに釘づけられた意識の閉鎖性、すなわち連帯感の乏しさと社会への無関心さが目立つことを指摘しています。[11]

確かに家族の個人化は行き過ぎた個人主義による家族共同体の危機、家族解体の危機につながるものとして否定的にみなされる場合が少なくありません。特にこれまで家族の結びつきを無私に支えてきた女性の自立化に端を発する離婚率の上昇は、女性の身勝手さとして危機感を持って迎えられがちでした。しかし、こうした個人化の意識が進行することを通して、成員に対して一律に同調を求める権威主義的な家族の弊害や限界を超えた、より人間的な家族が実現する可能性が秘められていることも事実と言わねばなりません。

家族の個人化の背景には経済的、文化的な環境の変化に加えて、我が国の場合戦前の家制度を中心とした家父

8　前掲書。

9　前掲書。

10　前掲書。

11　ＮＨＫ放送文化研究所編『現代日本人の意識構造［第八版］』（ＮＨＫブックス№一二二八）、ＮＨＫ出版、二〇一五年。

長的な家族の一体性が重視される中で成員個人の意志や権利が犠牲にされがちであったことへの反動として、戦後民主主義の下での個人の自由の強調という時代的な変化も指摘されます。特に戦後の就学や就業に伴う都市集中化により、多くの青年男女とりわけ女性が、親元を離れた都市部に単身で住み、結婚するまでの相当期間を、家族や地域の因習などから自由な自立的な生活を経験するようになったことは、家族をつくるうえで、その成員個人の生活をベースとして重視する家族の個人化を受け入れやすくする要因として注目されます。

ヨーロッパのように個人主義の行き渡った国々と歴史を異にする我が国では、むしろそうした文化の中にある積極的な側面に着目することが必要かもしれません。家族の個人化において、その成員の意識と行動が自立化に向かう時、ともすれば自己中心主義になりがちで、結果的に個人の孤立化や家族の弱体化と解体につながる可能性を持つことは否定できません。しかし一方では家族という人間集団がその成員である個人にとってどのような意味をもちうるのか、家族の果たすべき役割について個人の視点から検証する新たな問いかけでもあるのです。

国連が崩壊の一途を辿る家族とその未来に、強い危機意識を持って世界の関心が向けられるようになった一九九四年に制定した「国際家族年」は、当時世界的な広がりで見られた家族変動や危機などの家族現象が注目される中で、改めて家族という人間の基本的な集団のあり方を考えるものでした。スローガンとして取り上げられたのが「地球家族の平和は小さな家族の中の一人一人の人権の尊重、小さなデモクラシーから」でした。

対立・抗争のすえ故郷を追われるおびただしい難民の問題をはじめ、生活苦からの家族の離散、家族というシェルターを失った路上生活者、とりわけストリート・チルドレンが社会的犯罪に巻き込まれ犠牲となる実態など、世界の家族の危機は黙視できない速さで世界に広がりつつありました。また多様化も進み、夫婦と子どもから成る基本的な家族は二割以下でこれまでの家族に変わるものを模索する国（スウェーデンなど）もある中で、離婚、再婚、非婚、家庭崩壊など家族の問題の多様な波に弄ばれる子どもたちの戸惑いと傷の問題があります。男性たちの変わらぬ伝統的性役割分業意識に愛想を尽かした女性たちがその社会進出に伴い、家族を解体しなければ対等な男女関係は始まらないとする、「家庭から」の出発ではなく「家庭を超えた」ところからの出発を望む姿もありました。

「家族から始まる小さなデモクラシー」を掲げることによって、家族という同じシェルターの中で成員の人権、特に子どもの権利や女性の権利、個人の自由などの促進が図られることを目指したのです。

個人の権利や自由を尊重することは、家族を危機にさらしたり家族を否定したりすることではなく、かえってより人間性に適った望ましい家族の実現を可能にするための前提でもあります。すなわち、家族の成員である個人を尊重するということは、いうまでもなく自己の権利を主張することですが、それにとどまらず他者の同様の権利や自由を尊重することを認めるということでもあり、自他の基本的なニーズを気遣い合う意識や行動に示される共同性（ライフを分かち合おうとすること）、愛他性を喚起するはずのものであります。成員である個人の共同性への意志が希薄な時、家族は流動化や弱体化を加速させることにならざるを得ません。

家族の個人化は、したがって家族を構成する成員個人の家族からの自立を促し可能とする傾向であり、家族との関わりを比較的緩やかな程度にとどめる形で折り合いをつけて、個人としての自己実現を優先的に追求する生き方であると一般に理解されていると言えるでしょう。この場合、家族は個人の生き方を支援するシステムとして捉えられているのですが、家族が個人の個別・多様なニーズにどのように対応しうるのか、個人のニーズへの対応・調整能力を家族はどのように有効に発揮しうるのかが、家族支援のネットワークの必要性とともに新たな課題として問われるようです。

家族の個人化の深化に伴って、目に見えない形で潜在的危機の現象が広がりつつあります。すなわち今日家族の集団としての凝集性が急速に薄れてきたことです。インターネットや携帯電話、スマートホンなどの普及によって、もはや情報は共有しようとする以上に、家族成員のそれぞれの意識や関心、生活領域に応じて個人的に所有されるべきものとなっていったのです。そうした情報機器の個人普及によって、従来は子どもに対する主な情報の与え手であり情報の管理者でもあった親の影響力の及ばない形で、外部からの情報が子どもに浸入することを可能にし、親が子どもの情報空間から疎外されがちになる事態を生じさせるようにもなりました。

〈孤食の文化〉

近年とみに指摘されるように、食事も一つの鍋をつつきながら家族揃って談笑するといった風景に代わって、「個食化」がその傾向を強めています。家族の成立以来霊長類との比較において人の行動を特徴づける食の共同（共食）は、その生活において重要な営みでした。家族が一堂に会し、同じ食物を一緒に食べる食事風景は家族の団欒の原点とも言える心温まる懐かしい風景でした。しかし産業構造や職業構造の変化に伴うライフスタイルの変化によって、職と住の分離や労働の個人化はもとより、社会生活への対応において個人単位での多様な生活行動が増えるようになりました。家族が普段の生活の中で食事を一緒にすることも難しくなり、別々の時間や場所で、別々のものを食するといった個食化が珍しくなくなったのです。

その背景には前述したライフスタイルの変化の他に、個人の趣向に合った食生活を可能にする食環境やファーストフードの普及などが挙げられます。

「お母さん、今日の煮つけは美味しくできたね」と異口同音に言い合う家族の食卓に代わって、ファミレスで親子四人がそれぞれハンバーグ、スパゲッティ、カレーライス、焼きそばを食べている風景は珍しくありません。同じ時間に同じテーブルで食している点では共食ですが、味わいは共通項のない個食ということになります。

「個食化」が特に問題視されるのは、それが「孤食化」する場合です。たった一人で朝食を食べる子が激増し、夕食も一人となると確かに「食事が楽しくない」という食べ盛りの子どもたちの気持ちが分かります。

児童の孤食化傾向とその問題点を明らかにしてきた足立己幸氏は、最近の児童を取り巻く家庭の食卓風景が、家族的な団欒からは程遠く、子どもが親と一緒に食事をするのではなく、手のかからないでき合いの食物を独りで食べるような寂しい場合が少なくないと指摘しています。[12]「愛は胃袋から」と言われますが、親が作ってくれた食事に愛を感じ、一緒に食することで共生感を味わう日々の中で心身が養われる貴重な機会が、安易な個食化傾向の中で失われることへの警鐘と言えるでしょう。

家族が経済的な貧しさに直面していた頃は、家族が一丸となって協力し合い、限られた物を互いに分かち合い思いやる精神的な絆を持ち合わせていましたが、生活が楽になるにつれ次第に自己充足的になり生活の関心も消費行動も個別的となり、自分中心の生活になりました。家族の共同行動も少なくなり、家族同士の精神的な結びつきも失われがちであるのは、欧米の先進諸国においてもほぼ共通した家族危機の顕著な傾向として見られます。

それにしてもその調査の中特に目を引くのが、諸外国と比べて日本の家庭に特徴的な「食事が楽しくない」という子どもたちの多さです。家族がバラバラに食事をするために、誰もいない食卓に一人で向かう「個食」および「孤食」を余儀なくされている子どもたちの寂しさ、味気ない食卓を表しているにほかなりません。週当たりの労働時間が五〇時間を超える労働者が世界で突出している日本において、孤食の寂しさを抱えているのは子どもだけではないはずです。夫婦にもお年寄りにも共通している、日本の家庭生活の「貧しい」姿を象徴している風景かもしれません。家族の一人一人に関心を寄せ、その幸せを願い、共にいようとする、それが家族共同体ではないでしょうか。[13]

12　足立己幸『なぜひとりで食べるの』ＮＨＫ出版、一九八三年。
13　参考文献　前掲書および目黒依子『個人化する家族』勁草書房、一九八七年。

第三章　個人化の危機回避への試み

長島世津子

第一節　子育ての支援

男性が唯一の稼ぎ手であるのが当然だった時代があったことが信じがたいほど今日の女性の社会進出には目覚ましいものがありますが、人々の意識そのものはなかなか変わろうとしません。現在でも我が国の伝統的役割分業意識の強さは先進国で群を抜いていますから、それだけ女性が難しい状況に置かれていると言わねばなりません。その最たる表れが少子化です。仕事と家庭を両立しようとする女性たちにとって、今は子どもを産み育てる「ゆとり」の持てない時代なのです。彼女たちを取り巻く潜在的な「女は家庭」の意識の中で継続的に就業することの難しさが、保育施設の極端な不足も相まって苦渋の選択として少子化問題に反映されてきているとしか言えません。

一時は合計特殊出生率(14)が一・二五まで下がり、社会の活力そのものが低下するのではという危機感を強めました。今では先進国全般に共通した課題ですが、抜本的な解決策を示せないままです。それに対していち早くその解決に取り組み成果をあげている欧米先進国もあります。そうした試みのいくつかを見てみたいと思います。

〈解決に取り組む諸外国〉

我が国と同じ先進国のフランスの場合、一九世紀後半以降しばしば死亡率が出生率を上回る事態が生じていたくらいでしたが、現在では合計特殊出生率は二・〇一まで回復しました。そうした状況を可能にしたのは、フランス政府が家族を重要課題としてＧＤＰ（国内総生産）の約三％の予算を割り当てた政策でした。これは日本の二倍以上にあたります。[15] 国の基本姿勢として、男女とも職業生活と家庭生活のどちらかを選ばざるを得ないような状況に追い込まれることを阻止する社会を目指しているのです。

したがって経済的支援や保育施設の充実を含め、子どもを望む数だけ生み育てられるように環境を整備することによって仕事と家庭の両立をはかれる援助を三〇種類以上行っていて、子育て世代の女性の八〇％以上が働いています。また出産後の育児休業もフランスでは完全に休業するのか、パートタイム勤務へ移行するのかが選べ、勤務時間をそれまでの半分に短縮したり、子どもの休みの日に合わせて休むなど柔軟性をもたせています。現在のフランスの内閣において閣僚の半数が女性で、また日本の上場企業では女性の役員は一％しかいませんが、フランスでは三割近くを占めています。フランスでは法定労働時間は週三五時間にすぎず、就労時間が短ければ、男性、女性ともに家族と過ごす時間が増え、女性一人に家事と育児が集中するということを避けられます。

出生率が比較的高いベルギー、フランス、ノルウェーの男性の育児参加率は三〇～四〇％と比較的高いのが特徴で、その他の出生率が低い国では二二％しかありません。たとえば、毎日料理をする夫はパリでは二六％（東京では三％）、食事の後かたづけを毎日する男性は四九・五％もいます（東京では八％）。特に働く女性にとって大きな救いは三歳でほぼ全員幼稚園に行ける便宜が図られたことです。そのため三年間仕事と家庭の両立を夫婦で協力して頑張れば、後は公的援助を受けられるという安心感を持つことができるのです。自分が育児をほとんど

14　一五～四九歳までの女性の年齢別出生率を合計したもので、一人の女性がその年齢別出生率で一生の間に何人子どもを生むのか推計したもの。
15　フランス二・九一％（二〇一五年ＯＥＣＤのNational Accounts）、日本一・三四％（内閣府「平成二八年版国民経済計算年報」）。

一人でやらざるを得ないと思うと、女性はキャリアを追求したり自己実現ができなくなると考え、児童手当など金銭面の助成があっても出生率は上昇しないことも考えられるのです[16]。

フランスはまた家族を私的であると同時に公的な領域として見做しており、私的な領域には干渉しないスタンスを取っています。我が国は「あるべき家族の姿」に固執しがちで、そのイメージとは異なる価値観や現実を抱えた人々に不寛容となる傾向がありますが、フランスは政府として家族の形態や個人の生活パターンの価値判断をすることなく、その多様性それぞれのニーズに合わせた選択肢を提供しようとしています。それによって様々な状況の家族（結婚の形を取らない家庭や婚外カップルの子、単身親家庭、同性愛カップルなど）も公的援助の対象となる可能性が広がりました。その懐の広さが逆に家族を解体から救い社会の基礎として位置づける効果を奏したと言えるようです[17]。

子どもを産み育て仕事をすることの両立を可能にする社会環境を整えることに成功した国々は、働く女性の出生率を回復している国々でもあります。アメリカやオランダ、ノルウェーなども社会の支援体制を整えることによって働く女性が増加しているにもかかわらず、出生率の回復に成功しています。特にスウェーデンでは子どもが増えても雇用率は減少していません。職場が契約社員を一時的に雇うか、業務分担によって空白期間を埋めようとするため、女性の育児休業の取得率が民間企業においても八割を超え、その約七割が収入を保険でカバーしながら一年以上の育児休業をとるという、日本の働く女性には羨ましい状況となっています。さらに一～五歳の子どもの八割以上が保育所もしくは家庭型保育などで保育サービスを受け、ほとんど待機児童の問題が解消されています。利用料も市町村の負担率が高く、安価で済んでいるようです。

ベルギーのように子どものいない女性より、子どもを持った女性の就業率が高い国さえあるのは驚きです。これは出生率が下がっているのに労働力率はわずかしか上がっていない我が国の状況とは対照的です。

そのほかフランスやスウェーデンでは、年金制度を充実させたことも状況打開にプラスの要因となったようです。フランスでは三人の子どもを九年間養育した男女に年金額を一〇%加算し、スウェーデンは、子どもが四歳になる間に所得が減っても、年金計算は⑴子どもが生まれる前年の所得、⑵年金加入期間の平均所得の七五%、⑶現行所得に基礎額（約五〇万円）を上乗せした金額、の三通りから最も有利なものを充てるといった対策を取っています。

そうした国々の育児休暇、保育システムの公的サポートなどの現実的な取り組みは、文化背景の異なる我が国にそのまま直輸入するわけにはいかないとしても、少子高齢化社会を迎え手詰まり状態を呈している今日において学ぶところ多いと言えるでしょう。それは、取りも直さず固定的な性役割分業意識に縛られることなく、男性も女性も共に働き共に家事育児を支えあう家族の人間的な関わりの豊かさを公的な視点からサポートし、そのような家族に下支えられた社会空間を実現しようとする試みにほかなりません。

我が国では子育て期間中の男性ほど、独身者や子どものいない既婚者以上に長時間労働する傾向さえあるという調査結果もあるくらいです。週六〇時間以上働く男性の比率は二〇代をトップに三〇代、四〇代と続いています。この期間妻が専業主婦になる確率が高いため、存分に仕事に打ち込めるのか、あるいは本当は育児を助けたくてもこれからの養育費、教育費を見込んで、より収入を伸ばす努力をしているのかもしれません。いずれにせよ女性たちは援軍無しで頑張るほかなく、子育て期間中の女性の就業継続が不可能に近いことは明らかです。

16　参考資料　NHK暮らし解説、二〇一四年七月一一日、ジャッグジャパン株式会社 "The Vote.jp" 二〇一六年七月九日。
17　前掲資料。

〈ワーク・ライフ・バランス〉

諸外国ではこうした「仕事と生活の調和」（ワーク・ライフ・バランス）の問題をどのように取り組んでいるのでしょうか。

イギリスでは、むしろ企業側が「仕事と生活の調和」を図って魅力的な就業環境を整備することが、生産性を改善し人材確保する上で不可欠だと考えていたと言われています。その観点から子育て期間中の働き方を変えるため父親休暇の導入、出産休暇の拡充、「柔軟な働き方を要求する権利」（六歳未満の子どもまたは一八歳未満の障害を持つ子どもを持つ親が、⑴労働時間の変更、⑵勤務時間帯の変更、⑶在宅勤務のいずれかを経営者に申請する権利のこと。経営者はその申請を真剣に検討する義務があります）などの施策を試みています。

またアメリカでは、八〇年代後半の人材不足をきたしていた時代に優秀な女性を確保するための支援から始まりました。仕事と生活の調和を推進することが結局は経営上の利益となると企業サイドで同じく考え、柔軟な勤務体制の提供や託児所の整備などに取り組んでいるのです。

こうした子育て支援の様々な政策は、文化的な背景の違う日本にそのままというわけにはいかないとしても、示唆に富んだ試みと言えます。少子化問題で硬直状態にある我が国において、父親にも育児休業を取得しやすい制度として「パパ・ママ育休プラス」が二〇一〇年に創設されました。すなわち母親と父親の双方が育児休業を共にとる場合、上限が一年だった休業期間を「子どもが一歳二か月に達するまで」延長することができる制度です。職場に復帰したての母親が子育てとの両立で困難な時期を迎えているときに、父親が育児に関わることによって母親の負担を軽減しようとするものです。

何と言っても子どもは宝です。労働時間の多い日本の男性にとってすでにハードルは高いのですが、家族が社会の基礎として多様な形で支えられ、女性たちも子育てを楽しみながら自分の生きがいを追求していけるよう試行錯誤を重ねることは、家族と社会の不可欠の課題です(18)。

第二節　障害のある子どもたちへの支援

特別寄稿　権　明愛

〈障害のある子どもを持つということ〉

近年、「子育て支援」「育児不安」という言葉が社会にも徐々に浸透し、私たちもその言葉になじんできました。特に障害のある子どもを育てる母親は、一層子育てが大変なイメージがあります。確かに障害のある子ども特有の育てにくさがあることは事実です。身体上および医療的ケアが必要な子どもを養育する母親の負担は大きく、睡眠時間の確保が難しいこと、日常生活のほとんどの時間が看護や家事に拘束されることで慢性的な疲労とストレスがもたらされます。さらに、見た目では障害のあることが分かりにくい自閉症を含む発達障害のある子どもは、あやしても反応を示さないなど対人関係の築きにくさで子育ての達成感が低く、子どもが可愛く思えない悩みを抱えることが多くあります。また、毎日同じ道を通らないとパニックを起こすなどこだわりが強いことや、お風呂で顔に水がかかっただけで何時間も癇癪《かんしゃく》を起こすなど感覚過敏の問題で、子どもとの関わりが難しく、身体的ケアを必要とする子ども以上に母親が心身とも疲れ切ってしまうことがよくあります。

こうした障害の内容に特有の子育ての大変さもありますが、家族の障害の受け止め方、家族メンバー間の関係性、社会的要因も子育てにおけるストレスの発生に影響を与えていることが、多くの研究から明らかになってきました。また、幼少期には子どもの健康管理と適切な医療的ケアの確保、就学期には適切な教育の確保や家族内での役割の再調整、思春期から成人期には就職など進路の決定といった各段階に出てくる課題に悩むことが分かりました(19)。

18　内閣府「スウェーデン企業におけるワーク・ライフ・バランス調査」二〇〇五年、「国民生活白書」二〇〇六年。
19　河野望「障害児者の家族に関する研究」『立命館人間科学研究』第八号、二〇〇五年、一五～一七頁。

しかし、こうした子どもの障害特性に起因する育てにくさがある一方で、親の付き添いが条件の入学など、社会の支援体制が整っていないため家族に過剰負担がかかること、また社会の差別と偏見で精神的ストレスがもたらされることで親子――とりわけ母と子――の双方が辛い思いをすることが多くあります。

向野幾世さんの『お母さん、ぼくが生まれてごめんなさい』の本に出てくる重度の脳性麻痺で生まれてきた一五歳のやっちゃんという男の子が担任の先生の力を借りて日頃世話をしてくれる母親との間でこんなやりとりがありました。

息子のやっちゃんから母親の京子さんへ

ごめんなさいね　おかあさん
ごめんなさいね　おかあさん
ぼくが生まれて　ごめんなさいね
ぼくを背負う　かあさんの
細いうなじに　ぼくはいう
ぼくさえ　生まれなかったら
かあさんの　しらがもなかったたろうね
大きくなった　このぼくを
背負って歩く　悲しさも
「かたわな子だね」とふりかえる
つめたい視線に　泣くことも

ぼくさえ　生まれなかったら[20]

神聖なるいのちの誕生なのに、どうしてその誕生を謝りながら苛酷に生きなければいけなかったのか考えずにはいられません。社会的支援がないなか、そして社会の偏見と冷たい視線のなか、障害のある子どもに「ごめんなさい」と言わせたことのせつなさ、脳性麻痺の子どもの姿を見守りながら、子どものやさしさと人をいたわるほほえみに人生の意義を感じる母親の姿、母子がいたわり合いながら必死に生きていく姿は、私たちに多くのことを考えさせられます。

〈我が子の障害をどう受容するか〉

子どもの出生に際して、親はみんな健康な子どもが無事に生まれてくることを願うものです。親自身が遺伝性障害の保因者ではない限り、障害のある子どもが生まれてくるという心の準備はできていないはずです。誰もが子どもが生まれた時には一分一秒でも早く我が子を抱きたくて仕方がないと思いますが、最初抱いた時にはまず五体満足で生まれてくれたことに安堵したという話をよく聞きます。それだけに生まれてきた我が子に障害があることが分かった時の衝撃は大きいものです。

親が我が子の障害をどのように受け止めるのか、障害の受容について今まで多くの研究がなされてきました。研究からは、子どもに障害があることが判明した時期や障害の種類、重さによって受け止め方が異なることが分かりました。

ダウン症候群や先天性脳性麻痺など生まれながら障害を持っている子どもは生まれてすぐもしくは比較的に早

20　向野幾世『お母さん、ぼくが生まれてごめんなさい』扶桑社文庫、二〇〇六年、一九四～一九七頁。

い段階でその障害が判明しますが、心の準備がない段階での宣告に多くの親は谷底に突き落とされたような気持ちでショックを隠し切れません。子どもに障害があることが分かって、ショックのあまりしばらく子どもの授乳さえ忘れて寝込んでしまう母親がいれば、強くなろうと自分に言い聞かせながらも子どもの顔を見るたびに涙が止まらない母親もいます。一方、発達障害のように見た目では健常児と何の変わりもなく、育てていく過程で徐々に障害が明らかになる子どもの親は、やっと育てにくさの原因が分かってほっとしたり、しつけが悪いという周囲の誤解から解放され安堵したりする半面、徐々に込み上げてくるショックの気持ちと、見た目が健常児と変わらない我が子の障害を認めたくない気持ちが強く出てくることがよくあります。

子どもの障害にショックを隠せない気持ちは母親も父親も同じです。怪談で有名な稲川淳二さんが、次男がクルーゾン氏症候群という先天性の重い病気を抱えて生まれた時の様子を新聞で語っていました[21]。頭の骨に異常があり手術が遅れると手足に麻痺が出る可能性があったため、生後四か月に手術を受けることになりますが、静まり返る病室で次男と二人きりになった時に、未知の世界への不安と家族の将来への心配、そして我が子の障害に対する悲しい気持ちにかられ、思わず子どもの鼻をつまんで殺そうとしたことを明かしました。しかし、一日に及ぶ長い時間の手術を経て、小さな体が包帯だらけで、何本のチューブが体に刺され、苦しそうに呼吸をしながらも一生懸命生きようと頑張っている子どもの姿に思わずベッドにすがりついて泣き叫んだそうです。稲川さんは四か月経ってようやく、一生懸命生きようとする子どもの姿を見て初めて、我が子の名前を呼ぶことができたのです。

赤ちゃんの泣き声を聞くだけで母親のおっぱいがにじみ出ることがよくあるように、赤ちゃんは母親のお腹にいる時はもちろんのこと、生まれてきてからもしばらくの間は母親と一心同体の状態にあり、母親は赤ちゃんの世話をしながら自然と子どもと向き合うことになります。それに比べ、間接的に子どもと関わる父親の方が母親より障害の受け止めが遅いと言われていますが、多くの父親は徐々にあるべき障害のある子どもの父親像を模索していくことが分かってきました。

また、母親は父親に比べ、さらに自分のせいで、自分が子どもに障害を背負わせたという罪悪感のジレンマから抜け出せずに苦しむことが多くあります。

前に出てきたやっちゃんが重い脳性麻痺の診断を受けて二か月経った頃、母親である京子さんは下記のような日記を書いています。

あやせば笑い
お腹がへり　眠くなったら泣いている
母の顔を覚え　兄の声に喜び
普通の子と変わりないのに
おもちゃをじっと見つめていても
持って遊ぼうとはしない
お前の手や足は
なぜ　そんなに硬《かた》いのだろうか
首は　どうしてしっかりしないのか
背中をそり返らせて
母のひざに　座らせようとしても
なかなか腰《こし》をまげない

21　「『最低の父でした』障害者の親・稲川淳二さんに聞く」『朝日新聞』二〇一二年五月二四日。

母は憂《うれ》える
同じに生まれた子どもを見れば
母の心は暗い
かわいそうな康文よ
妊娠中の過労から
お前をこんなにした
おろかな母を恨《うら》んでおくれ
許しておくれと
すやすやと昼寝する
赤い顔に　そっと涙を落とす

……中略………
科学はどんどん進んで行くのに
お前たちの発育を助ける
すばらしい薬は
まだどこの国でもできないのだろうか
もしできているなら
どんな遠いところまででも
お母ちゃんは買いに行くのに

けれど康文よ
負けては　いけない
よく耐えておくれ
母もつらいが
お前は　もっともっとつらかろう
しかし　勝つのです
母と力を合わせて
……中略………
すべてにがんばりましょう(22)

京子さんは妊娠八か月の頃に羊水がおり始め、予定より一か月早く出産をしましたが、出産時に羊水は減る一方で肝心の陣痛が起きず、四時間半にも及ぶ難産でようやく、やっちゃんが生まれました。そのことで京子さんは、自分のせいでやっちゃんに障害を背負わせたと悔やみ続けていたのです。ダウン症の子どもを育てる母親の中でも、自分自身の年齢での出産にはダウン症のある子どもを出産する危険（妊婦の年齢が三五歳になるとダウン症を産む確率が高くなると言われています）が伴うことを知りながら子どもを産んだことで、子どもがダウン症として生まれ、数々の問題に直面するのを見て罪悪感を感じていると述べる人がいました。親が子どもの障害を受容するのは決して並大抵のことではないことが良く分かります。

さらに、子どもの障害の受容の背景にはそれぞれの人生や家庭環境、周囲の社会の状況などが複雑に絡み合っ

22　向野前掲書、一二八～三一頁。

ていますが、田村氏・田辺氏の研究によると、多くの障害のある子どもを持つ母親は「家族の理解が得られずつらい時期が続いたり、子どもの将来を悲嘆したりと様々な葛藤とただ戦っている」と周囲の無理解のためさらに辛い立場に追いやられ、苦しんでいることが分かりました(23)。

Drotarらは、先天性の障害を持つ子どもの誕生に対してその親の反応を、ショック、否認、悲しみと怒り、適応、再起の五段階に分類しています(24)。

子どもの障害の告知にショックを受けた母親たちは、受け止めきれず、家族や身内に対する申し訳なさ、果たして自分に障害のある子どもを育てられるのだろうかという子育てと将来に対するやりきれない不安、今後起こりうる家族の問題と世間の偏見と差別、そして親亡き後の不安などで、混乱し、否定したくなり、悲しみが溢れます。そして何で自分がその目に合わなくてはならないのかと嘆き、ある一種の怒りさえ覚えます。しかし、母親たちは決してその深い悲しみの中にとどまることなく、自分を奮い立たせて子どものために頑張るのです。京子さんの日記からも母親のその強さがよく現れたのではないでしょうか。

Olshanskyは、障害児の親が子どもの障害を知った後に絶え間なく悲しみ続けている状態を「慢性的悲嘆」と言っています(25)。子どもの障害の告知から母親は次第に京子さんのように子どもを受け入れ、頑張っていこうとしながらも、就学時、進級時、思春期など子どもの成長の節目ごとに、また悲しくなり、辛くなります。しかし、その過程のなか障害とあらためて向き合いながら徐々に子どもの障害を受け止めていき、やがて障害のある子どもの存在が自分自身そしてその家族の人生に肯定的な意義をもたらすことに気づくのです。

『大地』『母の肖像』などの作品で知られ、ノーベル文学賞を受賞したアメリカの作家パール・バック（一八九二〜一九七三）も実は、重度の知的障害を持つ娘がいました。パール・バックがそのことを打ち明けるのには三〇年という実に長い年月が必要でしたが、彼女も長い年月を経て娘の存在意義を見出すことができるようになったのです。

私はそれまでのように「なぜ」と問わなくなりました。問わなくなった本当の秘密は、自分自身のことや悲しみについて考えるのをやめて、娘のことだけを考えるようになったところにあります。……これは私が徐々に、あるいは手さぐりで人生と調和するようになったということです。……

娘の小さな顔は、信じられないような喜びでいっぱいになりました。その喜びを見ただけで、私は報いられた、という気持ちになったのです。その時以来、私は幸福こそが、彼女の世界であるとひとり心で固く決めました。私は娘に対するすべての野心も、またすべてのプライドも捨て切り、そして彼女のあるがままをそのままに受け入れ、それ以上のことは一切期待しまいと、心に誓ったのです。……

私は自分の娘からたくさんのことを学びました。なかでも娘は私に辛抱することを教えてくれました……娘はまた、知能が人間のすべてではないことも教えてくれました。……

私がこのような（娘の）お話をするのは……他の病気の分野で行われているような大規模で、しかも基礎的な対応がはじまるに違いないという希望の根拠になると思うからなのです。そうなのです、すべての活動になくてはならないのは、希望なのです。(26)

23　田村浩子／田辺正友「高機能自閉症児の親の障害受容家庭と家族支援」『奈良教育大学紀要』第五五巻第一号（人文・社会）、二〇〇六年、七九～八六頁。

24　Drotar, D., Baskiewicz, A., Irvin, N., Kennell, J., & Klaus, M., The adaptation of parents to the birth of an infant with a congenital malformation: A hypothetical model. *Pediatrics* 56 (5), 1975, pp. 710-717.

25　Olshansky, S., Chronic sorrow: A response to having a mentally defective child. *Social Casework* 43, 1962, pp. 190-193.

26　パール・バック『母よ嘆くなかれ〔新訳版〕』伊藤隆二訳、法政大学出版局、二〇一三年。

日本の多くの障害を持つ子どもの母親たちも決して子どもの障害で悲しむことにとどまらず、親の会を立ち上げ、互いに支え合いながら世間の偏見を乗り越えてきました。子どもの成長の節目節目にまだ整っていない教育・福祉支援の充実に向けて、子どもが成人になるのを見据えて行政に先駆けて親なき後の受け皿となる施設を作るなど日本の教育・福祉さえリードしてきたのです。

こうして頑張ってきた日本の母親たちもパール・バックのように我が子をありのまま受け止めながら子どもの存在意義を見出し、また希望に燃えていたのではないでしょうか。

〈出生前診断〉

出生前診断とは、妊娠中に胎児の疾患の有無を検査・診断することを指します。出生前診断には、妊婦の定期健診で胎児の発育評価に用いられている超音波検査と、妊婦の羊水や血液を検査し、重度の心臓病や染色体の異常が分かる検査があります。

重度の心臓病や染色体の異常が分かる検査では、今までは妊婦の腹部に針を刺して取った羊水による検査が主でしたが、二〇一三年四月から母体の血液中に含まれる微量の赤ちゃんの細胞の遺伝子情報により、ダウン症候群など先天性の異常がないかを調べる検査ができるようになりました。この検査を新型出生前診断（ＮＩＰＴ）と言いますが、従来の検査に比べ、流産や胎児への危険のリスクが減ることと精度が高いこと、そして簡便であることが特徴です。この検査で陽性反応が出た場合はさらに羊水検査を受けますが、早期診断・早期治療という本来の胎児健診の意図に反して障害児を生むかどうかという「いのちの選別」につながるのではないかと懸念されています。

二〇一四年六月の日本経済新聞に新型出生前診断がスタートして一年後の状況が報道されましたが、報道から染色体異常、確定者の九七％が中絶を選択したことが分かりました。出生前診断がスタートしてフォームの終わり一年間に七七四〇人が利用し、「陽性」と判定された一四二人の妊婦のうち、羊水検査などで異常が確定したのは一一三人だったと発表されましたが、このうち九七％にあたる一一〇人が人工妊娠中絶をしていたことになります。[27]

人工妊娠中絶は、刑法第二一二～二一六条により堕胎として処罰されるとしています。また、一九九六年には優生保護法が母体保護法に変わりました。しかし、母体保護法の第二条第二項で「胎児が、母体外において、生命を保続することのできない時期に、人工的に、胎児及びその附属物を母体外に排出すること」として、中絶が可能なのは妊娠二一週までと人工妊娠中絶の定義をした上で、第一四条第一項では、①「妊娠の継続又は分娩が身体的又は経済的理由により母体の健康を著しく害するおそれがあるもの」、②「暴行若しくは脅迫によって又は抵抗若しくは拒絶することができない間に姦淫されて妊娠したもの」と人工妊娠中絶が行える二つの例外を示しています。多くの人工妊娠中絶はこの①を拡大解釈して行われていますが、実際、出生前診断を受けた後に人工妊娠中絶を選んだ多くの人も「病気の赤ちゃんを育てる経済力がないため」「病気の赤ちゃんを育てることが母体の健康を損なうため」を理由にしています。

受診者の平均年齢が三八・三歳で、出産時に三五歳以上が目安となる「高齢妊娠」を理由に診断を受けた人が九割以上を占めていたことも分かりました。女性の高学歴傾向や社会進出そして晩婚化など社会環境の変化により増える高齢出産、そして高齢出産により高まるリスクに多くの女性たちがこの出生前診断に直面することになってきていることがよく分かります。出生前診断を受けることによって多くの女性に、お腹に宿っている赤ちゃんに障害のある可能性が高い場合赤ちゃんを産んで育てるのか、それとも人工妊娠中絶をするのか、重大な決断を強いられるというジレンマが待っていることを意味します。

27　「病院グループ集計」『日本経済新聞』二〇一四年六月二七日。

実際、出生前診断が妊婦に与える心的ストレスについて多くの研究がなされてきました。研究によると、どの妊婦も出生前診断で胎児の異常を告げられることにより、驚きとショックを受けており、「どうなるのだろう」「どうしよう」「何が起こっているのだろう」という不安や心配を感じていることが分かりました(28)。さらに出生前診断で陽性反応のある妊婦は羊水検査で確定診断を受けることになります。この間妊婦は不確定な診断に期待をこめており、その後の確定診断ではさらなるショックを受けていること、また、出生前診断後に結果が出るまでの間「お腹に子どものいること、超音波の写真がぜんぜん喜べない、胎動もつらかった」「この時期が一番辛かった」、そして「こんなに辛いんだったら流産したほうがよいぐらいだった」と語っている妊婦が多いことも分かりました(29)。

出生前診断は九週目（一二週から推奨）から可能ですが、出生前診断で陽性反応を示す場合はさらに羊水検査を受け確定診断を受けた後に人工妊娠中絶を決める場合、決断の期間がわずか一、二週間長くても四週間の猶予しかありません。この時期に入るとお腹の中で日々成長を見せる小さな生命も胎動を始め、存在感が増してきます。多くの母親たちはその胎動により感じる愛しい気持ち、そして一日も早く会いたいはずなのに、その気持ちを抑えながら家族や経済的理由など周囲の事情により中絶の決断を迫られることになります。新しい生命を生み出すという希望に満ちた出来事のはずが、母親たちを深い悲しみと不安そして中絶を決断したことで罪悪感や自己嫌悪感へと追い詰めてしまうのです。

これから子どもを産みたいと考えている女性なら誰もがこのことに直面する可能性があります。この問題は決して一個人の問題ではなく、障害のある子どもが生まれた後の養育の責任が全面的に生んだ母親あるいは親にかかるという現実の社会体制が、女性たちが苦渋の選択として人工妊娠中絶を選ばざるを得ないようにしたのです。

人工妊娠中絶の問題の話になるとまず母親の自己決定権と胎児の生存権の矛盾をどう解決するかが問題点として提起されますが、障害のある胎児の選択的中絶の話になると、むしろ社会に障害者が生存することを拒否し、排除することに問題があるように思われます。

二〇一五年一一月一九日の朝日新聞に、下記のような記事が載っていました。

某県の教育施策を話し合う県総合教育会議の席上で、県教育委員が障害児らが通う特別支援学校を視察した経験を話すなかで、「妊娠初期にもっと（障害の有無が）わかるようにできないのか。（教職員も）すごい人数が従事しており、大変な予算だろうと思う」……「意識改革しないと。技術で（障害の有無が）わかれば一番いい。生まれてきてからじゃ本当に大変」「県では減らしていける方向になったらいい」などとした。会議後の取材に、教育委員は出生前診断の是非などについて「命の大切さと社会の中のバランス。一概に言えない。世話する家族が大変なので、障害のある子どもの出産を防げるものなら防いだ方がいい」などと話した。(30)

この発言はのちに訂正されましたが、公的な立場でありながらあまりにも無責任の発言のように感じます。こうした公的な立場での発言は、政策として障害のある胎児の選択的人工妊娠中絶を容認、誘導しかねず、そうだとしたらそれは真の自己選択ではなく優生思想に基づく措置そのものになるのです。母親が一見自己決定のつもりで選択できるように見えても、実際にはこうした社会に根深く存在する障害者に対する偏見と差別から周囲に意識誘導されかねないのは明白なことです。

28　栗津文葉／米田昌代／曽山小織「出生前診断において胎児異常を告げられた女性の心理に関する文献的考察」『石川看護雑誌』第一二号、二〇一五年、一〇五～一一四頁。
29　同右。
30　「障害児の出産めぐる発言を撤回　県の教育委員」『朝日新聞』二〇一五年一一月一九日。

歴史の中では、「精神薄弱（現在で言う知的障害）」は遺伝するとされ、その「悪い血筋」を根絶すべく、「精神薄弱」の人とその血筋を持った人は強制的に去勢手術を受けさせられる悲しい時代がありました。その時代から一世紀近く経った今、科学の進歩によって発展してきた生命操作、生殖医療を前にして我々はもう一度生命倫理、さらには生命哲学について考えていかなければならないのではないでしょうか。

では、命を巡る決断をどのように支えていけば良いのでしょうか。実際新型出生前検査を受けた女性がこのようなことを語っていました。

新型出生前検査を受けたある女性が陽性反応で人工妊娠中絶を考えました。「おなかにいる子を人工で陣痛を起こして死産させるという、こんなことを自分が今しようとしている恐ろしさとか、悲しさとか。かといって産んで育ててあげようという勇気も出ない。そのジレンマで、毎日毎日葛藤していました」。さらに羊水検査を行い、陰性であることが分かりました。五か月後に無事に元気な女の子を出産しましたが、彼女は、「ごめんね、情けなくてね。そのときの私は全然情報も何もなかったので、陰性だったらマル、陽性だったらバツという考えしかできなかったので、それ（中絶）しかないって思い込んでいた危うさというか、怖さも思いますし」と中絶を考えた自分に、後ろめたさを隠せませんでした。[31]

多くの母親は情報のない中、短い期間で障害児を養育していく苦労と今後の未知の世界への不安、生まれてくる子ども自身が不幸になるのではないかと思いながら、周囲への気兼ねなどで本当の意味での自己決定ができないまま窮地に追い込まれることが容易に推察できます。母親たちにとって本当の切実な関心事は産むか産まないかというより、むしろ子どもが生まれた後どうなるのか、子どもが障害を持って生まれた後周囲からどのようなサポートが得られるかではないでしょうか。

出生前診断の問題は決して母親や親だけの問題ではないのです。社会全体の問題として、社会がどう障害児を迎え入れ、また障害児者とその家族とどう向き合いながらサポート体制を整えていくかの問題です。ただ手軽さで簡単に検査を進めたのちに選択を押し付けるのではなく、まず生まれてこようとする子どものことや今後の子育てについて理解し、イメージできるようにしっかりサポート体制を整えると同時に生まれてくる子どもが過ごしやすい社会環境を作っていくことが今求められています。

権　明愛（けん・みんあい）
一九七八年生まれ。博士（社会福祉学）。十文字学園女子大学人間生活学部幼児教育学科専任講師。専門は障害児教育、心理、発達支援。
分担執筆「日本における自閉症児者支援の政策の概況」（『自閉症をみつめる――中国本土における家庭調査研究と海外の経験』研究出版社（北京）、二〇一一年所収）、「就学前における特別支援教育」（『戦後日本の特別支援教育と世相』ジアース教育新社、二〇一四年所収）ほか。

31　「新型出生前検査　導入から一年～命をめぐる決断　どう支えるか～」『ＮＨＫクローズアップ現代』二〇一四年四月二八日放送。

第四章　家庭における価値教育の不在

長島世津子

〈答えられない問い――「自分の体を自分で売ってなぜ悪い?」〉

一見平穏に見える家庭が実は大変もろい基盤の上に建っていることをあらためて実感するようになったのは、かつての一四歳の中学生による神戸連続殺人事件かもしれません。その痕跡は今日に至っても姿を変えて見え隠れしていますが、ごく普通の家庭の同年齢の子どもたちにおいても、これまで当然の常識とされてきた生命の価値が必ずしも前提となっていないことが折りにふれて明らかになってきました。

家庭生活で「切れる」ことをたびたび体験している中学生たちに「なぜ、人を殺してはいけないのか」「生き続けることに意味があるのか」とあらためて問われた時、大人たちは思わず答えに窮してしまいます。小学四年生の女子の作文にも、学校と塾の往復に明け暮れる楽しい毎日、やさしく明るい父母に囲まれながら、ふとこれが生きていることなのかという不安を感じていることが書かれているのです(32)。

これまでは人間として当然「してはならない」か「すべきである」と言えばそれがそのまま答えになっていました。しかしながら、ごく普通の中高生、あるいは大学生から「嘘をついてなぜ悪いんですか」「自分の体を自分の責任において売ってなぜ悪いの?」「なぜ生き続けなければならないのですか」といった「解答に窮する」問いを突きつけられた時、これまでそうした道徳的規範を当然のこととして教えることが期待されてきた家庭の教育的機能の著しい低下が深刻な問題として浮き彫りにされたのでした。

すなわち社会の競争原理が持ち込まれる中で、出生前診断による弱者の切り捨て、「経済的精神的受け皿がない」という理由の中絶の一般化、幼児虐待、家庭内暴力など、愛の棲み処であるはずの家庭は決して命を尊び育む環境とは言えなくなってきています。また会社のために時として嘘をつき通して忠誠を尽くした挙げ句、不景気の到来とともにリストラ、解雇の対象となった稼ぎ手役割に徹した中高年の男性たちの自殺率の増加を見ても、生き続けることの素晴らしさのメッセージは伝わってきません。さらに互いに向き合うゆとりを失った家庭が共に留まろうとすることをやめ家庭内離婚、不倫、離婚を増加させている中で、愛の忠実さ、愛の無償性、愛の永続性を伝えることは不可能に近いと言わねばなりません。少年法の見直しが叫ばれていますが、罰という法律の規範をいかに強化しても、子どもたちのうちに「こうしてはいけない」、「こうすべきではない」という内的動機がない以上、教育することはできないのではないでしょうか。

青少年の男女観を最も端的に表していると思われる問い、「自分の体を自分の責任において売ってなぜ悪いの？」という問いに戻りたいと思います。これは一見大変理にかなった問いに聞こえるので、世の大人たちが返答に窮したのも無理からぬことかもしれません。資本の論理、消費社会の原理が強力に支配する資本主義先進国の日本のような国において、人々は今日すべてを商品価値として見ようとしがちです。自分の生き方、他の人との関わり方の最も端的な表現方法であり原点でもある「性」もその例外ではあり得ません。売り手がそれによって最大限の利潤を上げ、買い手がそれによって望む品を手に入れ、あるいは目的を達成できるのならすべてが良き商品に変わるはずだからです。

女性を性の快楽の対象として品物のように扱う傾向にさらに拍車をかけたのが、すべての人が容易にアクセスできる避妊手段の格段の進歩です。「自分の体」を売り買いしても「自分」は傷つかないでいられると信じる所以はそれです。

32　宮川俊彦『心が壊れる子どもたち』角川文庫、一九九五年。

豊かで全的な人格的存在である人間の「愛」によって統合されるべき性と出産から「性」だけを分断することによって、商品価値の換金性をより高めたのです。

しかしながら、人間は切り売りすることのできない全的な存在であることは言うまでもありません。また生命、自分の体は、「授かりもの」「預り物」であり、自分の私的所有物にとどまるものでもありません。少なくともその感覚は家庭において特に敏感にうけとめられます。なぜならそこにおいて新しい命が誕生し、その生みの親でさえ未知の可能性を持った幼子を喜びと畏敬の念で迎える最初の場だからです。そうした中で大切な存在として育てられた一〇代の女の子が、「自分の体」を売ることによって統合の主体である「愛」を疎外し、やがて人格の分裂を招いてしまうことになるのです。

〈今日の若者の性意識〉

男性と女性が自分自身をどのように捉え、位置づけ、他者とどう関わろうとしているのか、それが最もストレートに表現されるのが性の関わりです。それはまた生き方の教育の中心となるべきものでもあります。

NHKが一九七三年以来四〇年間にわたって現代日本人の意識構造の変遷を五年ごとに辿ってきた貴重な調査がありますが、その中で明らかになった性に関する意識の変遷をごく掻い摘んで追ってみたいと思います(33)。

まず、結婚するのが当然であると考えられていた時代から、「必ずしも結婚する必要はない、しなくていい」という考え方に変遷していることが目を引きます。この問いを最初に設けた一九九三年では生涯未婚率が男女とも一桁（女五・一%、男九・〇%）でしたが、やがて増加の一途を辿り、二〇一三年には倍増しています。意識も「結婚するのが当然」なのが四五%に対して六三%まで「必ずしも結婚する必要はない」と答えています。上の年齢層に比べて常に若者は「する必要はない」という意見が多数を占め、今日に至っては結婚するのが当然と考えるのは七五歳以上のみになっています。ただし自分自身のこととなると「結婚したくない」という若い世代は少ないということも事実のようで、どんなに多い年でも一〇％に達していません。「子どもは結婚したら持つのが当たり前」と感じる人の方が当初は多かった（五四％）のですが最近の五年間では「持たなくてよい」が増加して五五％となり「持つのが当然」は三九％に減っています。性に関する感覚の調査には、次の四項目が設けられています。

① 結婚式が済むまでは、性的交わりをすべきでない。
② 結婚の約束をした間柄なら、性的交わりがあってもよい。
③ 深く愛し合っている男女なら性的交わりがあってもよい。
④ 性的交わりを持つのに、結婚とか愛とかは関係ない。

男女とも一九七三年には結婚するまで性交渉はすべきでないという考えが最も多かった（男性五〇％、女性六五％）のに比べると、現在は男女とも大きく減り（男性一七％、女性二三％）、特に女性の減り方は四〇年間にわたる調査の全選択肢の中で最大の変化を遂げると同時に、男性の減少（三三％）も六番目の変化を示しています。

一方で、愛し合っているなら結婚に関係なく性交渉を認めるという男性は、一九七三年には二三％でしたが、二〇一三年では四九％に上り、女性も一九七三年には一六％に過ぎなかったのが四四％に増えています。ただし、結婚や愛に関係ないドライな性交渉容認は現在でも男性は四〇年間全く変わらず六％で、女性は幾分増えたものの現在でも三％と同じく低い割合に止まっています。こうしたデータは「結婚」が人生の大切な節目として、また単身生活に別れを告げ親となる役割と責任を担うべき一大セレモニーとしての重みを備えた超越性を失い、む

33　ＮＨＫ放送文化研究所編『現代日本人の意識構造［第八版］』（ＮＨＫブックス№一二二八）、ＮＨＫ出版、二〇一五年。

しろ、日常性の延長に点在する大きなイベントの一つとなりつつあることを示しているようです。

諸外国と比べれば日本の一〇代の女性の性交経験率は少ないのですが、それでも前の世代から考えれば驚異的な伸びと言えます。「愛しているならそこまでいかなきゃウソ」式のレトリックによるものばかりでなく、好奇心や打算、成り行き、家族や友人との関わりがうまくゆかない心の寂しさを癒すために性行為に依存する若者たちも増えています。「愛しているんだから」「好きなら、それは普通なんだから」という言葉は若い女性にとってマジックパワーを持っているようですが、「愛している」という言葉は、相手を自分の欲望の対象として一方的に犯し犯される・だましだまされる関係から、相手の弱さと限界をも含めた将来すべてを受け入れ合いながら、人間としてこれ以上の愛は表現できないという意味での真実な関わりまで、多様な意味合いに使われています。

時間的な面でも、ロマンティックなフィーリング（気分）が持続する何時間、何日間、何か月間……という限定的なものから、「共白髪になるまで」、「死が二人を分かつまで」といった誓いの言葉に表現されるような「生涯」「永遠」を志向するものまであります。後者の場合、相互的に受け入れ合う関わりを育てていこうという意志なしには不可能であり、その自然で無理のない結実として結婚という形が取られ、やがて生まれてくる子どもを喜びのうちに待ち望みます。けれども前者の「愛しているなら」というフィーリングが中心の関わりにおいては、相手の善のためには犠牲をも顧みない本来的な愛の重みや永続性は問われず、むしろそうしたものの存在を信じられなくなっているのかもしれません。いわば強迫観念に満ちた解放感が、「相手を思いやる性」に対して当然払われるべき尊厳と敬意まで奪ってしまいがちです。

それはまた優れてジェンダーの問題でもあります。

結婚を前提としないフリーセックスにおいては、結婚という社会的・経済的受け皿が用意されていないため、二人にとって妊娠は「あってはならない」はずのものとなりますが、その前提に対する責任態度がすこぶる曖昧なのです。まず結婚をする意志もその保証もないうえ、子どもを産むつもりもないのに、自由恋愛をする若い女性たちの避妊率が極めて低いことが指摘されます。妊娠したのではないかと「死ぬほど」不安になるのに、エイズや梅毒の危険性が説かれ恐怖感に苛まれるというのに、利己的な理由で避妊に協力しない相手に「ノー」を言えないのです。さらにはそうした相手への「やさしさ」と気配りから自ら避妊を拒否するという女性もいる有様です。

そこには、これまで社会や家庭で培われてきた性役割分業意識からの力関係や心理的依存関係が入ってきています。すなわち若い女性たちの中に、平等であるための本質的な条件である自律性が欠如しがちなのです。一方男性たちは、双方了解済みの「愛」のフリーな関係という前提である以上、妊娠に対する責任を結婚という形によって取ることから都合よく免れようとします。すなわち、心ない男性たちは、妊娠も中絶も女性の自己責任という形で責任を押しつけて、心理的にも行動的にも以前よりはるかに易々と逃げるようになりました。たった一人で中絶の手術台に向かう女性たちがとめどなく涙を流しているのを知ろうともせずに……。彼女たちは本当に「フリー」と呼べるだけの真に自由で対等な性を若い女性たちは享受してはいないのです。

これまで接してきた多くの若者たちの中で、親から「ただ危険視し禁止するだけ」ではない「性教育」を受けたと答えた者はごく限られた数しかいません。男子学生に至っては、友人、先輩、兄弟のほかは週刊誌・月刊雑誌・コミック・ポルノ誌を含めてマスメディアを「性教育」の拠り所としています。彼らは家庭の中で孤立しがちなのです。

「母親から受けた」という女子学生は以下のように記しています。

私は性教育をほとんど母から教わりました。母は自分も結婚するまでは誰とも関係を持たなかったと言っていました。だから傷つくことはもちろんないし、後悔することもなかったと。母の話を聞いたとき、彼女は私にもそうしてほしいとは言いませんでした。「自分をいちばん大切に思いなさい。心も体も、自分が考える以上にもろいものなのだから」と言われたとき、私は、自分が将来子どもが出来たとき、母のように性のことを話してあげたいと思いました。そのためには決して自分が傷つくようなセックスはするのはやめようと決めました。(34)

〈結婚の無意味化〉

マスメディアによって商品化された無責任な性文化の個人主義的利己的な関係は、その本性上短期的限定的で、シングル志向を強めるか、たとえ家族を構成したとしてもその絆が永続的な求心力となることは予想できません。それは神の祝福の下で互いに忠誠を誓い合うことから始まった制度としての結婚、社会の最初の共同体としての結婚への否定と挑戦から始まっているからです。

第二バチカン公会議以前まで、性はカトリック国においてはもっぱら生殖と関連づけて理解されるべきものでしたが、公会議以降は、夫婦の愛の交わりと生殖の両面が対等に捉えられています。ただし結婚の外の性に関しては教会はいつの時代も批判的であるか、司牧的見地からの理解の努力を重ねてきましたが、制度としての結婚の流動化によって必ずしもかみ合わなくなっているようです。いずれにせよ愛といのちの担い手である家庭は、自身に向けられたチャレンジと危機の到来の中で、そのメッセージを伝える力を著しく低下させているのが事実です。

パックス法（本書第五部第三章で詳述）が定められる前年に行われたフランスの農業高校でのアンケート調査(35)に、結婚には意味がないと書いた学生たちがいましたが、その理由欄には不忠実と離婚の可能性が挙げられていました。それはそのまま回答者が置かれた家庭における両親の関わり方を反映しているかのようです。従来の結婚が容易に離婚、再婚と推移していくほか、今日、不倫、同棲、パックスといった多様な形をとる中で、愛の忠実と永遠を信じさせるモデルを見ることが極めて難しくなったことを表しています。永続性に基づかない家庭の中で男性と女性が互いを理解しあうために創られたということは「絶対に」あり得ないと確信し断言していました。その確信を補強するのが彼ら自身の女性との関わり方です。すなわち彼ら自身が結婚という永続的な基盤に立たない性関係を不特定多数と結ぶことによって、結婚における男女の互いへの忠実な愛をもはや自分自身でも信じることができなくなっているのです。だからこそ結婚は「意味がない」というのではないでしょうか。

家庭におけるコミュニケーションの貧しさ、とりわけ彼らの父親と母親の間の信頼に満ちたコミュニケーションの不在が生きた性教育を学ぶ機会を奪ってもいます。互いに向かい合い一つであろうと努力している両親の姿を日常生活のモデルとして持たない彼らが、「豊かな時も貧しい時も健康な時も病気の時も」生涯変わることなく関わりを深め一致しようと忠実に試みることの豊かさを信じることが極めて困難であることは明らかです。また互いを気遣い合いいたわり合う献身的な二人の関わり方、価値の伝達の豊かなコミュニケーションを通じて愛と性の意味を理解していく機会にも恵まれないことになります。

子どもにとって最も良い性教育は、その子の父親と母親がどれだけ愛し合っているか、その姿を家庭生活の中でどれだけ見ることができているかです。お互いに相手を大切な存在として気遣い合い思い遣り、評価し合っている夫婦の関係を日常的に見ている子どもたちは、生活を通して愛を体験レベルで学習することができるからです。相手を道具化したり機能的に扱ったりする関わりが愛でないことを実感している子どもたちに、愛とは何かを説明する必要すらないのです。

34　長島世津子の授業を履修した三女子大学、二専門学校中の女子学生の手記。
35　Le Centre de Liaison des Équipes de Recherche が一九九八年七～八月に北フランス農業学校で実施。“Amour et Famille”一九九九年五月号。

性を「生き方」として真剣に親が子に、教師が生徒・学生たちに伝えることのできる信頼感に満ちた関わりを育てようとすることが、人間の全体性の中で、人間的な性を考える上で今日最も必要とされる第一歩かもしれません。

第四部

聖書に見る結婚・家族

長島世津子

第一章　男と女は対等か

第一節　創世記とこれまでの解釈

聖書は時代を超えて、常にベストセラーであり続けました。すなわちそれだけ多くの人々にそのメッセージが伝えられ、また影響を及ぼしてきたということです。世界には様々な宗教がありますが、その中で唯一絶対の神を信じている三つの宗教、すなわち、ユダヤ教、キリスト教、イスラム教を合わせると世界人口の半分を超えています[1]。その三つに共通しているのは、旧約聖書を聖典として共有していることです。すなわち、ユダヤ教は聖書（タナハ――キリスト教での旧約聖書）と同時にタルムードなどの諸文書、キリスト教は旧約聖書と新約聖書、イスラム教はコーランに加えて啓典である旧約聖書（モーセ五書、詩編）、福音書がその教えの土台の文書となっているのです。したがってそれだけたくさんの人々の心に、聖書の伝えようとする神と人間、結婚と家族等々に関するその世界観が浸透しているということです。

それではその聖書によれば、神はどのようなイメージで男性と女性を創られ、どのように関わることを望んでお創りになったのでしょうか。それが描かれているのが旧約聖書の冒頭にある「創世記」のくだりなのですが、その個所はこれまでどのように解釈されてきたのでしょうか。

聖書によれば、私たちを含めこの世界のすべては偶然にできたものではなく、深い知恵と愛のもとに全能永遠の神が創造されたもので、私たちの最初の祖先は「エデンの園」とユダヤ的象徴的に描かれている至福の状態に、自由意志と精神を持った神に似た存在として置かれていました。ただ一つ、「禁断の実」と表現されている何かまだ開示される相応しい時の至っていない事柄だけに触れないという約束を守れば、神の愛の眼差しのもとに、永遠にエデンの園（の状態）に住むよう招かれていたのです。そこは飢えもなく争いや憎しみもなく、病苦や死もなく、神を顔と顔を合わせるように間近に感じられる世界でした。

けれども残念なことに、人間はその約束を守ることができず、ついに楽園（の状態）を追われることになります。原罪と呼ばれる最初の罪の結果でした。それによって分断された人と神との関わりを修復し、和解と新たな生命をもたらす救い主（キリスト）が現れるのを、人々は待ち望むことになったのです。

この創世記はいわば聖書の巻頭言で、神がすべてを創造なさったこと、それぞれ創造物、とりわけ人間、男と女をどのようなイメージでお造りになられたか、聖書の記者のインスピレーションを通して凝縮されて書かれているといえるのではないでしょうか。

〈創世記第一章、第二章、第三章の抜粋〉

（創一・二六〜二八）

26 神は言われた。

「我々にかたどり、我々に似せて、人を造ろう。そして海の魚、空の鳥、家畜、地の獣、地を這《は》うものすべてを支配させよう」。

27 神は御自分にかたどって人を創造された。

神にかたどって創造された。

1　①キリスト教三三・四％、②イスラム教二二・二％、③ヒンズー教一三・五％、④無宗教一一・四％、⑤中国の伝統宗教五・七％、⑥仏教五・四％、⑦その他（ユダヤ教〇・二％）。『ブリタニカ国際大百科事典』二〇〇九年版参照。

男と女に創造された。
28神は彼らを祝福して言われた。
「産めよ、増えよ、地に満ちて地を従わせよ。海の魚、空の鳥、地の上を這う生き物をすべて支配せよ」。

（創二・七）
7主なる神は、土（アダマ）の塵で人（アダム）を形づくり、その鼻に命の息を吹き入れられた。人はこ
うして生きる者となった。

（創二・一八～二五）
18主なる神は言われた。
「人が独りでいるのは良くない。彼に合う助ける者を造ろう」。
19主なる神は、野のあらゆる獣、空のあらゆる鳥を土で形づくり、人のところへ持ってきて、人がそれぞ
れをどう呼ぶか見ておられた。人が呼ぶと、それはすべて、生き物の名となった。20人はあらゆる家畜、空
の鳥、野のあらゆる獣に名を付けたが、自分に合う助ける者は見つけることができなかった。
21主なる神はそこで、人を深い眠りに落とされた。人が眠り込むと、あばら骨の一部を抜き取り、その跡
を肉でふさがれた。22そして、人から抜き取ったあばら骨で女を造り上げられた。主なる神が彼女を人のと
ころに連れて来られると、23人は言った。
「ついに、これこそ
わたしの骨の骨、わたしの肉の肉。
これをこそ、女（イシャー）と呼ぼう

まさに、男（イシュ）から取られたものだから」。

24こういうわけで、男は父母を離れて女と結ばれ、二人は一体となる。

25人と妻は二人とも裸であったが、恥ずかしがりはしなかった。


（創三・一一～一三）

11神は言われた。

「お前が裸であることを誰が告げたのか。取って食べるなと命じた木から食べたのか」。

12アダムは答えた。

「あなたがわたしと共にいるようにしてくださった女が、木から取って与えたので、食べました」。

13主なる神は女に向かって言われた。

「何ということをしたのか」。

女は答えた。

「蛇がだましたので、食べてしまいました」。

（創三・一六～一九）
16神は女に向かって言われた。
「お前のはらみの苦しみを大きなものにする。
お前は、苦しんで子を産む。
お前は男を求め
彼はお前を支配する」。

17神はアダムに向かって言われた。
「お前は女の声に従い
取って食べるなと命じた木から食べた。
お前のゆえに、土は呪われるものとなった。
お前は、生涯食べ物を得ようと苦しむ。
18お前に対して
土は茨とあざみを生えいでさせる
野の草を食べようとするお前に。
19お前は顔に汗を流してパンを得る
土に返るときまで。
お前がそこから取られた土に。
塵にすぎないお前は塵に返る」。（『聖書　新共同訳』より）

〈流れを作った否定的解釈とその浸透〉

この有名な聖書のくだりに男性と女性のあるべき姿、その関係はどう読み取れるでしょうか。

女子学生のほとんどが「男尊女卑的です」と答えて失望の色を隠しません。女性を代表するエバがなんとも分が悪いと思われたのです。第一に、男性の後に、しかも彼のあばら骨の一部から造られたというではありませんか。それも彼一人では不都合なのでその必要を満たすお手伝いさんとしてのようです。

また、誘惑に最初に負けたばかりか、禁断の実を食べるよう男性をそそのかしたので、罰として「お前は男を求め、彼はお前を支配する」と神に罰を言い渡されているようです。これでは女性は男性あって初めてその存在意味を持つ性で、男性に支配されるべく神に造られた、誘惑に弱いヘルパーさんという感じではないでしょうか。事実、そのような女性理解はユダヤ・キリスト教の長い伝統の中で、専ら聖書の書き手および解釈・教授する側であった男性指導者たちの視点によって、概ね受け継がれてきました。

そうした解釈の流れをその行動で大きく中断したのは、文化を超越しているイエス・キリストのみでした。彼と共に過ごし、またはそれに近い形で学んだはずの彼の弟子たちも、こと女性に関するかぎり旧約の律法以来の社会的・文化的伝統を超えきることのできない表現を随所に残しています。

「婦人は、静かに、全く従順に学ぶべきです。婦人が教えたり、男の上に立ったりするのを、わたしは許しません。むしろ、静かにしているべきです。なぜならば、アダムが最初に造られ、それからエバが造られたからです」（Ⅰテモ二・一一〜一三）。

「律法も言っているように、婦人たちは従う者でありなさい。何か知りたいことがあったら、家で自分の夫に聞きなさい。婦人にとって教会の中で発言するのは、恥ずべきことです」（Ⅰコリ一四・三四〜三五）。

旧約の掟、律法から人々が自由になり新しいキリストの福音（良き便り）に満たされて生きるよう生涯を捧げたパウロですら、「いのちを共に分かち合う存在」「すべては神から出……」と最後は締めくくっていますが、女性が教会で語ることを禁じ「律法も言っているように」服従すべきだとしています。当時の文化とはいえ、女性が教えたり、男性と対等に教会の中で振る舞うことがあってはいけない拠り所を、イエスの弟子ながら、旧約の律法の掟から取っているのです。

テモテの手紙Ⅰの二章に関するある学生の質問が単純明快でした。

「エバよりアダムが先に造られたから偉いのなら、彼より先に鳥や魚や獣は造られたんじゃありませんか？」

第二節　創造の意図への回帰——女性の視点からの問題提起

〈原典をその言語で読むと〉

御一人子を与えるほど人間を愛されたはずの愛である神と、伝統的な女性観とのあまりにも大きな乖離に、「踏まれている側」の視点から読む必要を主張したのがフェミニスト神学者たちだったのです。女性解放運動の高まりの中で女性にも神学研究のチャンスが一九六〇年代後半にめぐってきました。すぐに彼女たちは原典をそのままの言語で読むことから始めたのは言うまでもありません。

ここでは差別的解釈の中心となってきた主要と思われるポイントについてのみ触れるにとどめます。

ⓐまず創造した目的が「彼に合う助ける者」としてだというくだりから、これまで女性は男性のヘルパーとして以外の目的を持たない二次的補助的な存在として解釈されてきたと前にも述べました。英語訳聖書の「助ける者」の訳語を調べてみると、一九六〇年代前半の第二バチカン公会議や一九七〇年初頭のウーマンリブの高まり以前には「アシスタント（assistant）」と英訳されています。

ところが旧約聖書でしばしば使われている「助ける者」に当たる言葉「エゼル」は「我が援け手である神」というように、相手を援けることのできる、より優れた力を持った存在を意味する言葉だったのです。「合う」にあたる「ケネグドー」とは、同じ平面に立ったという意味です。したがってエゼル・ケネグドー（「合う助ける者」）とは、同じ平面に立ち、お互いに優れた力を出し合って助け合う相互補完的、相互豊穣的な相手であり、男性が必要としている女性とはそういった対等な存在という意味です。

社交ダンスをペアでなさった方はお分かりだと思います。男性が階段の上、女性が下のフロアのまま手を組んでターンしてみてください。見事にこけるだけです。同じ平面に立たなければ美しく軽快なダンスはできません。

上下関係の中での献身的な手助けではなく、対等で相互補完的な関係のパートナーが求められていたのです。近年の聖書の英訳は、「アシスタント」から「パートナー（partner）」に改められています。

ⓑエバがアダムのあばら骨から造られたということは、何を意味するのでしょうか。男性は神がご自分にかたどってお創りになられたのに対し、女性は男性の必要を充たすために二次的に創られたというふうにとれます。そのようにキリストの弟子たちも理解していました。

男性が「神の姿と栄光を映」（Ｉコリ一一・七）しながら、その計画に直接関わっていくのですが、「女は男の栄光を映す者」であり、女性は男性に仕え男性の手助けをする以外は何の独立した目的も仕事も与えられなかった黒子のような存在です。したがって、「すべての男の頭はキリスト、女の頭は男、そしてキリストの頭は神である」（Ｉコリ一一・三）となると、女性は最底辺ということになってしまいます。

この「あばら骨」の解釈に光を与えたのは、カナダのレジェ枢機卿です。[2] すなわち、古代メソポタミア社会において宗教語、学者語として長く受け継がれたシュメール語の“TI”に、文字通り「あばら骨」と「生命」という二つの意味があり、第二章は女が男の「生命」から造られたと理解すべきだというのです。[3]

もしそうであれば、別の言語に読みかえる時に一つの意味「あばら骨」しか乗せることができず、他方の「生命」を落としてしまったことになります。当時翻訳した男性にとっては何気ないものであったかもしれませんが、私たち女性にとってはその落とした方の意味こそ、極めて重要な意味を持っていたということです。もしアダム

2　ポール・エミール・レジェ枢機卿（一九〇四〜一九九一年）。第二バチカン公会議において進歩派のリーダーとして共同司式ミサや、パンとぶどう酒の両形色の聖体拝領などのほか、エキュメニカルな領域にも貢献した。母国語でのミサ聖祭も推進している。

3　“Search” Montreal Medical Association. Vol. 119 Aug.1963, p. 136.

の「あばら骨」と同時に「生命」からエバの「生命」が神によって分かち与えられた、あるいはアダムとエバが生命を分かち合ったとするなら、アダムとエバは同じ生命を分かち合う同質で対等で相互補完的な、まさにパートナーとしての存在に位置づけられるからです。それはまた一体性の深い表現でもあることになります。

ⓒ最後に、創世記三・一六の「お前は男を求め（男を恋い慕うが）、彼はお前を支配する」はどう読めばいいのでしょうか。一読した女子学生が憤慨しながら解釈するように、「神は、女性が男性より罪深いので、男性が女性を支配することを命じた」のでしょうか。そしてまた「男性の支配」と共に「産みの苦しみ」も女性に科せられた罰なのでしょうか。

そうした疑問をきれいに払拭した、第二バチカン公会議における指導的な神学者のカール・ラーナー（Karl Rahner）やベルンハルト・ヘーリンク（Bernhard Haring）の解説は明解です。この言葉を神が発したのはアダムとエバが原罪を犯した直後です。神学者たちによれば、最初はそうでなかった――夫の支配は神がもともと意図したイメージではなく、むしろ原罪の結果もたらされた悪であり、「男女間の損なわれた関係」だとしています。

「神の創造した女性と、女性の置かれた位置との間の著しい相違点の重要性を見落としている。ヘブライ人の社会でもまた女性は圧迫された階級であって、物語の語り手はフェミニスト派の改革を企てたわけではないが、初めにそうでなかったと言いたかったのである」(4)。

「原罪の物語は、原罪の最も直接的な結果が男女間の損なわれた関係であることを示唆している。男女は自らの罪を免れようとして非難し合い、男性は思い上がって女性を支配することになる」(5)。

神が男性と女性を造るときに抱いたイメージは、相互補完的に助け合う姿であり、夫が一方的に妻を支配するということは、むしろ原罪の結果であり、神の意志に反していると述べているのです。エデンの園もはじめはそうでなかった、神の描いた男と女のイメージはそうではなったと言いたいのだということです。

先ほど引用した新約聖書の書簡に戻って見ましょう。女性は補助的従属的存在だというパウロが描いた（Iコリ一一章）の図式「男の頭はキリスト、女の頭は男、そしてキリストの頭は神である」という一見上下の序列関係に言及しているように思える一節は、注意深く読んでみると、まったく別の意味が浮かび上がってきます。すなわち神↓キリスト↓男↓女という順番に序列が下がっていくようですが、神とキリストは上下関係でしょうか。

キリスト教の信仰の秘儀によれば、神は「父と子と聖霊」と呼ばれる三位一体であると言われています。したがって、父である神と、子たるキリストは、双方を結ぶ愛なる聖霊において相互に深く一致しており、上下関係で捉えられるものではありません。したがってもし神とキリストの一体的で対等な関係と、男と女の関係が同じだというのであれば、男と女の関係も上下の序列ではなく、愛において対等であり、相互に一体であるということになります。

ただし、パウロは時代の子として上下関係の意識から自由になれなかったのかもしれませんが、そのメッセージの中心、すなわち愛の一体的なあり方を説くとき、キリストがそのいのちを与えたように男も女にいのちを与える献身的な愛の誠を強調していることを見落とすことはできません。男性優位の当時の文化にあって、同時にキリストが生きて示した愛の本質的なあり方すなわち「セルフ・ギビング」（自己を与えること）の愛の相互性と一体性の真実を情熱的に説いているわけです。

4　Karl Rahner, S.J., Theological Investigations (Baltimore: Helicon) Vol. 1. 1961, p. 267.
5　ベルンハルト・ヘーリンク『キリストにおける性の解放』八城国衛訳、サンパウロ、一九八九年。

〈差別の底流にあるもの――浄・不浄の念〉

神の創造した女性と、社会的文化的歴史的な女性観を大きく乖離させ続けた要因の一つに、浄・不浄の念があります。それは他の多くの宗教にも共通して見られる理不尽な観念でもありますが、女性を蔑視し差別する潜在的な偏見（misogyny）の根拠と言うべきもので、ユダヤの律法は体外に出された血を不浄とすることによって触れるだけでその汚れが伝染すると定めています。そのため、まさにいのちを宿す性である全女性の人格を貶めてきたのです（レビ一五・一九、二五）。

新約聖書にも出血の止まらなかった女性の悲惨な姿が描かれています。一二年間も多くの医者にかかってひどく苦しめられ、全財産を使い果たしても何の役にも立たず悪くなる一方だった彼女は、イエスのことを聞いて群衆のなかに紛れ込み、触れさえすれば治るのではないかと必死で後ろからイエスの服に触れたところ、すぐ出血が止まって病気が癒されたことを体に感じたというくだりです。イエスは自分のうちから力が出て行ったことに気づき「私の服に触れたのはだれか」と尋ねました。

31そこで、弟子たちは言った。「群衆があなたに押し迫っているのがお分かりでしょう。それなのに、『だれがわたしに触れたのか』とおっしゃるのですか」。32しかし、イエスは、触れた者を見つけようと、辺りを見回しておられた。33女は自分の身に起こったことを知って恐ろしくなり、震えながら進み出てひれ伏し、すべてをありのまま話した。34イエスは言われた。「娘よ、あなたの信仰があなたを救った。安心して行きなさい。もうその病気にかからず、元気に暮らしなさい」（マコ五・三一～三四）。

まず、彼女は汚れの伝染を恐れる社会から一二年間にもわたって差別を受けて生きてきたことを示しています。おそらく人目につかない場所に隠れるように息をひそめながら住むことしかできなかったでしょう。そのうえ多くの医者にかかってひどく苦しめられ、全財産を使い果たしても何の役にも立たず悪くなる一方だとしたら、その絶望はどんなに深かったことでしょう。そうしたなかでイエスの噂を聞いたのです。全身が救いを求めていた彼女は、ただ治りたい一心で人々の群れの中に飛び込んでいきます。「この方の服に触れれば癒していただける！」　今の苦しみから救われたい、解放されたいという渇望の激しさから、大胆にも律法のタブーを破ったのでした。

イエスは自分のうちから力が出ていったことに気がついて「私の服に触れたのは？」と言います。こんなに群衆が押し寄せているのに誰が触れたかもないでしょうと弟子たちがたしなめますが、イエスは必死に探しています。そこで彼女は自分であることを恐れながらも告白しますが、イエスはそれを問題にするのでなく、むしろ「あなたの信仰があなたを救った」、「もうその病気にかからず元気に暮らしなさい」と、病から解放されたい彼女が払った懸命の努力と強い信頼を人々の前ではっきり示し、褒めています。

当時、伝染性の汚れとされていた病を持つ女性に触れた後、律法によれば清めなければならないのですが、イエスはそのまま次の目的に向かって出発したことが明記されています。すなわち神の前で女性の生理の汚れや呪いのまったく存在しないことを、これまで差別視され続けてきた女性たちすべてに示すためかのようです。

イエスには性別や出身、地位、身分が人間の価値の差になるという発想がもともとないため、女性を全く平等な存在として扱われる彼に弟子たちもついていけないことが度々ありました。彼の関心は「神のみ心を行う」意志があるかどうかだけだったからです。

「御覧なさい。ここに私の母、私の兄弟がいる。神のみ心を行うものは、誰でも私の兄弟、また姉妹、また母なのである」（マコ三・三四〜三五）。

したがって男性であろうと女性であろうと、親族であろうと赤の他人であろうと、性別や血族関係を超えて神のご意思に従う同じ召命を与えられているのです。

〈キリストの贖いと復活――肉体の新しい意味〉

キリストの十字架の苦難とそれに続く復活は、人間の身体に全く新しい意味をもたらしました。すなわち、死によって朽ちるべき人間の身体は、キリストの贖いによって滅びることのない命を与えられることになったからです。

聖化され尊厳を与えられた肉体の現象である性の営み、出産などは不浄な恥ずべきものではなくなったばかりか、むしろ尊厳を持ったものとなり、結婚が改めて高く評価されることになりました。それは女性に高い地位を与えることを意味しています。その契約は対等な男性と女性という土台の上に結ばれ、相互に与え合うことによって実現するものとなったのです。

それと同時に人間の身体は神の霊、聖霊が宿るところとなった以上、それ自体で価値を持った存在として尊厳を有しているということなのです。すなわち女性は女性として期待される役割とは別に一個の人間として価値と尊厳を有する存在だということです。したがって快楽の対象でないことはもちろん、夫や子どものいない女性は「無駄な存在」という考えも誤りであることになります。さらに、修道者のような神の国に献身するため守られる処女性も尊重されることになりました。(6)

第二章　キリスト教的結婚の土台

〈父母を離れ二人は一体となる〉

旧約聖書の冒頭にある創世記二・二四に、「それ故に人はその父母を離れ、二人は一体となる」とあります。これはキリスト教の結婚観の土台と言うべきもので、この創世記の個所は、ユダヤ・キリスト教的結婚観を際立たせています。

儒教的な教えが支配する国家や社会においては、人々は家父長的メンタリティに基づいて、夫は「嫁」としての自分の妻よりも、自分の母親のほうを常に優先してきました。妻と自分の母親の間に確執が生じた場合は、妻に犠牲を強いて母の側に立つのが親孝行の当然の道でした。

しかしながら、その優先順位は聖書においてはまったく逆です。

「これこそ、私の骨の骨。私の肉の肉」とそれまで渇望していた相手と出会った熱い感動の冷めやらぬ後に記されているのが「それゆえ、男はその父母を離れ、妻と結び合い、二人は一体となるのである」なのです。「父母を離れて」の「離れて」には、「捨てる」「縁切りする」「見捨てる」という意味すらあります。

その当時の社会では老親の世話は長男の役目でしたから、男がその父母から離れるということは考えられないことで、むしろ女の方が父母から離れて男の家族の一員となるのが一般的でした。ここで強調されるのは、若い

6　参考文献　シドニー・C・カラハン『女性の生き方』田坂里子訳、聖文舎、一九八〇年。

男女二人の夫婦が父母たちから独立した全く新しい使命を所有している新しい単位の二人だということです。彼らは、父母との生活の連続した延長線上にそのまま居残ろうとするのではなく、二人の新しい生活を基本とした未知の旅、愛により自由に、より広く、より深く成長するための試行錯誤の旅に決意を持って出立することが必要なのです。

今日のように少子化現象を抱えた日本の社会では、子離れできない親たちと、親離れできていない若者たちによって繰り広げられる結婚後のトラブルや離婚問題が数多くなりました。若い二人の問題ならば当事者間で解決できるものを、一歩も譲らないそれぞれの親たちを背後に控えての代理戦争になってしまうと、もはや手がつけられない状態です。夫と妻がお互いの親でなく、お互い同士を第一優先の相手として位置づけるということは、その二人の関わりを傷つけたり破壊したりしようという意図を持っているいかなる他者とも——それが親であっても——距離を持って「離れ」「縁切りする」ということなのです。

ただし高齢化社会を迎えている今日、介護を必要とする老親に二人が直接・間接に支援の手をさしのべて献身することは、子どもとしての当然の義務であり、親子としての愛の関わりを深めていくことは、「離れる」ことと矛盾するものではありえません。ただその場合も、妻だけでなく二人が一体となって関わることが基本であるということです。

〈裸であったが恥ずかしがりはしなかった〉

男と女は、これまで所属して慣れ親しんできたそれぞれの出生家族から出立して結婚によって一体となり、二人で新しい独自の緊密な共同体を築いていきます。この一体性とは相手の人生を縛り合い飲み込み合うことではありませんが、結婚前の男女が持っている「選ばない自由」をそのまま保持することでもありません。特定の一人を「エゼル・ケネグドー」すなわち同じ平面に立った相互的な援け手として神の眼差しの下に選ぶことです。

それは、地球上の数多い人の中から縁あって結ばれることになった、唯一無二のかけがえのない「あなた」なのです。「あなた」と人生を共にしながら神の御旨を果たしていくという選択なのです。

この選択は排他性を伴います。かけがえのない「あなた」だから、私が忠実な愛を誓う特別な人なのです。「あなた」だから、私の家族、私の伴侶であり、「あなた」を苦しみや悲しみ、病の中に放置したり、孤独のうちに死なせたりするわけにはいかないのです。この排他的な愛の献身の深さと確かさの存在によって、二人はもはや「別々ではなく一体」となるのです。

創世記二章は以下のように続きます。

25人と妻は二人とも裸であったが、恥ずかしがりはしなかった。

これは夫と妻の関わりの真の深さを表しています。今日の社会において自分の仕事や役割で頭がいっぱいな上、過労でお互いを気遣うゆとりもなく「飯、風呂、寝る」くらいの言葉を交わすのがせいぜいの夫婦が少なくないかもしれません。または波風が立つのを恐れて、表面的な情報伝達のみで終始しているかもしれません。けれども「二人とも裸であったが、恥ずかしがりはしなかった」という一節は、二人のパートナーシップのはるかに深い一致を描いています。お互いが何を感じ何に心を向けているのか、自分にとってかけがえのない大切な相手を大切な存在としてそのあるがままの姿で受け入れ、また自分もあるがままに相手の心深く感じ取ってほしいという熱い思いを持って構えを取り去ることなのです。

言い換えれば、お互いに相手に受け容れられ大切にされているという深い信頼を感じているとき、二人は不安や恐れ、恥から解放されて、相手の前に無防備になることができます。そうした構えのない分かち合いは時としてお互いを傷つけあったり対立したりする結果に終わるかもしれませんが、それを恐れず誠実に心を開いて相手をそのまま受け入れ愛する努力を続けること、あるがままの自分を相手に表すこと、すなわち実存的に裸になることの積み重ねを通して夫婦になっていくのだということなのです。

ある仲の良い夫婦が大学で講演をした後の質疑で、興味半分な学生に「結婚の一体性とはどうなることなんですか」と尋ねられて、「相手の欠点が自分の欠点に思えること」だと答えたと聞いたことがあります。「自分を愛するようにあなたの隣人を愛しなさい」というキリストの中心的教えの通り、自分を愛するのと同じ尺度で最も身近な隣人である配偶者を愛することによって、相手の欠点も自分の欠点のように受け入れ合う一体性は実現するのです。それは分かりやすい、けれども最も大きな挑戦を生きることかもしれません。人生の紆余曲折にあっても二人がすべてにおいて共に歩もうと努め、可能な限り多くの領域において相手を受け入れ、分かち合おうとする誠実なプロセスにおいて、愛は結果として深まっていきます。その関わりにおいてお互いに何の不安も恐れもなくありのままの自分でいられ、ありのままの相手と触れ合えるからです。また相手の喜怒哀楽を我が事のように分かち合え、お互いの成長のためにチャレンジし合えるような、揺るがぬ二人だけの土台を堅固に築いていくことができるのです。

「一体性」には、二人のパートナーシップ以上の、人間の思いをはるかに超えた所にある深い意味が込められているように思えます。パートナーとなるということは、「分離・分割した一部分」であるパーツが「つれ・配偶者」になるということ、言い換えればパートナーとなったそれぞれの部分は一つに「融合」するのではなく「結合」の一片であると同時に「分離」する可能性のある一片でもあるということです。すなわち結婚した男性と女性は、二人で完成していく共通の目標を共に有していると同時に、それぞれ一個の人間として他に代わることのできない固有の使命をも有しています。「融合」と呼ばれるのは、それぞれが前者のために後者を放棄するか、一方のパートナーの使命のために他のパートナーが、前者も後者も放棄してしまう場合に起きがちで、それは依存だったり恐れからだったりするかもしれません。

しかし神の下に結ばれるパートナーシップは、二人のパートナーを一つに深く結び祝福する神との、いわばトライアングルな一致なのです。

たとえて言うなら、より深い調和音を引き出すために、バイオリニストとピアニストに指揮者が加わっているようなものです。指揮者は、二人の演奏家の全く異なった楽器二重奏による固有の音色の、より深い調和音を引き出そうと心を砕きます。創造主である神は忍耐強く心優しい名指揮者なのであり、その支えに心を開くことによって、二つの楽器は全く独自の音色を磨き合いながら、どちらが欠けても実現できない鮮やかに溶け合った名曲を創り上げていくことができるのです。

そうした関わりは祈り求めるべき賜物かもしれません。「縁あって出会って添い遂げることができた」という一昔前の村のおじいさん、おばあさんが語っていた、さりげない、けれども深い英知のこもった言葉が思い出されます。

第五部　教会と結婚・家族

第一章 「秘跡」としての結婚

第一節 結婚という名の火屋

長島　正

〈一人の方が気楽？〉

「人が独りでいるのは良くない。彼に合う助ける者を造ろう」（創二・一八）。

これは最初の人間であるアダムをお創りになった後の神の言葉です。今日この言葉とはいささか趣を異にした会話が聞かれます。

「一人の方がよっぽど気楽。今のご時世、レストランもコンビニも洗濯機も揃ってるし、自分の生活ぐらい自分で面倒見れる」。

「この不景気で給料はぎりぎりだし。ま、定員一名だね。……所帯持つなんて色んな意味で負担だから」。

「私だって結婚したら親戚関係も煩わしいし、夫の面倒も見きれないし……。第一子どもなんてできたら自分の自由な時間がなくなっちゃうじゃないの」。

「ただ、夫はいらないけど子どもだけは欲しい……」。

最も基本的な人間の関係である家族の中核を占める夫と妻の関係において、二人の関わりは個人を束縛するのでしょうか、それとも二人の関わりなしに実現することのない豊かさがあるのでしょうか。今日の社会に浸透する家族の個人化の波とその対極にある聖書のメッセージ、その二つの間で現代の家族は揺れているようです。「独りでいるのは良くない」ので二人の関わりを人間生活の基盤に据えたキリスト教的結婚を秘跡の観点から取り上げてみたいと思います。

〈結婚――愛が求めるかたち〉

「神は人間のランプのあかりを彼の大きな星々よりも愛する」（ベンガルの詩人R・タゴール）。

ランプの灯《あか》りのもとに集うとしたら人里離れた山小屋に辿り着いた時か、まだ電気の通っていない僻地の宿屋に泊まり合わせた時か、あるいは嵐の夜の停電の時でしょうか。隅々を照らし出すライトや蛍光灯に慣れた私たちにとって、昔ながらの落ち着きと素朴で飾り気のない親しみで燃え続けるランプの灯りはちょっとした異文化体験になるかもしれません。

その灯りは控えめではありますが確かな、安定した生活的な火で、あたかも不滅の霊が燃えているかのようでもあります。しかもそれはまた周囲を射るような直線的な光の強さで、見上げる人の目をくらませて直視することを拒むような明るさとは異なり、灯りを見つめるまなざしを許す穏やかさで周囲に語りかけるような明るさなのです。火屋《ほや》の中でかすかに細かく揺れながらも決して揺れ騒ぐことのないその和らいだ灯りは、光と影の世界を峻別する照明のライトと異なり、明るみの世界と影の世界を一つに融け合せるような和みがあります。

「見るがいい、ともし火はそれのために作られた火屋の中で静かに燃え続ける」（M・ピカート）。

基本的生活集団である家庭に「愛が住まう」ためには、愛し合う夫婦間に愛の灯りが点《とも》される必要があります。「あなたと人生を分かちたい」「一緒に生涯を歩みたい」……その燃える望みを生きるために、あたかもランプの灯りを点し続けるためにその火を包みかくまう「火屋」が必要なように、二人の愛は結婚という「愛の火屋」を必要とします。こうしてランプの点された家庭は、まさに「愛の住みか」なのです。二人の愛が共に命の燃え尽きるまで一つの灯りを点し続けていこうとする願いに結ばれた時、形のない情熱はその念願にふさわしい〝形〟を取るのです。

したがって結婚は人間の愛が求める「形」と言うべきものです。それは一人の男と一人の女からなり、二人の愛が住まう家と必要な家財道具からなり、やがて加わる数人の子どもたちから成る〝形〟なのです。芯に点された小さな火が火屋の中でランプの灯りとなるように、二人の間に点された火は結婚という名の火屋の中で確かなともし火となります。

そうした強さはどこから来るのでしょうか――それは結婚自体が安定した持続への力を持っているからです。結婚は二人が愛を生きる〝姿〟であり、誓われた愛の〝形〟です。結婚という〝形〟を持たない二人の愛は、絶えずかき消されそうな不安の中で何の備えもなくおぼつかなげに燃える裸ろうそくに似ているのです。

結婚はまた、一人の男と一人の女が愛するところにではなく、一つの愛を生きようとするところに、そして愛を告げるところにではなく、愛を誓うところに始まります。誓いというものは常に未来に向けてなされ、現在と未来との間に変わらない真心の橋をかけることでもあります。その意味で結婚は、限りあるもの同士が絶えず変転し移りゆく時の流れの中で一つの愛を生き続けようとする決意によって、変わらない〝永遠〟を志向する超越的な営みとなるのです。

平凡な一人の男と女が日常の生活の中でしばしば自分たちでも信じられないほどの英雄的な強さや勇気を発揮できるのは、決してそうした力を予め彼らが持ち合わせていたからではありません。それは運命を選びとったものがその必要な力を運命から贈られるように、結婚を選びとった二人が結婚から贈られる力なのです。

こうして結婚という名の火屋は人類が愛を生きようとするための昔ながらの〝形〟であり、生の始原的な力でありえます。その力はまた、決して単なる機能的なものではなくそれ以上のものなのです。機能を超えた所に成り立つ愛を最も良く生かす結婚の力は、本質的に機能を超えた所に由来する秘義なのです。

それは、星々にもまして人間のランプの灯りを愛する神から贈られた〝形〟であり、力であり、恩恵（恵み）です。

第二節　結婚の秘跡とは

長島世津子

教会は結婚を秘跡（サクラメント）のひとつとして定めています。秘跡というのは隠された秘義の見えるしるしということです。見えるかたちを通して神の現存とその愛に触れる、根源的な恵みのしるしであるとも言えるでしょう。教会は七つ（洗礼、叙階、結婚、聖体、ゆるしと和解、堅信、病者の塗油）を秘跡として定めています。水や油、パンの形や儀式を通して見えない神の存在とその秘義に触れていくのです。

「神は御自分にかたどって人を創造された。神にかたどって創造された。男と女に創造された」（創一・二七）。

神のイメージに最も似ているのが、男と女という別の性に創られた二人の一致です。神の人間への変わることのない愛とその誠実さの約束は、その一体性の中に刻まれています。その約束は、結婚した男と女の互いへの愛と誠実さの誓いのうちに映し出されているのです。

秘跡である結婚とは、教会で結婚の秘跡によって結ばれた二人が日々の結婚生活を通して互いに支え愛し合うその関わりのただ中に神が現存し、その愛を深め、祝福されるということです。したがって、家族を取り巻く日常生活の様々な出来事は、結婚の秘義の見えるしるし、道具として大切な意味を持っているのです。かけ合う言葉、明るい笑顔、保育園への送り迎え、心をこめて作った料理といった、ごく人間的な事柄が秘跡的な効果を持つことになります。

すなわち結婚の秘跡は、二人がキリストの愛の秘儀、教会の秘義を、日常生活を通して生きていくことができるよう、二人の関わりを恵みで強め、清め、そして聖性へと導いていく一つの生き方、召命であり、その召命を選び取ることを意味しています。

聖書は夫と妻の関係、結婚の秘跡を、キリストと教会の関係にたとえています。

「教会がキリストに仕えるように、妻もすべての面で夫に仕えるべきです。夫たちよ。キリストが教会を愛し、教会のために御自分をお与えになったように、妻を愛しなさい。キリストがそうなさったのは、言葉を伴う水の洗いによって、教会を清めて聖なるものとし、しみやしわやそのたぐいのものは何一つない、聖なる、汚れのない、栄光に輝く教会を御自分の前に立たせるためでした」（エフェ五・二四〜二七）。

神がその民との間に取り交わされた、決して裏切ることのない誠実な契約のイメージ、それが二人の交わした結婚の誓約のシンボルとなっています。

「順境においても、逆境においても、豊かな時も、貧しい時も、健康の時も、病気の時も……」――人生のあらゆる局面において変わることなく愛し合い、お互いに対して忠実に共に手を携えて歩むことを誓うのです。それは、ある意味で恐ろしい賭けかもしれません。人生最良の日に不渡り小切手を出すつもりは毛頭ないでしょうが、それでもそんな愛と忠実さを誓う力が自分の中にあるとは到底思えないか、その可能性を危ぶむのが普通ではないでしょうか。

「……死が二人を分かつまで」の愛、担いきれないほどの永遠の愛を自身を賭して互いに誓い合うキリスト者の結婚は、逆に言えば神の祝福とご加護なしでは無謀な冒険なのかもしれません。

〈傍らに立つこの人〉

二人を待ちうけているのは、家族の輪を広げる喜びと希望と感動ばかりではありません。日々の生活はロマンスや輝きに満ちていると同時に、失望や幻滅が荒波のようにそこに押し寄せることも度々あります。愛とは脆《もろ》く傷つきやすいものです。二人を隔てる越えがたい壁、相手と共に歩むことを断念したい誘惑、相手の人生を自分の力で到底担うことができないという絶望感に直面する日々もあるでしょう。これからの人生を通して背負い切れない重荷であるように思えるかもしれません。

そのような二人の愛、結婚、家族を、カトリック教会は、神の特別な光と恵みのもとに護り育む「秘跡」と定めているのです。人間に不可能に思えるこの誓約を神は秘跡の恵みを通して支えるのです。

あなたの傍らに立つこの人は、あなたのエゼル・ケネグドー、すなわち「ふさわしい援け手」となってくれるその人であると同時に、あなたの援けを必要としているこの人のエゼル・ケネグドーとなってくれるよう神があなたに願い、またそのために必要な恵みを与えてくれるのが秘跡であるともいえます。

私たち人間は、将来を的確に見通す能力に乏しく、また度々誤った判断をする弱い存在に過ぎません。さらに二人を引き離そうとする社会の構造的な大きな力が私たちの上に働いています。縁あって出会った「ふさわしいパートナー」との永遠の愛を誓うことは私たちだけでは到底不可能な挑戦のはずです。

それが可能になるのは、神が私たちの深い願望を御自分のものとして祝福し、二人の絆を強めてくださるからです。「この人」は、「神が結び合わせてくださった」相手なのです。二人が相睦まじく関われる時には感謝するとともに、試練に直面している時には、「この人」は神が託された人なのだからきっと必要な力を神は与えてくださるのだという深い信頼が私たちを強めてくれるはずです。

結婚の絆は、それ自体が終わりないことを指向しています。その愛は時と事情によって条件づけられたり制限されたりする限定的なものではありません。

お互いに「ふさわしい援け手」「ふさわしいパートナー」となりながら、愛の親密さと一体性、相互理解と補完を深めていく二人の関わりを、継続的な基盤の上に築いて初めて「人を男と女とにお造りになった」神の創造の業の十全な完成がなされていくのです。「死が二人を分かつまで」、私たちはその愛が永遠に無条件に続くことを祈り求め、そのための豊かな祝福を願い、ささやかではあっても二人で共に努力することを誓うのです。

二人が互いを自分の体のように愛し合い仕え続けることができるよう結婚に祝福を与えた教会は、その愛の基盤の上にやがて生まれ出た次の世代を担う幼児たちのため、さらに広がりを持った家族という共同体を築く使命を与えます。

家族は順境にあっても、逆境にあっても、互いに愛し合い、補い合う力の源泉となり、二人の間に恵まれる子どもたちを喜びをもって受け入れ、これに献身する力の源泉となるはずのものなのです。

結婚の秘跡の恵みは、夫と妻が二人の絆を死が分かつまで日々深めていく求心性とその一体性が、家族、ひいてはそれを取り巻く社会に開かれていく遠心性を本質的に有しています。キリストの秘義に与るということは人間の根源的な幸せの回復である神の国の到来を「地の果てまで告げ知らせ」るために捧げたその生命に触れるということでもあります。

したがって、二人の関わり、その家族は自己のうちに完結したり排他的ではありえません。愛が破綻して共にとどまることの意味が見出せず、苦しみのただ中に置かれている夫婦たち、生まれようとする命を受け入れる心の余裕を失い孤立感を深めながら破壊的な選択の瀬戸際に立たされている若い女性たちは、二人に無縁ではありません。

教会は、深い絆で結ばれた家族の連携を支援しながら、教会共同体そのものを、苦悩する人や孤立する人、非人間的な環境に置かれた人の苦悩を共に担い合う愛と友情に満ちた場として育ててゆこうとします。たとえば「結婚」「親子」を見直すための運動を紹介したり、それぞれ専門の機関とネットワークの取れた実際的な相談の場所を開設したり、パパヘルプ、ママヘルプ（男手の必要な母子家庭や、女手の必要な父子家庭へそれぞれグループで応援する）といった支援組織を作ったりなど、現実的なニーズに応えられるよう様々なユニークな対応を模索していきます。

また生命に開かれた心は、生存を脅かす地球規模の環境汚染や原発など核の脅威、社会問題に対して何かできることを探し始めずにはいられません。家族が世界規模で危機にさらされている今日、生命に開かれ、社会に開かれ、そして神に開かれた対話的愛の共同体の基を家族の数だけ世界に築いていこうと試みることによって、愛するということが何であるかの本質的な問いを社会に投げかけ、またその希望に満ちた姿を見える形で生きていくのです。

二人だけでは無力かもしれませんが、連携の輪を各地域から始めてより広い愛のネットワークに育てていった時、大きな力となっていきます。

「いまだかつて神を見た者はいません。わたしたちが互いに愛し合うならば、神はわたしたちの内にとどまってくださり、神の愛がわたしたちの内で全うされるのです」（Ⅰヨハ四・一二）。

第二章　教書などに見る結婚観・家族観

長島世津子

第一節　『現代世界憲章』

教会はその信徒に対してのみならず全世界の人々に向けて、時の指針となるべきメッセージを折々発信してきましたが、その節目の一つと言えるのが、今日のカトリック教会の動向に基本的な方向を与えた第二バチカン公会議です。一九六二年の秋に開幕し一九六五年の冬に幕を閉じるまで四年に及んだ大がかりな会議は、教会が現代世界との対話を通して、新しい世界の建設に向けてどう応答してゆくべきかという、教会自体のアイデンティティを確認する場でありました。

その公会議の特徴を端的に表している公文書に、一九六五年の『現代世界憲章』（『ガウディウム・エト・スペス』）があります[1]。その憲章の後半では、特に急を要する今日のいくつかの主要な課題について扱われていますが、その筆頭に結婚と家庭が取り上げられ、その部分は、現代の教会の結婚観を集約したものとみることができるでしょう。ここでは、そこに集約されたキリスト教的結婚観・家族観の特徴を辿りながら、来るべき、より人間的な社会の実現に向けて現代世界との対話をはかるべく提示されたその価値観が、現実の世界の中で辿った軌跡について確かめてみたいと思います。

〈生命と愛の共同体〉

結婚と家族という最も小さな共同体《コミュニティ》は、個人と社会の基盤ですが、現代の社会的・経済的・文化的諸条件の大きな変化の下で、様々な挑戦を受け危機に直面しています。
この憲章の中で特に注目されるのは、結婚と家族を「生命と愛の深い共同体」として捉えていることです。夫婦が生命に開かれていること（openness to life）と、愛に忠実であること（fidelity to love）の二つが調和し、統合される所に、結婚と家族の本質を見ています。従来の教会公文書や教会法に記述されていたような、序列的な表現、すなわち結婚の主要な目的（primary purpose）は子どもを産み育てることで、第二次的な目的（secondary purpose）は夫婦の相互扶助であるというような表現が退けられています。むしろ、結婚と家族の担い手である夫婦は相互的な愛の深まりを通して、夫婦の深い一致の実現へと招かれていると同時に、生命伝達へと向けられているというように、両者を統合する考え方が明らかにされています。

〈夫婦愛〉

結婚と家族の中心となる夫婦愛の特徴は、相互に自己を与え合うこと（mutual self-giving）です。夫婦は、自己譲渡によって単に自分たちの所有物（having）を共有するだけではなく、また行動（doing）を共にするだけでもなく、自分たち自身の存在（being）を分かち合うことによる人格的な深い一致の実現を通して、相互の人格的な成長へと導き合うよう招かれています。憲章は、こうした親密な夫婦愛をパウロに倣ってキリストと教会の関係にたとえ、キリストが教会を愛し、自分を教会のために渡したような献身と忠実から、その基本を学ぶように勧めています。
夫婦愛の固有な表現である性の行為も、夫婦が相互に自己を与え合い、かつ受け入れ合う存在レベルでの深い

1　『第二バチカン公会議公文書　改訂公式訳』（カトリック中央協議会、二〇一三年）、『第二バチカン公会議公文書全集』（南山大学監修、中央出版社［サンパウロ］、一九八六年）ほかに収録。

交わりを心身で表現する行為として、その人格的な品位に相応しい評価を獲得しています。夫婦を細やかな愛情とその表現によって、相互の自由な与え合いへと導き、夫婦を親密に一致させる行為としての性の行為は、喜びと感謝のうちに互いを豊かにします。

このような性の行為は、その本性上、子どもを産み育てることにも向けられています。小さな共同体としての結婚と家庭の健全な成長の豊かさは、相互に自己を与えあう愛の深まりによる人格的な一致の実現であると同時に、その愛から創造される新しい生命の出産と養育の実現のうちにあるのです。

第二バチカン公会議において、明らかにされた今日のキリスト教的結婚観・家族観の特徴とその意義は、従来、夫婦愛の人格的な一致の豊かさ、とりわけ性の行為の人格的な価値を必ずしも十分に評価していなかった点を是正したことではないでしょうか。夫婦愛の成長を通して人格的な完成へと招かれている男女の成聖への道としての結婚・家庭のあり方が浮き彫りにされたと言えます。

〈家庭の社会的使命〉

さらに憲章は、物質主義や機能主義、快楽主義や利己主義などの風潮が、夫婦愛それ自体の破綻や、人工妊娠中絶の増加に見られるような生命の軽視をもたらしている現代社会のゆがみに対する家庭の社会的な使命について、人々の注意を喚起しています。人々が結婚や家庭生活において「生命と愛の深い共同体」を実現しようとするなら、そうした生き方はたんに私的次元にとどまらずに、社会のあり方に対しても何らかの基本的変化をもたらすはずだからです。

家庭が、生命を生み育む生命の砦であるとき、生命の尊厳を社会の一角において証言するだけにとどまらず、その一角から社会に向けて生命の援護のために力強く働きかけてゆく原点となります。

それに反して、家庭において生命が抹殺されたり軽んじられたりするとき、家庭は本質的な矛盾に陥り、それは社会の一角から生の荒廃が始まること以上の重大な影響をもたらします。同様に、結婚と家庭において、男女が相互的愛を生き、深い人格的一致を実現しようとする努力を放棄する時、社会もまた分かち合うことの喜びを忘れ、もっぱら自己を生かすことだけに汲々とした人々が隣り合う孤独な空間となります。夫婦は家族の成員との協力によって、生の原点であり社会の基盤である家庭生活からの実践を通して、人間生活のあり方に対する健全な世論を醸成する使命を受けているのです。

憲章は、人々がこのような家庭本来の使命を豊かに生きるために、家庭と家庭が交流し、体験を分かち合うことにより相互に学び、支え合うようないくつかの家族からなる共同体づくりの重要性を指摘しています。

第二節『家庭――愛といのちのきずな』

長島世津子

今から半世紀以上前に公布された『現代世界憲章』は、その後の現代世界の動向の中で、色あせることなくかえって説得力を増していると言えます。

伝統的なキリスト教国をはじめとして、世界の動向は離婚の増加を辿り、中絶の自由化が進み、親と子の断絶が語られる中で、結婚と家庭は今までに例を見ないほどの危機に直面していますが、こうした現実を目の前にして教会は、人間生活の基盤である家庭を擁護し、その本来の豊かさの実現に寄与することを急務と感じ、家庭をテーマとしたシノドスを開いたわけです。そしてシノドスに参加した世界中の教会指導者の代表司教たちは、ヨハネ・パウロ二世に対し二つの提案をしました。

一つは現代世界におけるキリスト者の家庭の役割に関する使徒的勧告の公布であり、これは主としてキリスト者の家庭とその司牧に携わる教会関係者に向けられたものです。一九八〇年の秋の一か月に及んだ世界司教会議の討議を踏まえ、一九八一年にヨハネ・パウロ二世は、家庭に関する使徒的勧告『家庭――愛といのちのきずな』（『ファミリアリス・コンソルチオ』）を出しました。[2]それは第二バチカン公会議の『現代世界憲章』（『ガウディウム・エト・スペス』）と、その二年半後の一九六八年の夏にパウロ六世によって出された生命の伝達と夫婦愛に関する回勅『フマネ・ヴィテ』の二つを主に踏まえた形となっています。

パウロ六世の『フマネ・ヴィテ』は、結婚と夫婦愛の尊厳を強調する上で、特に生命伝達に対する夫婦の使命、親としての責任を取り上げ、安易な産児調節の考えを戒めつつそのための道徳的理想を示そうとしたことに特徴があります。

それに比べ、ヨハネ・パウロ二世の『家庭――愛といのちのきずな』は前記の二つを踏まえながら、現代世界における家庭の問題とキリスト者の家族のあり方に焦点を当て、愛に根差した真の共同体（コミュニティ）である家庭が、より深くより強い人格的な交わり（コミュニオン）を実現するよう促しています。

その際今日の家庭の危機的状況をもたらしている大きな要因として、人間の本性から逸脱した自由の問題を指摘しています。すなわち、離婚の増加や夫婦間の相互の自立（独立）についての誤った考え方、人工妊娠中絶や安易な避妊の背景にある子どもを産みたがらない意識などの否定的現象の根底に、自分たちの利益や自己主張にとらわれ、他を顧みないような、健全さを欠いた自由の肥大があることに注意を促しています。

第三節　『家庭権利憲章』

長島　正

一九八三年一〇月二二日にバチカンより公布された『家庭権利憲章』は、[3]家庭生活の混乱が様々な人間生活の危機をもたらしている今日の状態を案じながら、家庭本来の豊かさが実現されるための基盤となる家庭の基本的な権利の確立について明言しています。憲章は、信仰の有無や文化の相違を越えて、万人において等しく認められるべき家庭の基本的な権利を、とりわけすべての国の為政者や国際機関が責任を持って擁護するよう訴えています。それと同時に、家庭生活を営む私たち一人一人も、自分たちの家庭生活を創っていくにあたって、そうした基本的な権利を大切にし、それを実現していくよう呼びかけています。

この憲章の発端は、一九八〇年の秋に世界中の教会の代表者が一堂に会し、「現代世界におけるキリスト者の家庭」をテーマに開いたシノドス（世界代表司教会議）にあります。このシノドスが開かれた背景には、第二バチカン公会議（一九六二〜一九六五年）以降の約二〇年間の世界の著しい変化――科学技術の急速な進歩に伴う工業化の進展と、そのことがもたらした人々の生活様式や意識の上への大きな影響――がありました。

そうした変化は、たとえば個人の自由についての生き生きとした自覚や、女性の尊厳の促進、余暇の増大などいくつもの点で進歩をもたらしました。しかしその反面、全体的にはあらゆる面で調和を欠いた不均衡が拡大し、その混乱は、自由や自立についての偏った態度や、離婚や子どもを産まない夫婦や同棲の増加などにも見受けられます。また過度の消費主義的な考え方が、人々の心や意志を弱め、新しい生命を育むための力や人間的な家庭を築いていくための勇気を奪い去ってしまいます。

一方、家庭を制度や法律によって擁護する責任のある為政者は、その政策がしばしば不十分です。そればかりでなく、途上国の人口政策に見られるように、家族や本人の意志を無視して強制的に不妊手術を施したり、がんなどの発生率が高く、先進国で使用が禁じられている避妊薬を施したりするような、家庭の権利の侵害が行われることも珍しくありません。今日ほど、家庭を創り、築くことによって社会の福音化に召されている時はないのです。

2　教皇ヨハネ・パウロ二世使徒的勧告『家庭――愛といのちのきずな』（長島正／長島世津子訳、カトリック中央協議会、一九八七年、ペトロ文庫二〇〇五年）に収録。

3　前掲『家庭――愛といのちのきずな』ペトロ文庫二〇〇五年、一八三〜一九九頁に収録。以降の引用もこれによる。

いくつかの内容を取り上げてみましょう。

（第一条）すべての人は生活の状態を自由に選ぶ権利があり、したがって、結婚して家庭を築くか、または独身の状態にとどまるかを自由に選ぶ権利がある。

生き方を自由に選ぶ――それは人生の基本的な特徴です。人間の自由について深く思索した現代のある思想家は、自由こそ人間に固有の特徴であるとして、次のように呼びかけています。「あなたは自由です。選びなさい。そして創りなさい」――それは紛《まぎ》れもなく成長への強い呼びかけです。依存と他律の状態から脱皮して、大人としての自分の生き方を選び、その選び取った生き方を生き抜くことによって、人生を具体的に創造していくことへの促しです。また、愛のなかで相手を心から自由にすることは、相手への最高の愛のプレゼントであることを忘れてはいけません。

（第三条）夫婦には、家庭を作り、出産の間隔や生まれる子どもの数を決定する、譲ることのできない権利がある。その権利を行使する際、夫婦は自分たち自身やすでに生まれた子どもたち、家庭や社会に対する自分たちの義務を正しい価値体系のもとで十分考慮するものとする。また安易な避妊や、不妊化と中絶に頼ることを排除する客観的な倫理秩序に合致するものとする。（a、b、c項省略）

夫婦が親となるに当たって責任ある家族計画を行うことは、その当事者夫婦の基本的な権利であり、この基本的な自由を、いかなる組織や権力も侵犯することはできないという指摘です。次に、夫婦が親として適切な家族計画を主体的に行うための原則を示し、またそれが生命の尊厳を脅かしたり、人倫に反した自由の乱用とならないように注意を喚起しています。

（第四条）人間の生命は、受胎の瞬間から絶対的に尊重され、擁護されなければならない。（a～g項省略）

このような人間の生命に対する基本的な態度は、バチカンから出された「人命の始まりの尊重と生殖に関する教書」においても強調されています。現代文明のもとで、生まれようとする人間の生命の内側からの呼びかけに、母も父も、医師も社会も、決して耳を閉ざしてはならないのです。「生命に開かれていること」――それは親の心、家庭の心、そして人間の社会であることの証《あかし》です。

（第五条）親は、子どもに生命を授けたのであるから、子どもを教育する最初で本来的な譲ることのできない権利がある。したがって、親は子どもの最初の重要な教育者として認められるべきである。（a～f項省略）

サン・テグジュペリは『星の王子さま』の中で、「心で見なくちゃ、ものごとはよく見えない」と言っています。親が子どもや育児について大切な何かを知ることは、ありありと生きている子どもの現実の姿のなかに目を注ぎ、耳を澄まして、その現実の中から「読み取り」、発見する態度を意味しています。

子どもの育つ権利を親が擁護し、力強く支えていくために、親がもっと子と向かい合い、子どもの心を感じ取る貴重な関わりの機会を持つよう願わずにおれません。

（第六条）家庭は、家庭として存在し発展する権利がある。（a～c項省略）

今日様々な形で家庭の存立が脅かされています。たとえば、多くの開発途上国では飢餓や病気や著しい貧困による生活苦から家族は離散し、また今もなお終わることのない戦争や内乱によって引き裂かれる肉親の悲しみは癒されることがありません。一方、先進国では、人々の生活の中に浸透しつつある消費的・享楽的な考え方や生活態度が、人々を利己的な関心に釘づけする「生活の個人化」や「ミーイズム」(わたくし主義)を助長しています。その結果、家族の不一致や対立、利害の衝突などの家庭危機が目立ち、こうした状況のもとで離婚は増加しています。

また日本では、単身赴任や仕事の拘束時間の大幅な延長、会社中心主義による私生活の圧迫と軽視などが、しばしば指摘されるところです。

今一度、家庭の持つ基本的な意味を振り返り、家庭からの心離れ現象に歯止めをかけ、「家庭の心」を取り戻したいものです。

(第七条)すべての家庭は、差別を被ることなく信仰を公に告白し、宣教する権利や、宗教教育のプログラムを自由に選び、公の礼拝に参加する権利と同様に、親の指導のもとにその家庭に固有の信仰生活を自由に営む権利がある。

この世では、ちぐはぐな現実は避けられないのでしょうか。一方に飢えに苦しむ人があり、他方で飽食で悩む人があるように、一方で自由を奪われる人があり、他方で自由を浪費する人がいます。『収容所群島』などでソ連の人権弾圧を鋭く描いたノーベル賞受賞作家ソルジェニーツィンは、時の政府の怒りを招き、追放されるようにして「自由の国」に亡命しました。その彼が欧米社会の自由の逸脱と退廃に幻滅を表明し、それを激しく批判したのは、数年後のことでした。信仰の自由を含め、人はかけがえのない価値を法律で保証された中で、かえってその価値の真価を見失い、その価値を積極的に生かすことを厭《いと》いがちです。

一方で、家族を深く結び合うその家庭に固有の信仰生活を生きることや、その信仰を社会に公現し、内に養い育てる信教の自由が、今もなお著しく制限されたり禁じられたりしている国は決して少なくありません。おしなべて、宗教離れの風潮が目立ち、宗教に対する無関心と寛容が表裏一体をなすかのような現代の日本と対照的です。

こうした時代にあって、週日の社会生活と日曜の私的信仰生活という「二足のわらじ」をはき慣れてきてしまった私たちにとって、その慣れたわらじを灰にする決断と回心は、決して容易ではないかもしれません。しかし、私たちにとって、日曜だけの信仰を週日へと広げ、家庭内信仰を社会的信仰へと開いていくことは、決して重苦しい務めなどではなく、私たち自身の心底からの望みでもあるのです。宗教（レリジョン）を表すラテン語の意味は、再び結び合わせる（religo）に由来すると言われます。失われつつある家庭の絆の回復に、宗教者の家庭の使命は大きいと思われます。

第二次大戦の渦中で己の人生の夏を過ごし、いわば嵐の中で身をもって人生を見据え、証言した人にヴィクトール・フランクルがいます。彼はその不朽の名著『夜と霧』のなかで、アウシュビッツで体験しかつ目の当たりにした、人間の悲惨と高貴さの極限を証言しています。その悲惨とは、ナチスの狂気に抗う術もなくかき消されてゆく人命のはかなさと、またそうした非情のなかで人間の感性を失った、生きた屍《しかばね》におとしめられてゆく人間の脆《もろ》さと弱さでした。そしてまた人間がそこまで残酷になり得るというナチスの姿でもありました。

一方、その高貴さとは、すべての自由と尊厳を剝奪されながらもその人生を放棄せずに、愛する者のためにその苦しみを受け容れささげることの意味を見出し、一片の生命のパンを同胞に差し出す自由をすら身をもって全うした人々の魂の力でした。

フランクルを晩年にドイツの哲学者マルチン・ハイデッガーがアメリカの居宅に訪ねたことがあります。ハイデッガーはフランクルに別れを告げる前に、フランクルの家のゲストブックに次のように記しました。

「生きぬかれなかった過去は失われ、生きぬかれた過去は失われることはない」。

すべての時は過ぎ去ってゆき、人生はうたかたのようです。しかし、人生の招きと挑戦に正面から応え、全身を込めて取り組んだ事実は、決して失われることなく、私たちの内に生き続けるのです。

戦争はもちろん、およそ人間に対する罪が行われるところに、家族の嘆きや悲しみは絶えることがありません。人が傷つくとき、家族はともに傷つきます。そして家庭が踏みにじられるとき、人も社会も踏み砕かれるのです。しかし、引き裂かれ、打ち砕かれた人生のさなかで、どれほど多くの人々が家族の名を呼び求め、内なる絆の中で結ばれ、励ましと慰め、そして勇気を得てきたかははかり知れません。愛と生命の絆で結ばれた家族は、たとえ外の嵐によって打ち壊され散り散りになったとしても、一人ひとりの心の砦として強く生き続けるのです。

（第八条）家庭は、その社会的・政治的機能を、社会構造の中で果たす権利がある。（a、b項省略）

家庭は本来、社会の基盤をなす最初の生きた共同体、とりわけ生命を生み育て、擁護する「生命の砦」として、社会を築いていく基点です。そうした家庭の基本的な役割の一つは、社会に対して閉鎖的、受身のままに終始するのではなく、他の家庭や社会に向けて積極的に関心を開いていくところにあります。家庭が社会的・政治的現実に対して受身的で無力な状態に留まるならば、家庭の尊厳は容易に損なわれてしまいます。家庭がその本来の豊かな使命を堅持し促進するためには、家族一人ひとりに開かれた交わりの場であるだけでは足りません。その家族的な絆と、生命に開かれた共同体としての関心を、積極的に社会に向けて開き、神に創られた人類家族としての、世界本来の姿の実現に向かって、ともに歩み出すよう招かれているのです。

家庭が持つこの社会的・政治的役割と権利、そして責任について、ヨハネ・パウロ二世の『家庭――愛といのちのきずな』（『ファミリアリス・コンソルチオ』）は次のように述べています。

「家庭には、まず第一に国家の法律や制度が家庭の権利と義務を侵さないだけではなく、それを支持し積極的に擁護しているかどうかを見る責任があります。……（家庭は）社会を変革する責任を引き受けるべきです。社会に対して無関心でいることは、家庭にとっての諸悪の始まりであり、家庭がその犠牲者になるのです」(4)（四四）。

最近、社会に対して無関心なまま「我が家の幸福」だけを思い描くマイホーム主義的信仰から目覚め、平和のための諸活動や、身体の不自由な人や差別を受けている人たちの人権擁護のためや生活環境維持などのために、家族や親子ぐるみで関わったり、家庭同士で手を結び協力して取り組んだりする姿が、少しずつではあっても、見受けられます。これも「時のしるし」と言えましょう。

（第九条）家庭は、法律的・経済的・社会的・財政的領域において、いかなる差別をも被《こうむ》ることなく、公的権力からの適切な家族政策を得る権利がある。（a～d項略）

4　前掲書、八五頁。

特にc項では、「高齢者は、自分の家庭で、あるいはそれが不可能なときには適切な施設で、年齢に適した社会生活への参加が可能となる活動を営みながら静かな余生を送ることのできる環境を見いだす権利がある」と指摘しています。短命の悲しみを克服した今日の日本に、長命を悔いる悲しみがあってはならないのです。

（第一一条）家庭は、家庭生活や共同体の生活のために基本的な便宜を供給する物的環境において、家庭生活にふさわしく成員の数に釣り合った適当な住居を得る権利がある。

寄るべなき人々が、この地上に人としてともに住み合うことの基本的権利の実現に向けて、私たちはもちろん、その権利を制度的に擁護し推進する責任のある国家や国際機関が、積極的に取り組む新しい年の訪れを願わずにはおれません。

（第一二条）移住者の家庭は、他の家庭に与えられているのと同等の保護を受ける権利がある。（a～c項略）

ここで言われていることは、たとえば難民や古くは在日韓国・朝鮮人の家族も含め、移住者が、日本の社会の中で差別されることなく、家庭に関する施策においても同等に享受する基本的な権利があるということです。特にb項では、そうした人々が自分たち自身の文化を尊重しながら、彼らが社会に適応するための支援と援助を受ける権利を取り上げています。

第三章　現代社会における愛の形の多様性と教会

長島世津子

第一節　事実婚とパックス婚

生涯を共に歩み分かち合う最も基本的な生活共同体（ライフコミュニティ）である家庭に愛の灯が住まい続けるための「火屋」として、これまで「結婚」が語られてきました。時代を通じて、人間の愛が求める唯一の「かたち」として一人の男と一人の女から成る結婚は常に家族の中心に位置してきました。

しかし現代社会における国際化の急激な進展に伴い、様々な変化が、社会面においても文化面においても地球規模でもたらされることになります。価値の多元化に伴い、これまで普遍的価値を持つ不動の地位を得ていた諸制度にも問い直しの波が押し寄せてきたのです。

欧米では七〇年代以降同棲あるいは事実婚（社会慣習上において婚姻と見られる事実の関係）が増え、結婚を経ず出産、婚外子を設けるケースが多くなりました。

特に北欧スウェーデンでは、長年一緒に住んでも結婚しない「サムボ」という事実婚制度が普及しており、その割合は法律婚を凌いでいます。その法律婚自体も、九割はサムボを経て結婚に至ると言われており、そのため法的枠組みでサポートする必要が出てきました。したがってサムボを制度化し、財産分与や養育権などの規定を設け、サムボ解消後も父親に子の養育費の負担義務を課すなど、法律婚と同様の社会的保護を与えようとしています。

っています。

一九九九年にフランスで定められたパックス＝ＰＡＣＳ（Pacte Civil de solidarité）は、事実婚とも結婚とも異なり、すなわち結婚が神あるいは法の承認のもとに独身の男女が生涯共に人生を歩むことを誓うのに対し、パックスは性別にこだわらず独身の成人二人が生活を共にするために地方裁判所の認可のもとで結ばれる契約です。お互いの権利義務関係の契約書を任意に作成して裁判所で公証してもらうのですが、契約を破棄したい場合、双方が同意することは不必要で、どちらか一方の通告のみで成立するようになっています。そのため、離婚に多くの努力と時間を要する婚姻に比べて規則が緩く、同棲よりも法的権利（相続権や相続税の優遇措置など）をより多く保証した新たな家族制度の登場として注目を浴びました。

パックスを利用しているのは同性愛カップル、同棲しているが結婚できないまたはしたくない事情があるカップルなどですが、最近では同性愛カップルより異性愛カップルのほうがはるかに多くなっているようです。パックスは解消することが極めて容易であることから、カップルには子の養子縁組は認めていませんが、カップルの片方のみとは一五歳以上の年齢差があれば可能となっています。

すなわちパックスは、パックス婚のカップルにできるだけ結婚（法律婚）と同じような法的サポートを与えようとするものですが、それはあくまでも二人の心情的合意が続く限りにおいて成り立つ契約だということです。したがって、「死が二人を分かつまで」生涯にわたる愛の忠誠を誓うことから始まり、次世代の育成のための安定した基盤を前提としている結婚とは、内容を異にしていると言わねばなりません。

第二節　同性婚

〈レインボーカラーへの流れ〉

二〇一五年六月末、米国連邦最高裁判所において同性婚（same-sex marriage）賛成判決が出されました。すなわち同性婚を、異性同士の結婚とまったく同じ婚姻制度として採用することに同意したということです。世界では既に二〇〇一年にはオランダを筆頭にスペイン、カナダ、フランス、ウルグアイ、ブラジルなど、二〇か国が同性婚を認めており、保守的と思われたアイルランドも国民投票で合法化されるに至っていますが、超大国である米国が続いたということは世界に大きな衝撃を与えることになりました。

同性婚とは、男性と男性、女性と女性のように性別を同じくする者同士が結婚すること、すなわち性的な親密さを基礎とした夫婦同様の関係を継続的な土台の上に築くものであり、社会的な単位として公認し、夫婦と同様の保護、保障を与えようとするものですが、その法的措置には二通りあります。

まず一つは、これまでの男女の婚姻とは別枠の制度として設けるものです。すなわち異性婚に与えている法的権利のすべてまたは一部を、それに準じるものとしての同性婚にも与えようとするもので、そのためには社会的な承認や法的な保障、保護を付与する法律を作成する必要があります。これは「パートナーシップ法」と呼ばれ、スウェーデン、デンマーク、ノルウェーをはじめとしてグリーンランド、ドイツ、フィンランドなどこの法を成立させている国々は既に世界各国に少なからずあります。

我が国の場合、渋谷区議会で同じ名称のパートナーシップ条例（「渋谷区男女平等及び多様性を尊重する社会を推進する条例」二〇一五年）が成立していますが、この条例は現行憲法の範囲を超えて同性婚を認めるものではなく、「差別」をなくすために、結婚と同等の権利を持つものとして、二人が真摯に付き合っているという証明書を出そうというものです。それによってＬＧＢＴ（性的少数派の総称＝レズビアン、ゲイ、バイセクシュアル、トランスジェンダー）[5]の人のカミングアウトを容易にし、強制力は持たないとしても病院も「家族」としての処遇を取りやすくするなど、同性愛者たちが社会で差別を受けることなく市民権を持てるための便宜を図ろうとしています。もう一つは、法律上の婚姻の定義そのものを抜本的に見直し、ジェンダーの枠組みを外すことです。二〇〇〇年に同性結婚法を成立させたオランダは「愛情や性的な親密さに基づいた男女の関係」から「愛情や性的な親密さに基づいた両当事者の関係」に法律を書き換え、世界で初めて異性同士の結婚とまったく同じ婚姻制度を採用しています。ベルギー、スペイン次いで北欧の国々も続きました。結果的に海外養子も可能となりました。

これまで多くの州を抱えた米国ではそれぞれの州によって事情が違いました。州ごとに憲法、法律、裁判所があり、それぞれ独自の判断をしているからです。ただし一九六〇年代まではどの州もＬＧＢＴに関して不寛容であり保守的でした。聖書にも結婚は男女の関係において成立すべきことが記されてあることを根拠に、同性愛を異常なものとして差別するのみでなく犯罪とみなし、公的にも私的にも制裁を加えることがしばしばでした。さらに一九七〇年代から端を発したエイズ（ＨＩＶ）の流行に伴いそれが同性愛者の病気であるという解釈が広まったため八〇年代までその極に達したのです。

それを契機として人道的な反動が起こり始めました。各州の憲法、法律のどこにも同性婚の良い悪いは書かれていない点を指摘し、だとしたら同性婚も認められてしかるべきではないかという法的に訴える試みやカミングアウトが始まりました。

そうした流れの中で二〇〇四年マサチューセッツ州は初めて同性婚を支持、合法化しましたが、すぐに保守派が反発し、憲法・法律に書かれていないとしたらむしろ国民投票で決めるべきだとしてそれが実施されるに及んで、一一州が同性婚禁止となりました。さらにそれを確かなものにするための改憲の動きさえ出てきたのですが、それと逆行してＬＧＢＴ支持者は増え続け、有名人たちがカミングアウトし始め、二〇一五年には五〇州中三七州が支持するに至りました。

今回連邦最高裁判所が同性婚賛成判決を出した根拠となっているのは、合衆国憲法の「法の下に平等」という理念です。もしある州において認められ、ある州で認められないとすれば合衆国憲法そのものに違反しているのではないかということになるからです。今回のこの判決によって、同性婚は全米五〇州で合法化され、それを認めないどの州の法律も無効となりました。判決の夜ホワイトハウスは「アメリカの勝利」としてレインボーカラー（性の多様性を受け入れている象徴）に染められたということです。

米国の連邦最高裁による合憲判決は我が国にも大きなインパクトを与えることになりましたが、我が国で同性婚が認められない一つの根拠は日本国憲法の第二四条の「婚姻は両性の合意のみにもとづいて成立し夫婦が同等の権利を有することを基本として相互の協力により維持されなければならない」から来ています。この場合婚姻は異性婚のみと規定しているという説が根拠となっていますが、もともと異性婚をする場合の女性の立場を守ったもので同性婚については何も触れていないという説も出るなど、今後の法解釈の推移が注目されることになります。

〈同性婚賛成判決判断の道筋〉

存在すること自体が差別されてきた同性愛者の人々が異性愛者と対等な結婚の権利を獲得するまでにかけた長い年月と多くの辛苦には涙ぐましいものがありましたが、今日事実婚などが多くなっている中で、なぜこれまでの制度に固執するのか、どうして結婚に相当する形と権利なのかという疑問や反発も投げかけられています。こ

5　「トランスジェンダー」とは、心と体の性が一致していない性同一性障害で、生物学的には性別が明らかだが、心理的にはそれとは別の性別であるという確信を持ち続け、身体的、社会的に別の性別に適合させようとする障害。

うした判断の筋道を辿ろうとすることは、結婚の意味を理解する上でも助けとなるかもしれません。

　今回の米連邦最高裁判所判決文は「結婚は愛や家族の最高の理想を形にした人と人とを最も深く結びつけるもの」と格調高い理念で始まっており、その結婚への権利は基本的な権利であると説いています。すなわち結婚は一人の人間の人生にとって重要な意味を持っており、その愛情と性的な親密さが基盤となっている関わりはその結実である子どもたちを養育する場としても不可欠なものであります。それゆえに社会はそれに必要な保護を与え、また病院で受け入れられ必要な処置を取ってもらう権利を持ったメンバーとしての資格を与えているのです。したがって結婚したいのにできない人がいるとすれば、こうした権利を奪うことになります。すなわち、同性婚を認めないということは同性愛者から法の平等な保護、基本的権利を剝奪するに等しいことになるのです。

　この判決文は結婚を人と人との関わりでこれ以上ない深いものとして定義することから始まっていますが、それはこの法案が異性婚に与えられている尊厳と諸権利を同性愛者の結婚にも等しく与えようとしているためです。同性同士も異性同士も相手を自然に好きになり愛し合うようになった関わりであることに変わりないのだから、愛の多様性において異性婚と同性婚の権利は平等で対等なのだという論理です。したがって、結婚を最も基本的で神聖なものとして位置づけることは、同性婚の自由と多様性にも同じ重みを与えることになるのです。

　ただし、この結婚の崇高さを描く叙述と、同性愛者の結婚が異性愛者のそれと全く同じ意味合いを持ち、対等であるという論理が必ずしも有機的に繋がっているようには思えないところがあります。結婚という今日的課題に満ちた概念の規定をしないまま、また共有されないまま、その「最高の理想」を形にしたものとして結婚を挙げているからです。

　しかしながら、これまで同性愛者のカップルが置かれた状況を考慮することによって、形の持つ力への必要を理解するべきかもしれません。限られた例ですが、我が国では住居を取得する際、異性同士なら婚約者でも組めるペアローンが同性同士には認められていません。所有したり賃貸したりする場合も片方だけの名義にしなくてはなりません。そもそも同性婚が認められていないため不動産屋で拒否されるケースが多いのです。またパートナーが倒れて救急病棟に入れられた場合、親族として認められないため個人情報に属するという理由で説明も受けられず、立ち会うことも拒否されています。さらに、パートナーが死亡した場合、法的遺族ではないため遺族年金がもらえませんし相続もできません。たとえ共同で築いた財産であっても遺言なしでは自動的に相続はできませんし、相続税も夫婦の場合よりはるかに高く設定されているのです。

性的嗜好が違うことによって選択肢自体が大幅に制限されるという不平等があるのが現実である以上、同性婚を「愛や家族の最高の理想」としての結婚の形に高めることによって、これまでの差別を解消し、結婚（異性婚）の持つ様々な現実的なメリットを獲得可能にして人権の対等性を守ろうとしている人道的措置だとも言えます。

少子化の時代になぜ同性婚かという疑問も出されますが、同性婚を認めている州とそうでない州の合計特殊出生率の差がほとんど見られないことから、少子化問題の原因は労働条件のあり方や夫婦の間での協力体制などむしろ別のところにあるのではないでしょうか。結婚しても子どもを持とうとしないカップルが増える中、もともと少数派のＬＧＢＴが少子化の誘因となるとは考えにくいようです。

シングルペアレント、事実婚、パートナーシップ制度、ＰＡＣＳと結婚を取り巻く状況は今日多様な変化を遂げてきましたが、同性婚も二一世紀とともに名乗りを挙げ、近年米国全土においても認められることになりました。一方で同性カップルのために作られたパートナーシップ制度、ＰＡＣＳの大半の利用者は異性カップルであるという事実があります。人々は社会の多様な愛といのちの関わりの中で、千年一日のごとく変わることのなかった結婚、家族の真の意味をあらためてたずね深めるとともに、その力と豊かさの源泉を損なうことなくどこまで、どう変革しうるのか、世界は今新しい家族の姿を模索していると言えるのではないでしょうか。

第三節　離婚および同性愛と教会の立ち位置

〈二〇一五年の家庭に関するシノドス〉

家族が様々な困難と重要な課題を抱え解決を迫られている今日、教会と現代世界における家庭の使命と召命について考察し、家庭の価値を守り育てることを目的としたシノドス（世界代表司教会議）が、二〇一五年一〇月バチカンで開催されました。

その前年に開かれた予備会議では、同性愛に肯定的な見解が報告書の草案に盛り込まれましたが、最終的には同性婚や離婚した信者への寛容姿勢が姿を消し、これまでの教会の基本姿勢を継続する内容で終了しました。シノドス開催二か月前、エクアドルのグアヤキルで行われたミサ聖祭において、教皇フランシスコが家族の重要性を訴えると同時に、シノドスにおいて「今は不純で恥ずべきことと思われている概念を、キリストが奇跡に変えてくださるよう強く祈ろう。現代の家族は奇跡を必要としている」と呼びかけ、離婚や同性愛など、家族のあり方をめぐる教会の教えに変化が起きる可能性を示唆したことが時事通信などのマスコミを通して報じられたこともあり、今回のシノドスでは、今日の社会の現実にあった柔軟かつ寛容な対応が何らかの形で取られるのではないかという期待の中で司教たちの協議の動向が世界から注目されていました。

このシノドスの最終報告書[6]をかい摘んでみますと、まず結婚・家庭の基礎を神の創造に置くことから始めています。男と女という異なった性別の二人は個人としてもカップルとしても神のかたどり、似姿であり、信仰と同様、思いと行動、愛情と仕事において相互豊穣的な関わりを築くことなしには、男と女であることの真に深い意味すら理解することはできません。性の違いは対立のためでも従属のためでもなく、愛の一致と生殖のためであり、創造主である神が二人に与えられた使命は夫婦としての愛を深めること、そして生命を伝達することなのです。生命の伝達を通して、男と女を創造の働きに参与させると同時に、（次世代育成を通して）人類の未来への責任を彼らに託し、神の愛の共働者とされたのだとしています。

カトリック教会がこれまでの歴史においてタブー視してきた同性愛に関しては、あらゆる人間は、その性の嗜好が何であれいかなる形においても不当な差別の対象とされることなく一個の人間として敬意を持って迎えられるべきことを再確認しています。ただし、「同性婚」に関しては最終報告書においては異性婚とは似て非なるものとして容認していません。むしろ異性間の結婚と比較して同一のレベルであると考える根拠そのものがなく、神の結婚および家族のためのご計画とのいかなる類似性もないものとして退けるスタンスを取っています。また同性婚を成立させる法律を貧しい国への資金援助と結びつけて成立させようと圧力をかけるような動きに関しては受け入れられない旨を合わせて記しています。

後にフランシスコ教皇は、男女間の結婚を最高の理想とする教会の方針を後述の『愛の喜び』を通して改めて表明しており、公式の教義に変化があるわけではありませんが、同性愛者や離婚した信徒など「変則的な」状況にある人々に対して、今日の実態に即したより寛容な姿勢を取るよう世界各国の司祭に呼びかけています。

〈教皇フランシスコ使徒的勧告『愛の喜び』〉

フランシスコ教皇は世界の司教が参集した予備会議およびシノドスを踏まえる形で、二〇一六年四月八日に『[仮訳] 愛の喜び（Amoris Laetitia）』というタイトルのもとに、家族のあり方に関するカトリック教会の指針を二六〇頁にわたる使徒的勧告としてまとめました。これは教会が現代における家族の置かれたそれぞれの国の文化、社会状況の現実的な個々の実態に即した柔軟な判断と理解を持つことの必要を喚起しながら、結婚、家族、妊娠

6　参考文献　'The Final Report of the Synod of Bishops to the Holy Father,' "The Vocation and Mission of the Family in the Church and in the Contemporary World," 24 October 2015.

中絶、育児などに関する教皇の意見を述べたものです。ここでは離婚、再婚、同性婚など、今日の家庭の抱える諸課題を取り上げた第八章のみに触れます。まだ公式の翻訳が出てない段階ですのでJ・マシア神父のブログ(7)の試訳を使用させていただきます。（常に早い発信と啓蒙に献身しておられるマシア神父に深く感謝しています。）

まず最初に、キリスト者の結婚はキリストと教会の一致を表すものであり、男女の自由かつ排他的な関わりにおいて相互の与え合いが実現するものです。その関わりはいのちの伝達に開かれたものであり、男女は深く一つに結ばれて生涯添い遂げるのだとしています。したがって、男女間の変わらぬ愛を誓う結婚を最高の理想とする教会の方針を改めて表明しており、離婚や同性婚、同性愛者同士の家族、妊娠中絶などに関する教義は変えたわけではありません。

ただしこの中で教皇は、同性愛者や、離婚しさらに再婚した信者など「変則的な」状況にある人々に対し、「倫理上の規範を石のように投げかけてはいけない」（三〇五、マシア師試訳）として、寛容と慈悲の姿勢を明確に述べています。

「誰も排除してはいけない。どの人でも教会共同体のなかで、自分にふさわしい参加の仕方を見いだすように手伝わなければならない。どの人でも無償で、無条件で、自分がそれをいただくに値しない慈悲の対象であることを感じるように手伝わなければならない。だれも取り消しがつかない形で断罪されるべきではない」（二九七、マシア師試訳）。

排除しない寛容と慈悲は、高い目標や福音的理想をいささかもあいまいにしたり相対化してしまうことではありません。愛の多様な形が課題となっている今日の社会の現実を踏まえながらも、混乱の余地を生まないための厳格な導きの必要性を理解する一方で、シノドスにおいて司教たちが指摘したように「キリスト教のメッセージに今だに、或はもはや合致しない状況の中にも存在する建設的な要素」を評価しつつ忍耐と慈しみを持って変則的な状況に置かれている人々の歩みに寄り添うことだとしています。なぜなら「聖霊は人間の弱さの中で善の種を蒔く」（三〇八、マシア師試訳）からです。聖霊が人間の弱さの中に育んだ善良さを大事にすることこそイエスが望む教会のあり方なのです。

司牧上の識別の中に取り入れるべき配慮としてトマス・アクィナスの教えを挙げています。すなわち「一般的な原則において必然性はあっても、個別のケースになったら不確実性が増える。実践の領域において真理や実践的な確実性はすべての個別のケースに同じく適用することができない」（三〇四で引用、マシア師試訳）ということです。

離婚し再婚した信者たちが教会の一員だと感じられるように迎えられ、聖体拝領を受けることも、場所や状況への司祭たちの識別によってはその可能性が開けてきました。聖体は模範的信者への褒美というより弱く惨めな状態の人々へのよき糧であり良薬だからなのです。

同性愛者のカップルと異性間の夫婦とは同等ではないと明言し、結婚として認めてはいませんが、同性愛者らへの不条理な差別は回避されねばならないことを強調し、尊敬の心を持って宗教者として指導するよう呼び掛けています。

神の定めた秘跡としての結婚の豊かで高い理想への教えをいささかも曇らせることがあってはならないが、かと言ってその素晴らしさを護ろうとする熱意のあまり、司牧者たちが現代の困難で多様な状況の社会に生きる人々を厳しく断罪したり排除したりすることは決してあってはならない。弱さを抱えた人々の傍らに慈悲の心をもってしっかり寄り添い、困難な状況を見極めながらより良い道を識別し、彼らと共に歩みを進めよう——この

7　J・マシア神父のブログ「手作りの考え方」（http://d.hatena.ne.jp/jmasia/）。

使徒的勧告の呼び掛ける姿勢で日々生きることを通して、これからの結婚と家族の新たな希望に満ちた地平が開けてくるのではないでしょうか。

教皇はブラジルからローマに戻る途中の記者団の質問においても、もし同性愛者が主を求めていて善意の持ち主であるなら自分は裁く立場にない、その性の嗜好が何であれ彼らは兄弟であると語ったとCNNによって報じられています(8)。

「開かれた教会」を掲げ「弱者に寄り添う」こと、「同伴する」ことを重視するその姿勢をもって、「変えられないものを受け入れる心の平穏と／変えることのできるものを変える勇気と／そして、変えることのできるものとできないものを識別する知恵」が与えられるよう、ラインホルト・ニーバーと共に真摯に祈ることが、現代社会に生きる私たちに奇跡を呼び起こす力となっていくのではないでしょうか。

8　CNN.co.jp のウェブ記事「ローマ法王、同性愛者を『裁く立場にない』」(http://www.cnn.co.jp/world/35035297.html)。

第六部　付記

私たちの出会い、そして家族の歴史の創造

第一章　二人で創る結婚講座

第一節　婚約時代（I）　ロマンスの中の基礎づくり

長島世津子

〈初めてのデート〉

のっけから私事で恐縮です！　一九六九年のことでした。学園紛争の波にもまれる大学で、グループ活動を通して知りあった主人と初めて一対一のデートをしたのが、その半年後に行われた婚約への第一歩でした。それは傑作なデートでした。日本茶の好きな主人に合わせて、新年明けて間もない日の朝九時、静かな和風喫茶に開店と同時に入ったのです。玉露茶と和菓子を注文してお茶を入れながら、それぞれが抱いている将来の夢を話しはじめました。

しばらくして急須が空になったのを見て店の人が気をきかせて、お湯のたっぷり入った大きなポットを届けてくれました。それも空っぽになる頃もう一度お茶と和菓子のセットを注文し直して、それぞれが直面している問題、それにどう向き合い将来どういう方向に進みたいのか、どうしてそうしたいと感じるのか等々話し続けました。もともと話好きな二人です。とぎれることがありませんでした。

そろそろお腹がすいたからレストランへでも行きましょうかと腰をあげかけた時、本当にびっくりしました。何と夜の九時だったのです！　にこにこしているウエイトレスさんたちの半分呆れきった、でも半分暖かく応援してくれているようなお辞儀と『蛍の光』の曲に送られて、さすがに照れながら外に出たものです。

〈ロマンスのダム〉

どんなお年寄りのかたにもロマンスの思い出があります。「おばあちゃんたちが結婚するって決めたころ、おじいちゃんはどうだったの?」と聞くと、しわだらけの顔にさらにやさしいしわを寄せて輝くように笑いながら「あのころはねえ」と、ふと重ねてきた年月を忘れたかのような表情で話してくれるものです。

また「うちの娘にはあきれるわ。彼から電話がかかってくるかもしれないからって、夕方から一本もかけさせてくれないの」と母親を嘆かせるお嬢さんもいます。

考えてみれば、生まれ育った環境も歴史も違う二人の人間が互いに惹かれ、一つの家庭を築こうとすることほど、深い神秘はないのではないでしょうか。以前仲人を頼みに我が家を訪れたお二人はそれをよく表していました。

「そのころ私はシスターになろうか、途上国の医療のために働こうかと考え、そのための研修会に出かけました。それが同じ研修会に出ていた医学生の彼と一目会った時、全く考えられないことなのに、もしかしたらこの人と私は結婚するかもしれないと直感したのです」。

「その時はそのまま別れてしまったのですが、僕は彼女が忘れられませんでした。考えてみれば彼女は結婚しているか、子どもがあるかもまるで分からないのにです。あとでシスターになると聞いてそれならそれでいい、医者として彼女のいく途上国へ僕も出かけていって、そばで助けてあげようと思っていたのです」。

二人を一つに引き寄せる巨大なバラ色のエネルギー、それがロマンスです。それは自分がたまたま行き会った多くの人の中の一人ではなく、いつのまにか唯一のかけがえのない存在となり、愛し愛されることの喜びを深く味わえる恵みの時でもあります。この時こそ、生涯にわたって尽きることなく汲み出せるロマンスの大きなダムを築くときではないでしょうか。

ずいぶん前の話になりますが、歌手の柏原芳恵さんがかつてリサイタルを開いた時、当時彼女の熱心なファンでいらした浩宮さま（現皇太子）から皇居のバラ一輪を贈られて「この花を永遠に咲かせておく方法はないものかしら」と、やがて失われていく花の色香を何度も惜しんでいたという一文が思い出されます。けれどもロマンスの花は、旱魃《かんばつ》の日が訪れたとしても、しっかり築かれたダムがあるとしたら、そこから溢れ出てくる水のおかげで枯れ尽きてしまうことはありません。むしろ二人で共に生きる歩みの中で、ますます豊かな色合いを帯びていくのではないでしょうか。八〇近い老夫婦が、お互いをかばい合いながら睦まじく手を取り合って公園を散歩している姿に出くわすと、思わず見入ってしまいます。ふとした折にもれる小さな笑い声の中に、味わいの深いロマンスの花の香りを感じるからなのです。

〈見よう、聞こう、言おう〉

日光東照宮の名物の一つ「三猿」でも知られることわざに、「見ざる、聞かざる、言わざる」があります。あのチャーミングな猿と張り合うわけではありませんが、婚約しようかどうしようか考えていらしたり、あるいは婚約していらっしゃる方々に一番大切なのはこの真逆、「見よう、聞こう、言おう」だと思うのです。

なぜなら婚約時代はロマンスに満ちた対話を通して、より深い出会いを育む大切な時だからです。相手がどのような人格の持ち主で、どのような感情を持った人なのか、生活に対してどういうイメージをもった人なのか、まわりの人々に対して、社会に対してどのような関わりをしようとする人なのかを、誠実に心を開いてよく話し合い、お互いの発見と理解を深める時期なのです。

よりよく知りあうためには、できるだけありのままの自分であろうとすることが大切だと思います。（「できるだけ」と書いたのは、もちろんこの時期にあばたをえくぼに見せたいのは人情だからです！）ドレミファソラシドの高い方のドから始めてしまうと後が続かなくなってしまいます。相手の期待するイメージ通りの理想的なパートナーであろうとするあまり、自分自身であることができなくなってしまう関わりは、やがてしんどくなってしまうものです。ありのままの互いを受け入れ合えるかどうかを見、率直に話し合い、相手の言葉の中から聞きとること、そのための「見よう、聞こう、言おう」なのです。

〈虫食いの白桃〉

相手を知ることは必ずしもバラ色に満ちた快いことばかりではありません。思いもよらなかった無神経とも思える反応やいい加減さ、自分の大切な領域へ踏み込み過ぎたり、逆に全くの無関心、無理解、全く異なった趣味や食べ物の好み等々の面が折にふれて顔をのぞかせ始めると、もうこれ以上一緒に歩む気がしなくなってしまいませんか。婚約時代に、そこで「さよなら」を言ってしまう人たちももちろんたくさんいますし、それはそれでいいのです。

でも考えてみれば一人ひとりはみんな違った存在なのですから、そうした意外性と直面することはほとんど避けられないはずです。以前はすばらしいと思ったまさにそのことが、かえって気になり始めます。てきぱきして敏捷だと思った相手が、ある瞬間、短気で余裕のない人に見えてきたり、抱擁力があると思えた人がぐずで鈍感にうつってしまうことだってあるのです。したがって違和感を抱いたり、とてもついていけないと幻滅したりすることは、人間と人間の出会いである以上、ごく当然なことだと言わなければなりません。

要は、それが二人の関わり全体に及ぶ根本的なくい違いや欠点であるのか、それとも部分的、付随的な領域に属するものかをよく見極める必要があります。つまり「あの人はすばらしい人だけど、この部分さえなかったら」なのか、「この部分がある以上、他がどんなによくても一緒になることは不可能」なのかを、自分自身によく尋ねてみなくてはならないのです。

言ってみれば、隠れたほんの小さい部分に虫がもぐっている香り高い白桃でもてなされたようなものです。白桃に目がない人なら、大急ぎでいたんだ部分を虫ごと取り除いても、まさか残りを捨てようとは思わないでしょう。でも虫を見ただけで気分が悪くなって卒倒する人もいます。その時大切なのは、虫食いの白桃は食べないで残すのが品位を示せたのではと気にすることでも、気分が悪くなって失態を演じた自分を恥じることでもありません。無理をしないで自分に正直で自由である必要があるのです。傷んだ部分さえ捨てれば、白桃が大好きだという関わりなら二人で歩み続けることです。虫がいてもまだ離れられないくらい白桃の好きな自分を発見できるのではないでしょうか。一方、虫がのぞいているからというだけで、もう白桃を見るのもいやな関わりなら、その時点で別れるべきかもしれません。そうでなくても二人は後で結局別れることになるでしょうから。

いつか、何十年も連れ添ってきた仲の良いカップルに大学で講演を頼んだところ、大学生たちが冷やかし半分に「結婚生活って一体何ですか。どうなるんですか」と聞いたところ、「相手の欠点が自分の欠点として感じられるようになることだよ」という思いがけない答えが返ってきてシーンとした、という話を聞いたことがあります。

相手の欠点が自分の欠点のように思える――これはまさに二人の人間が「もはや二人でなく一体」となる結婚の神秘を表していると言えましょう。つまり結婚するということは、それほどまで「私」の世界から「私たち」の世界に身を置くということ、そのような一体性を育てていくということなのです。したがって、結婚を準備する婚約期間に、二人の間にあるくい違いや欠点が「私たち」の世界を築く上で、決定的な障りであるかどうかをよく見つめることが必要だと思います。相手の欠点を自分の欠点として、いつか受け入れられるまで愛を育てていくべき相手だとしたらなおさらのことです。

〈長旅に備えて〉

仮に二人乗りの小舟に乗って、目的地まで五〇年以上かかる長い旅に出るとしましょう。その舟は、少なくともロマンティックな歌の伴奏つきのゴンドラや、敏捷さを競うためのモーターボートのようなものではありえません。荒波の逆巻く大海原がひかえているのです。積荷を満載した舟も、装飾的なデザインのかっこいい舟も、嵐にはひとたまりもないでしょう。要は風と波の力を自分の味方につけられる構造を持ったしなやかで堅固なつくりの舟でなければなりません。ただその航海が楽しい豊かなものとなるかいなかは、やはり二人のぴったりあった呼吸とチームワークの見事さであることはいつの時代も変わらないでしょう。

それはまた、楽器の二重奏のようなものです。それぞれの異なった音色を生かし合いながら、一つの曲を作り上げる喜びと言うべきでしょうか。二人の創造性と個性がユニークな「私たち」の世界、私たちのハーモニーを日々創り上げていくのはまさに芸術です。

長い舟旅とは言っても積荷をなるべく軽くすることが大切です。二人に共通の積荷――共通の関心と理想、共通の友人、共通の趣味……を大切にして二人の関わりを深めるもの以外は大幅に整理することによってずい分身軽になれます。幸せになるにはたくさんの物はいらない――それを実感できるのは二人で一つの曲を奏で、一つの歌をうたう喜びを体験できた時です。

ただひとつをうたおう
愛を生き
愛を生ききって自然に歌おう
よろこばしいうたであるとおもおう　（八木重吉）

〈永遠の誓いの準備〉

結婚は永遠の愛の誓いから始まります。神を信じる人はもちろんのことですが、特に信仰をもたない人も、愛する相手と築く新しい家庭の誕生に先がけて、二人の絆が祝福され固められ、どのような困難にあってもそれが分断されることのないよう祈り願わずにはいられません。

けれども神を信じ、教会での結婚を望む人も一瞬たじろぐのは、その愛を「永遠」に誓うということです。私たち人間はどのように安楽を好み、富と栄華の誘惑にもろく、誠実と忍耐に欠けるかを自分自身でとてもよく知っています。これまで実現しなかった決心、果たさなかった約束、人の目を気にしてやり過ごした助力の機会をどれほどたくさん抱えていることでしょう。それなのに「変わることのない愛を誓いますか？」と問われているのです。

〝永遠〟の中には、〝順境〟ばかりでなく様々な〝逆境〟も含まれています。豊かな時ばかりでなく、もしかしたら日々の糧に事欠いたり子どもの養育に追われる疲労の多い毎日が待ち構えているかもしれません。健康を楽しんでいたのに突然事故にあったり病気になったりして、家族や職場の仕事を思いやりながら、悶々とした日々を病床で過ごさねばならないかもしれませんし、またそういう相手を持つかもしれません。たとえ健康に恵まれていたとしても青春時代のあの力強い気迫とつややかな頰の色がやがては褪《あ》せ、白髪と不自由な身体がいつかは待ち構えているのです。にもかかわらずこの人と共に死が二人を分かつまで、変わることのない愛をもって歩むと誓おうというのです。

〝永遠〟の前にたじろぐ人は少なくありません。何年も親しくつきあっているのにいっこうに話がまとまらない二人がいます。

「彼は式を挙げて誓いをするのがこわいのです。今は文句なしに私を愛しているけれど、後でもしかしたら別のすばらしい人が現れて、その人の方が私よりはるかに良くなってしまうかもしれない。その時は何もいわずにいて再び私の所へ帰ってくるまで待っていてくれるなら、式という〝形式〟なしにすぐにでも結婚しようというのですが……」。

一人の人間は他の一人の人間の望みのすべてを満たすことはできません。黒い瞳と青い瞳、賑やかで生き生きした人と物静かでしとやかな人の双方の魅力を一人の人が兼ね備えることは不可能です。一人ひとりは弱く限られた存在にほかならないからです。それにもかかわらず、限られた一人の人と生涯をとことんまでつきあうことに自分を賭けてみる心の準備が双方に整った時、その時が結婚の時ではないでしょうか。いつまでも賭ける決断がつかないなら、プレイボーイかプレイガールにとどまるしかありません。

しかしながら二人の間のロマンスが翼を与えてくれるのに、永遠の愛の旅に飛び立つのに躊躇してしまうのはある意味で当然かもしれません。変わることのない愛の誓いを実現できるのは神の恵みなしには不可能だからです。ロマンスだけででき上がった翼は途中でイーカロスのそれのように、ろう細工のそれのようにとけ去ってしまうかもしれません。

けれどももろい有限な存在の私たち二人を神の愛の無限性が翼を補強してくださるように、心を合わせて祈りながら飛び立った時、いつのまにか楽々と大海原を眼下に見下ろしながらしかも飛ぶことを楽しんでいることに気がつくのではないでしょうか。「スーパーマン」と共に飛んだ彼の恋人ロイス・レインのように！

第二節　婚約時代（Ⅱ）　婚約時代の愛の育て方

長島世津子

〈百聞は一見にしかず〉

結婚のための一番良い準備は何かと聞かれたら、私は即座に「できるだけたくさんの仲の良いカップルに会ってご覧になることです」と答えています。呼吸の合った、見るからに睦まじい夫婦には、必ず宝が隠されているからです。

キリスト者の結婚の素晴らしさを、テルトゥリアヌス(1)は次のように表現しています。

「教会によってともに結ばれ、奉献によって強められ、祝福によって固められ、天使によって告げ知らされ、御父によって承認された結婚の幸せをわたしはいったいどのように表すことができるでしょうか。……一つの希望、一つの願い、一つの典礼、一つの礼拝をともにする二人の信じる者のきずなは何とすばらしいことでしょうか！　彼らはともに信仰の仲間であり、同じ主に仕える者どうしです。心もからだも分かたれることはありません。事実、二人は一つのからだをもつ二人です。からだが一つであれば心もまた一つです(2)」。

キリスト者の人口がわずか一％にも満たない日本では、信徒同士の結婚はむしろ希《まれ》で、大部分はキリスト者以外のかたと結ばれています。けれども、いいカップルはキリスト者であるとないとを問わず、彼の言う深い一致と絆を本質的に目指しているのではないでしょうか。また、一つの希望一つの願いを共有できるまでに心の通いあうようになった二人なら、そのうちの片方が深い信仰を持ったキリスト者であれば、共白髪となるまでのいつの日か同じ主の信仰に結ばれた者同士になるのかもしれません。

少なくとも私にとって、「結婚とは何か」、「家庭とは何か」をほんの短い時間に一瞬で理解できたように思えたのは、そのような結婚を生きているカップルの家に学生時代に数日滞在できたことでした。

〈クラウリー夫妻のこと〉

シカゴのクラウリー家を訪れてまず目をひくのは、今までこの家庭を訪れたり、滞在したりしたことのある夥しい人々の写真が飾られている廊下の壁面と、食卓の上に立っている小さな万国旗です。この家には文字どおり世界じゅうの人々がやってくるのです。諸国の名士たちや、発展途上国の経済的に恵まれない学生や、様々な問題をかかえた人々などが、皆一様に夫妻の暖かい抱擁を受けた後、家族の一員として数日間、人によっては何年間も滞在することになります。

私が訪れたときも、クラウリー夫妻と彼らの三人の子どものほかに、親に問題があるためひきとられている八歳の女の子、それに長期滞在の四人の外国人留学生（アフリカ人三人と日本人ひとり）と、年をとって実際にはほとんど何もできないお手伝いのお婆さんが住人でした。そこへドミニカ国とドミニカ共和国からそれぞれやってきた訪問客と私が、夕食時に顔を合わせることになったのです。

この家には不思議に人をくつろがせる雰囲気があって、あたかも自分の家にいるかのような錯覚を誰にも抱かせるのです。留学生たちも、ごく当たり前のように夫妻を「ダディ」「マミィ」と呼んでいました。「今年のあなたの誕生日には何をプレゼントしてほしい？」「マミィ、靴にしてちょうだい。かかとの減らない丈夫なのを」。

1　一五五年頃～二二〇年頃。護教家。ギリシャ哲学やグノーシス派を攻撃した。
2　テルトゥリアヌス『妻へ』（Terulianus, *Ad Uxorem*, II, VIII, 6–8: CCSL, I, p. 393）。前掲『家庭——愛といのちのきずな』二六～二七頁で引用。

お手伝いのお婆さんが子どものように無邪気に答えているのを耳にしたものです。留学生たちの下宿代、食費は無料であるばかりか、冷蔵庫にはみんなの好みそうなものを絶やさないように、夫人が絶えず心を配っていました。昼間はムーブメントの事務所に出かけ、ときとして夜遅くまでタイプを叩かねばならない忙しい婦人なのに、にこやかな微笑をしじゅう忘れません。彼女は普通の親子のように自分の実子と他の〝子ども〟とを区別せずに、同じベッドルームで寝起きさせています。それでいて自分の子どもが親の愛情に少しの不安も感じることのないよう、こまやかな配慮をしているようでした。

クラウリー氏が弁護士の傍ら種々の会社の顧問をしているので、クラウリー家は決して貧しいわけではないのですが、あの家ほど物が人々のために生かされている家庭を他に知りません。クラウリー家の調度品は決して豪華でもぴかぴかに磨きあげられているわけでもなく、また客に真新しいベッドシーツが常にあてがわれるといった保証もありません。むしろ客が多いときには誰それかまわずソファーやマットレスに寝ることを余儀なくされます。そのころ訪れたブラジルの億万長者も、小ちゃな子ども部屋をあてがわれたことを感謝しなければなりませんでした。けれどもそのような限られた空間がなんと人間的で心暖まるものであったことでしょうか！

考えてみれば、こうしたありのままの家に人を招くことこそ大変な勇気を要することです。きちんと片付いた部屋で行き届いたもてなしができないくらいなら、むしろ客を断わりたいのが普通の家庭であります。クラウリー家はそうした気後れを排除して、自分たちの寝室を除いたすべての場所を当然のように常に開放しているのです。いかに外で身を粉にして貧しい人や困っている人々に手を差し伸べる篤志家でも、せめて自分の家だけは自分たちだけの静かな砦《とりで》として保有していたいと願うのが普通ではないでしょうか。しかしクラウリー家はその最後の拠点までそこを必要とする人々と共有しているのです。しかもごく自然に、むしろ一人でも多くの人と空間を分かち合うことによって、人間的な出会いの空間をより広く作り出せるのを楽しみながら。

現代の結婚生活の中に福音的清貧を生きるとは、このようにいわゆるマイホーム主義に引きこもることを排して、人々に絶えず開かれた心を家庭自身が持つことではないでしょうか。人を愛するとは、人を信じるとは、このようにありのままの自分をもって人を迎え、人間的な関わりを作っていこうとする謙虚さと勇気であると教えられました。

〈人間的出会いの空間〉

現代のあるべき家庭の姿が何であるかが不明のまま疲弊し崩壊したり、いたずらに矮小化《わいしょうか》されものでひしめきあっている虚しい空間となっている今日の日本において、人間的な目ざめ、人間的な出会いの空間としての家庭のあり方が、いかに必要であるかをひしひしと感じています。日本においてまず若い核家族が、その都市化された空間の一隅《いちぐう》であるアパートや団地の中で、しかもそのきりつめた家計の中で、仕事や雑事に追われ疲れきった日々の中で、本来あるべきあの広々とした暖かい人間的空間をどのようなかたちで実現していけるか、どのように人々に開かれた家庭を相互に築いていけるか……。こうした現代の奇跡を求めて私たちなりに試行する中で、とかくくじけがちな心を励ましてくれたのは、クラウリー家という一つのオアシスが、たまたまシカゴという人間砂漠の大都会の一隅に存在しているという事実なのです。

そうした兄弟的な雰囲気の礎となっていたのは、そこに居合わせるだけで感じられるクラウリー夫妻の暖かい夫婦愛でした。クラウリー氏に寄り添った婦人の微笑みは愛されている者の喜びに溢れていて、思わず見とれたものです。夫妻の周囲の人々に対する寛い心と細やかで行き届いた配慮をみると結婚の愛の豊かさに魅了されると同時にその愛の中で憩っておられる神の愛を感じないではいられませんでした。

日本にもクラウリー夫妻のような生き方ではないとしても、別の意味でそれぞれすばらしい結婚を生きていらっしゃる方々がたくさんいます。彼らの家を訪れて二人の築いている家庭を見せていただくことそれ自体が最良の準備になるのではないでしょうか。

〈本音の分かち合い〉

心を開いて話し合うことの大切さについて、どうしたら相手と深く関われる対話を持つことができるのか、もう少し掘り下げて考えてみましょう。

私たちは日常生活において様々な人々と様々なレベルの話し合いをしています。親しい友人、そうでもない友人、会社の上役、父母兄弟、歯医者、クリーニング屋、八百屋、神父、大学の先生……言葉を仲立ちとして相手と関わっていますが内容は異なっています。何かについての知識や情報を得るためのもの、ある出来事についての報告や批評、他人についてのニュース、山歩きする計画、相談事……。

こうした会話は二人をとりまく景色のようなものです。何かについてではなく、また他人についてでもなく、二人の関わりそのものを中心にした対話――これが「分かち合い」と呼ばれるものです。飾らないままの自分を相手が大切に受け止めてくれることを信じ、ありのままの相手を受け入れようとする態度――これはお互いに一つになろうとする愛（コミュニオン）が基盤にあって初めてできることです。

分かち合いを難しくするのは仮面をかぶったり心に〝整形手術〟を施したりすることです。つまり自分本来の姿というよりも、婚約の相手が期待するイメージに合わせようと背のびをしたり、その人物のふりをしてみたり、自分のままでは得られないチャンスを得るため、すっかり別の人間になりきろうと努め始める場合です。かつて「あなた好みの女になりたい」という歌がありましたが、女性は日本の文化の中で求められてきた、家のため子どものためにすべての時間と体力を犠牲にする、家庭的で従順なお嫁さん像に自分をあてはめようとします。すなわちこの女性と結婚したらきっとそんなお嫁さんになってくれるのではないかと、相手の男性を魅了するような考え方や判断や立ち居ふるまいを心がけるのです。一方男性は、経済力も体力も備わり、指導力と判断力、知性を備えたたくましい強い男性の役に自分をあてはめようとします。すなわちこの男性と結婚したら女性は何も考えず、何も判断しないで任せていられる頼もしい夫になるのだ、という行動をかいま見せねばとはりきるのです。

男性のあなたも泣きたいような無力感にとらわれる時があるかもしれません。また、何でも頼られてはたまらない。少しは自分の足で歩こうとしたらどうだい？　それに何でもハイハイではまるで山びこを聞いているようじゃないか。たまには奉られたいけれど、鏡に映る自分の顔にうんざりする時だってあるんだと内心はいらいらしているかもしれません。女性のあなただって、この人は何て独り善がりなんだろう。人がハイハイと言ってればいい気になって。第一自分の判断を押しつけすぎよ。それに無神経だこと。コーヒー嫌いだって知っているくせに私のを勝手に注文して……と彼の一方的なリーダーシップにうんざりしているかもしれないのです。

ありのままの自分になるというのは、それほど簡単なことではないのです。

それは自分らしくない役を演じているからなのです。本当は、男性は相手の支えを必要としている自分の〝弱さ〟を隠して虚勢をはることを強いられているのかもしれません。女性は丈夫な足を持っているのに松葉杖をつき、二〇代の知性と判断があるのに幼児のようにほとんど何も決められないよう努めねばならないのかもしれません。

分かち合うということは、そうした文化的社会的にしっかり作り上げられてきた固定的な「男のイメージ」「女のイメージ」の仮面をはずして素顔で語り合うことなのです。自分の弱さ、寂しさ、怒り、悲しさ、喜びにつつまれている自分をそのまま開くことにほかならないのです。

五歳の頃、田舎の山の神社に芝居がかかって祖父に連れられて見に行ったことがありました。りりしい美男子の貫一と人形のように美しいお宮の芝居に身も心も奪われて見入っていたものです。やがて幕がおりて興奮さめやらぬふうで、近所の人と談笑している祖父にしばらくつきあっていたのですが、とうとう我慢ができなくなって、彼の手をすりぬけて舞台の裏側に一目散に走って行きました。あの眉のきりりと上がった貫一と、雪のように白いお宮さんをもう一度見たかったのです。ところが……先刻の貫一だと思われるおじさんがいがぐり頭に手ぬぐいを巻いて、舞台装置の端で別のおじさんにがみがみ言っていました。そしてあのきれいだったお宮さんは、すっかり化粧を落として、ひっつめ髪で赤ちゃんをおんぶして煙たそうに七輪をパタパタ煽《あお》いでいました。ひどく疲れたふうのそのおばさんに、あの可憐な表情を重ね合わせながら、幼い私は深い驚きと当惑のままその場を立ち去ることができなかったのでした。私の咎めるようなまなざしを感じて振り向いたおばさんが慌てて着物の衿を直したのを今も鮮明に覚えています。

その時は裏切られたような気持ちになったものですが、考えてみればあのきらびやかなお宮と貫一の芝居よりも、あのおじさんとおばさんがどのような日々を送り、何を感じていたかを素顔で話し合うシーンの方が、今大人の私たちにとってははるかに人間味のある心に響くものではないでしょうか。

ただ嬉しい自分、喜びに満ちた自分だけでなく、不安な自分、迷っている自分、憤っている自分、傷ついている自分、寂しい自分をも誠実に見せることができたら、そして相手が本音の自分を温かく受けとめ、ともに味わってくれる分かち合いの体験をもてたら、もう他のどんな会話のあり方にも戻りたくはなくなるでしょう。それは二人の深い愛の交わりの対話であり、心と心の触れ合いであり、二人の周囲をめぐる知的な話題のやりとりとは比べものにならないほど深い結びつきを体験させてくれるからです。

〈二種類のグラス〉

我が家には夫と私との関わりを象徴しているようだと言われるワイングラスが一ダースあります。二人の生活を始めるにあたって、まず私たちは素敵なワイングラスを買い求めました。日常の生活の散文的なリズムの中で、ふとロマンスを取り戻したい時、形の良いグラスに注がれたワインの芳醇な味わいが疲れをいやしてくれるからです。

とある工房のコーナーにあるアルカンシエルがすっかり気に入ったのですが、同じサイズでも台の部分がプレーンのと紫のがあり、どちらにするかで二人の意見が分かれてしまいました。夫はプレーンで十分美しいと言い、私はワインの色合いを反射させてさらに深めるから台が紫のがいいと言うのです。

「じゃあ、これにしましょうか？」とお店のおばさんが私の顔を気にしながら、夫の意見を採ってプレーンの方で揃えようとしました。「ちょっと待って」と私は心の中で言いました。

「ねえ六つずつ二種類を合わせない？　だって私これが好きなんですもの」。

「それは名案だ。じゃあ仲良く半分ずつ合わせた一ダースください」。

一瞬あっけにとられていたおばさんも気を取り直して、きれいに包み上げてくれました。最初はバラバラな感じがするのではと内心恐れていたのですが、使っているうちにそれぞれのもち味を両方楽しめて二人とも満足しています。あの時自分の本当の気持ちを言えてよかったという思いと、その私の気持ちをそのまま受けとめてくれた夫の心を味わえて、よけいワインが美味しいというわけです。

自分のありのままの気持ちを表す、それが二人の関わりへの誠実さであって、結果は二次的なものです。自分の本音を言った後相手を自由にすること、これが本音の分かち合いのルールです。

相手を変えるために本音を言うことは、分かち合いではなくコントロールすることです。この典型的な現れが夫婦喧嘩にほかなりません。お互いが相手の弱い部分を知っているのでそこを指摘しながら、自分のイメージに合わないことに苛立っているのです。

まだ二人の関わりが不安定な婚約時代は、そうした対決に発展して決裂してしまうのが恐ろしいので、本音の分かち合いそのものもできるだけ避けて、〝無難な〟話題のみに終始しようとしがちです。けれどもできるだけありのままの自分を相手に表現しようとし、また、相手を変えようとするのでなく、相手をあるがまま受け入れようとする、分かち合いの自由さと豊かさを練習した二人と、気まずい思いをするのが嫌で本音を避けてできるだけ建前で終始しようとする二人では、将来大きく異なってくるはずです。

つまり本音を分かち合うことによって相手が自分と違う感じ方をもった存在であることを知り、むしろそれを豊かさとして受けとめようとする二人だったら、共に歩める領域をたくさん持った対話的な夫婦に育っていくのではないでしょうか。相手の本音を知っているのでそれぞれ相手の置かれた領域にどんどん関心が深まっていくからです。

一方、相手の期待するイメージに合わせていくことによって波風を立てず一つのまとまりをつくっていこうとする二人は、夫は夫の世界の友人をもち、妻は妻の世界の友人を持つか子どもと密接な連合を組む、接点の少ない対話もあまりない夫婦に育っていくかもしれません。波風は立ちませんが「亭主は丈夫で留守がいい」のは亭主のイメージに自分を合わせるのがしんどくなってきているからです。

〈性と自由〉

この頃マタニティウエディングという言葉も定着したようです。「結婚と妊娠、二つの幸せ」というキャッチフレーズもおしゃれです。しかしながら、「せめてお腹が目立たないうちに式を挙げないと、とは思ってはいたんですが式場がとれなくて……」と頭をかきながら〝不手際〟を詫びるか、花嫁の体調を気遣いながらも終始だんまりで押し通してしまうか、「ボクのパパとママ御結婚おめでとう」という未来の赤ちゃんからの祝電を送って披露宴を笑いの渦に巻き込むか、結婚式には苦労も多いようです。

婚約時代はどこまで許されるのかという質問を受けることもあります。一体どこまでいいのでしょうか？　かつてはミッションスクールのシスターたちに「手を握るくらいはいいですが、キスは○分以上は罪です」というふうにまことにはっきりした物指しで教えられたこともあったようですが、今日のように社会全体が性に寛容になってきますと、そうした尺度を持とうとすること自体に抵抗を示すでしょう。「愛しているのに、まして結婚しようと約束しているのに何が悪い」と一蹴されそうです。もちろんお二人の決断する問題です。

ただ言えるとすれば、婚約時代の大きな特徴は、豊かな結婚生活のための準備期間であって、まだ結婚生活そのものではないということです。○月×日に行われるコンサートの特別席の券を手に入れたとします。しかしいくら高価な券を持っているからと言っても、○月×日の前日や前々日にコンサートホールにおしかけても入れてはもらえません。○月×日が来るまでそれは単に約束の紙きれにすぎないのです。したがってその券をキャンセルすることもできますし、中止せざるをえない事情があればコンサートそのものが成り立たなくなる可能性だってあるのです。

結婚は、それ以上に神を前にしての二人の自由意志に基づくはるかに重大な誓約です。したがって、○月×日まで二人は「イエス」と「ノー」と言える自由が保証されていなければなりません。

「ノー」を言わなくてはならないと確信したその時に、すでに妊娠をしていたり、それにつながる関わりが始まっていたりする時に、自由な気持ちで別れることが可能でしょうか。性の関わりは、人間的な愛の交わりの究極の表現であると同時に、それは生命に開かれた、それゆえに神から祝福された行為であり、生まれ出る赤ちゃんは永続的な基盤の上に〝両親〟の子どもとして生まれ出る権利を持っているのです。

婚約時代は、この人と永遠の基盤を築けるのか否かを最後まで自由かつ真剣に見きわめようとする期間です。神が祝福してくださるその日まで憧れをもって待ち望む――それは相手の自由を尊重する決意であり、神に対する繊細な愛と誠実さの現れではないでしょうか。

〈自分たちらしい結婚式〉

結婚式が近づいてくると、婚約時代の夢に色どられた日々がいきなり現実的な忙しさに巻き込まれます。式の日程が迫るにつれて、どこで披露宴をするか、どんなデザインのドレスにするか、お色直しはどうするか、誰と誰を招待するか、どんなメニューにするか、引出物は？　席次は？　ビデオ撮影は？　遠方から来る人たちの手配は？から、新婚旅行先の相談まで次々舞い込んでくる雑事に二人はてんてこ舞いを始めます。これまで好きな音楽を聴きながら快適なレストランでゆっくり食べて話しあっていたあの日々が遠い過去のように思えるほど、現実的で事務的な細々とした事柄での二人の意見のくい違いやいらいらが際立ってきます。

こんなことならいっそ結婚したくないわと結婚式の前から〝離婚〟したくなったり、こんなに煩わしいならいっそ駆け落ちしようと言っては気を取り直したり——新しい生活を迎えるための仕事を共にやり上げていく最初の大切な体験の時です。この時相手がどのような関わり方をする人間かを見る大変よい機会であると同時に、二人が結婚に対してどのようなヴィジョンを持ち、式をどのように位置づけようとしているのかを人々に示さなくてはならない大きなチャレンジの時なのです。

ここで是非考えていただきたいのは、お二人らしい若々しいユニークな式やパーティを実施することです。

私たちはこれまで幸運にもかなりの数の結婚式に参加させていただきましたが、心に残っているのは若い二人の強いリーダーシップの感じられる、二人の喜びと気構えが式場に溢れたものばかりです。ウエディングドレスを着るのはこの日だけだからと最初から最後まで一枚で通した大富豪の清楚なお嬢さんや、仏滅は割引料金だからと若い二人の経済力だけで手の届く範囲のパーティに友人だけを招いて楽しく騒いだ大企業の重役の御曹司。

家族連れもたくさん参加した披露宴で、友人たちが皆それぞれ持ち寄った手造りのベトナム料理を味わう中で、本国の両親が必死に送り届けた式服と緋色のアオザイを着てしっかりと前方を見ながら登場した、サイゴン陥落直後のベトナム留学生のカップルもありました。またエプロン姿の司会者たちがカップルを「料理」する中、花嫁にささげるユーモラスな歌を恭しく即興で歌い、二人が車中で出会うきっかけとなった笹だんごを引出物にした私たちの親しい友人。……それはディズニーランドのシンデレラ結婚式や、贅を尽くしたパーティでお色直しを三、四回してゴンドラで登場する女子学生の憧れる夢のようなスタイルとはかけ離れたものかもしれませんが、ささやかながら心に訴える強いメッセージをもった、人々の素朴な喜びと祝福に満たされたものでした。

神の前に終生変わらぬ愛を表明し、そのための祝福と恵みを祈ると同時に、社会の人々に対して二人がどのようなライフスタイルの生活を始めようとしているのか、それを公けに示しそのための支えを仰ぐ最初の日が結婚式であり披露宴なのです。

どうぞ、「ずいぶん豪勢だった」という感想につきる式や披露宴でなく、二人の愛の喜びと感謝のかぐわしい溢れを神と人々に表明するメッセージに満ちた、お二人らしいものを創り出していく勇気をもたれますように！

第三節　新婚時代（I）　新しい生活を築く喜び

長島　正

〈私をほめて〉

「夫婦喧嘩は犬も食わない」と言いますが、私たちの新婚時代の話に少しばかりおつき合いください。私たちが結婚したのは一九七〇年三月三〇日です。東京カテドラルで結婚式を挙げました。たまたまその一年前の三月三〇日にベトナム戦争に抗議してパリで焼身自殺を遂げた少女フランシーヌを歌った新谷のり子さんのヒット曲が流行っていたころです。今回は式後の思い出についてお話しします。

喜びの感情に浸るよりも緊張の連続の披露宴が無事終わって、肉親から改めて祝福を受けながら見送られ、ようやくホテルに着いた時はくたくたでした。緊張が解けたせいか急に空腹を覚え、ホテルのレストランで夜景を見ながら、やっと二人だけの時の訪れを迎えました。結婚式の一日は、それまでの人生で一番長い一日でした。

この日に至るまで、何度も見てきた彼女の顔なのに、テーブルに置かれたキャンドルの灯に映し出されるその顔が、その時ほど美しく、親しく感じられたことがないような、不思議な驚きに包まれながら、愛することの心地よさを味わっていました。「この人とこれからの人生を生きる！」――神が与えてくださった愛することの神秘に二人は包まれているのを、語らずとも一緒に感じていました。

結婚の秘儀は、思えば二人の前にともされたキャンドルのようです。この灯がともされて二人が生き生きと映し出され、ありありと感じられます。私はその時、この人の愛と生命の灯を人生の雨風から大切に護る「火屋」となれることを願う気持ちでした。

しかし、この年まで振り返ってみると、私はいつもそのような寛大さを持ち合わせたわけではありません。それよりはるかにトーンダウンしたレベルで、自分自身の狭量さと闘う部分が多かったのが現実です。それでも「火屋」になることは、永遠の願いです。

昔、日本が貧しかったころ、我が家ではしばしば停電がありました。激しい雷鳴に怯えた後で、停電による暗闇の恐怖に襲われたものです。部屋にともされた裸ローソクの灯が急に消えそうになると、父の大きな手がその灯を大切に両手で囲み、無事に護ったものです。こうして振り返ってみると、愛の灯をともし続けたい私たちの内なる願いに耳を傾け、私たちの愛の「火屋」となってくださった神の優しく大きな手を感じます。「火屋」のなかで、灯は燃え尽きる日まで燃え続け、またそれ自体が「世の光」となることは人生の神秘です。

さて、それからの一週間余りの新婚旅行を通じて、私たちは「共に分かち合う」ことの喜びを深めつつ、強い絆で結ばれました。「愛は眼を与える」と言いますが、旅先でカメラのレンズ越しに見る妻の姿はあまりにも美しく……そうです、その時、私たちは「愛のロマンスの段階」のただ中に居たのです。

それがどこであったかは思い出せませんが、旅行中の或る日、妻がそっと私に言いました。

「身勝手に聞こえるかもしれないけど……でも私の性格を知っていてほしいの。私は小さい時から人にほめられると、その人のためにできないことまでしようとするけれど、貶《けな》されるとどうしようもなく落ち込んでしまって意固地になるか、なかなか底からはい上がれなくなって引きこもってしまう、臆病なところがあるの。これからのあなたとの人生を大切に生きたいから、お願いだからできるだけ私のことをほめてくださる？」

その言葉が、結婚当初に私の心に刻まれた妻の最初の言葉でした。人生には、不注意で聞き流してはならないふとした時の「真実の言葉」があります。妻のためらいがちな一言も、そんな言葉でした。

〈感情教育の大切さ〉

フランスの教育学者ポール・ラングランは、生涯教育で最初に取り上げるべき主要なテーマとして、夫と妻の関係、とりわけ感情レベルのコミュニケーションの大切さを強調しています。一言で言えば夫婦の「感情教育」すなわち、「心を耕し合うこと」です。

そのくだりの中で、彼は「夫婦はお互いの性格を知るだけでなく、それを受け入れることをお互いに学ばなければならない」と言っています。概して「照れ屋」の夫婦が多いためか、それとも愛することを、どこかではき違えている場合が多いためか分かりませんが、相手の性格を「頭で知る」のではなく、「心で受け入れる」感情教育ができていない場合が非常に多いようです。

そのためか、我が国の離婚の最大原因は「夫婦の性格の不一致」なのです。しかし、性格が一致しないと別れなければならないならば、私たちを含めおびただしいカップルが離婚しているはずです。しかし実際にそのようなことはないのです。

要するに、「性格の不一致」という言い方で表されている夫婦の問題は、お互いに相手の性格や心を「受け入れること」ができなくなったところにあると言えましょう。

心のゆとりを失いがちな今日、この種のトラブルは大いにありがちのようです。

少し横道に逸れますが、「感情教育」の欠如は今の子どもたちにも見受けられます。何かあると心で受け止めようとしないで、すぐ、「頭にきちゃう」子どもたちが多過ぎます。大人も子どもも心の容量が減ってきているのでしょうか。

感情を押し殺したり、爆発させたりうっぷん晴らしに任せるのでなく、エアロビクスの盛況な昨今、もっと「心のシェイプアップ」が注目されても良いと思いませんか。

自分の感情を豊かに表現することは、自分の「生きて、感じる心」を表現することであり、また相手の感情を大切に受け止めることは相手の「生きて、感じる心」を汲もうとし、それを「味わう」ことです。しかも多少理屈をお許しいただけるなら、「愛のあるところに神が居られる（現存する）」ように、「心のあるところに、その人は在る（現存する）」のですから、その心を大切に受け入れようとすることは、その人をありありと感じその現存を認めることなのです。お互いが心の通い合い（愛）を強化する二人がかりの「感情の自主トレーニング」に日本の夫婦がもう少し取り組むならば、「より良い家庭づくり」も大きな実りを得ること請け合いです。

それは、お互いに心を開き、本音のレベルで自分を語り、相手に聴くことの体験的学習です。心を表現すること――実はこれができそうで結構できないことなのですが。

〈感情教育の先生〉

いつかチャップリンの『街の灯』を、家族と一緒にテレビで見たことがあります。まだ子どもたちが小さく、幼稚園の長男をかしらに四歳の次男と三歳の長女で絶えずかまびすしい頃でした。そんなチビたちもチャップリンの世界に腹を抱えて爆笑しながら、時には思わず涙ぐんで見入っていました。

その時のことですが、家賃が滞納し、アパートを追い出されようとしている盲目の少女のために何とか金をつくろうと、心優しい失業男がボクシングの試合に出てノックアウトされてしまった場面で「あのおじちゃん、可哀想！」と一番小さな娘が泣き出しました。

涙もろい妻が娘を抱きながら顔をクシャクシャにしています。二人の息子はそれにつられて泣き出す一歩手前で必死に我慢していました。「メーチャンもママも泣かないで！　僕たちだって悲しいんだから」と、困惑した長男が幾分非難するように言いました。

「悲しい時に泣くことは心がきれいな証拠だよ」、「でも男の子は泣いちゃいけないんでしょ」……そんなやり取りが私と息子の間であった後、妻が「男でも本当に悲しい時に泣くことはちっとも恥ずかしいことじゃないのよ」といった途端、堰を切ったように二人の息子がワァーワァーと泣き始め、私も最後の感動的な場面で思わず涙を出してしまいました。「パパも泣いてるの？」、目ざとい長女がそう言うと、息子たちも嬉しそうな親しみの目で私を振り向きました。これは、家族揃って幸せな涙を流した日の懐かしい思い出です。

私が、今皆さんに申し上げたいのは、私にとって心を耕す「感情教育」のこの上もない教師は、妻であり、子どもたちであるという事実です。多くの場合、家庭はそうした「学びや」です。ちなみに結婚当初の妻の一言は、当然私に人の良さに敏感になり、それを照れずに相手に伝え返すこと（人をほめること）への強い動機づけとなりました。男ばかりの家庭に生まれ育った私は、母が時々嘆くほど、感情表現に乏しく、家族がほめ合うような習慣を余り持ちませんでした。おまけに学生時代の私は、詩や哲学書を静かに読む孤高性を好むような、多分にナルシスティックなところがありました。男が感情にこだわることや、感情を表現することを潔しとしないという、「男のダンディズム」への秘かなとらわれがありました。こういう「男の見栄」が、独り善がりな閉鎖的な意識であることに、いち早く気付かせてくれたのが、「できるだけほめてくださる？」という妻の一言でした。

また、私の帰りを待ち受けて、その日の出来事の喜怒哀楽を身体全体で表現する子たちも、全身が感性のゴムまりのような、私の感情教育の小さな先生でした。

家族との関わりを通じて、私は相手の感情体験（喜怒哀楽）を、たとえば「ああ悲しいんだな」とか、「どうして悲しいのかな」とか、「どう慰めようかな」というふうに頭で確認したり、相手の性分や背景を分析しようとしたり、自分の関わり方を思案するだけではなく（それらも大切なことですが）、何にも増して相手のその感情を心で共有しようとすること、ともに味わおうとすることの大切さに気付かされたのです。

〈新婚時代の基盤づくり〉

人生八〇年時代にあって、新婚時代の数年間は、その後の人生の大半を占める結婚・家庭生活の基盤をつくる大切な時期です。「揺るぎない結婚」と言っても、長い人生の中で、人は様々な「揺らぎ」、人生の「風雪」を体験します。「揺れ動く家庭」、「中年期の危機」などというタイトルの本さえしばしば見かけます。

私は「人間学」や「家族倫理」などを教えている関係上、近い将来の結婚予備軍の学生たちと、「人間にとって結婚・家庭とは？」などという事柄についてしばしば取扱い、また彼らの「本音」を聞かせてもらう機会が比較的あります。そんな時に決まって強調するのが、この新婚時代の基盤づくりの大切さについてです。

ガストン・バシュラールという詩人は、「鳥に、もし木への信頼がなかったならば、決して木に巣をつくらないだろう」と述べ、人生に対する信頼があって、人は家庭という「人間の巣」をつくる営みが可能なのだと言っています。新婚時代の二人には、すべてが一度に始まった新しい生活のなかで、人生に対する不信よりも信頼が、将来への不安よりも希望が支配しているはずです。「信頼」と「希望」――その基盤の上に二人の人生が築かれてゆくのです。

「信頼と希望」、それは単なるムードでも、また幸せな時の単なる幸せな気分でもありません。エリクソンという心理学者によれば、それらは、人生の初期の段階で人が学ばなければならない、そしてどうしても身につけなければならない主要な人生課題であり、人格的特性です。生まれたばかりの乳児に始まり、やがてヨチヨチ歩きが活動性を広げてくれる人生初期の人間の主要課題は、また結婚して新しく生まれたばかりのカップルが、ヨチヨチの「二人歩き」の結婚生活の最初期において、「二人で」身につけるべき人生課題であり、内的な強さであると言えるでしょう。

エリクソンはまた、人は信頼と希望なしに生きてはゆけないことを指摘していますが、同時にそれらが、ときとして失われ、危機にさらされる体験は現実に避けられないばかりでなく、そのような「負の体験」を通じて信頼と希望が深く学ばれ、確かなものに強められてゆくことをも指摘しています。このことは結婚・家庭生活においても全く同様です。

〈愚かさへの決断〉

結婚してからの数か月間、入居予定のマンションができ上がるまで、私たちは私の田舎で父母と一緒に過ごしました。そのころ妻はよくグノーやシューベルトの『アヴェ・マリア』を歌っていました。台所に居る時も、庭を散策する時も……。娘時代に少しばかり声楽をかじったことのある母は、とても喜びましたし、演歌が好きな父も聞き惚れていました。近くの農家の人はてっきり、妻を歌手と早合点したほどでした。私はそんな妻を、無邪気な少年のように誇らしく見つめていました。「どんなもんだい、俺の嫁さんは！」

今にして思えば、ことさら歌が趣味でもない妻があれほど歌っていたのは、新しく歩み始めた私たちの生活への思いであり、願いであり、信頼と希望の表明であり、それはそのまま私への愛でもあったのです。なぜなら、愛は信頼と希望をともす「灯り」だからです。どんな孤独と失意の淵にあっても、愛があれば、人生への信頼と希望がわいてくる――それはチャップリンの『街の灯』のテーマでもありました。

ところで、今と同様そのころの日本も、およそ生活のなかで「歌う」習慣がありませんでした。それだけに妻の歌は、私たちの生活に潤いをもたらしてくれ、とても新鮮でした。

歌声の聞こえてくる家庭は、確かに良いものです。歌声は人の心を休ませます。それは生活のなかで歌う人の心が伝わってくるからです。疲れた足取りで家の近くまで来たとき、夕食づくりで台所に立つ妻の歌声が聞こえてくると、私の心はパッと明るくなり、彼女が私たちの人生を大切にしたいと望んでいる「真実な心」の響きを感じ、思わず「ただいま！」の声に弾みがついたものです。

しかし、「生活の中の歌」は、職業的な歌ではありませんから、歌いたい心が歌わせるのであり、何時でも歌えるとは限りません。妻も例外ではありませんでした。私たちは新婚旅行で早速「子宝」に恵まれたため（神に感謝！）、新婚早々つわりに見舞われ、妻はときに梅干しを何十個も食べるという「奇行」に走ったり、ときにふさぎ込んだりすることもありました。ふさぎ込んで涙さえ浮かべている彼女を、今度は私が慰める番です。残念ながら妻のような気のきいた歌で慰める才能を持ち合わせていない私にとって、それは大きな「チャレンジ」でした。

私なりに考えたウルトラC――それは私たちの部屋の窓下の垣根にはう蔓《つる》をたどって、数時間がかりで、全長一m近くもある長芋を掘り出す「愚行」でした。私の声で窓辺に来た妻の驚きようは格別でした。私は、いつか妻が垣根にまつわる太い蔓が長芋のそれと初めて知った時、感嘆しながら「いつか取って」と少女のようにせがんだのを記憶していたのです。しかし、「言うは易し行うは難し」で、長芋は地中深く一・五mは注意深く掘り進まなければ、全体を取り出すことはできません。愛しているからと言って、そうおいそれとできるものではありません。しかし、その時、妻を喜ばせたい一心が、遂にその「愚かさ」に挑ませたのです。汗で泥まみれになった私の顔は、穴掘りに励んだ後の犬よりももっと滑稽な顔をしていました。それはそれで、沈んだ妻に笑顔をもたらすのに十分効果的でした。

こうした「愛の愚かさ」をいとわず、計算高い「お利口さん」が決して与えることのできない「愛し合うことの喜び」、夫婦がお互いに相手の善や喜びのために自分を与えることに、喜びを感じられるような「二人の絆」をしっかりと育てるために、新婚時代の「時の訪れ」を生かしたいものです。

人それぞれの工夫と試みがあるはずですが、私たちは最初の二年間余り、テレビを入れませんでした。その分だけ最大限二人で向かい合い、よく話し合い、聞き合うことをエンジョイしました。性格的にはかなり違う二人ですが、私たちは夫婦のどちらかが相手に自分を預けてしまったり、相手に妥協的になり自分を一方的に殺すことによって見せかけの「和」をつくるような関係には絶対したくないという点で一致していました。

お互いを生かし合い、共に生きる道を探っていくこと、そのために、二人で分かち合い、共有できる世界を深め、広げていくこと、そのために必要な時間と心を惜しまないこと、それが新婚時代に心がけた私たちなりの基盤づくりでした。

第四節　新婚時代（Ⅱ）　二人で取り組む人生課題

長島　正

〈一八年振りのハネムーン〉

神様は、時に思いがけない仕方で、「粋なはからい」をしてくれます。

一九八八年の春、私たちは、教会関係者が主催した「家庭セミナー」のお手伝いのために、夫婦で鹿児島を訪れる機会に恵まれました。雄大な桜島の噴煙を仰ぐ市内に位置するザビエル教会は、キリスト教を伝えたフランシスコ・ザビエルが、初めて日本の土を踏んだのを記念して造られた由緒ある教会です。その教会ホールで、はるばる奄美大島からの参加者を含む総勢一〇〇名の老若男女が、家庭生活のあり方をめぐって、熱心に分かち合いました。

その前日に空港に着いた私たちは、現地の友人の好意で、はからずも思い出の地、指宿を訪れることができました。柔らかな春の陽が降り注ぐ空の下で、一面の菜の花畑の向こうにそびえる開聞岳の雄姿に、思わず息を呑んだ一八年前の思い出がよみがえってきました。

家庭の諸問題が報じられる今日の社会にあって、家庭の基盤である夫婦の関わりを見直そう――私たちがいかにして真に人間的な、心豊かな家庭づくりに向けて共に歩めるか――という当地の「家庭セミナー」に、夫婦でお招きいただくとは、一八年前は全く思いもよらないことでした。キリスト教伝来の地、鹿児島で全国に先駆けて開かれた地域単位の「家庭セミナー」に集う人々との兄弟的な交わりに身を置きながら、私たちは、ハネムーンの思い出多いこの地から始まった私たちの歩みへの、何か身の引き締まる思いを新たにしました。

〈夫婦の関わりの四類型〉

夫婦の関わりをしっかりと築くことは、何にもまして大切な新婚時代の最優先課題です。かつて家族問題に詳しい法学者、川島武宜《たけよし》氏が戦前、戦後の我が国の夫婦関係に見られた基本的な類型として、（1）召使型、（2）母親型、（3）弱者型（4）仲間型、の四つを挙げていました。それぞれについて簡単に説明しますと、次のようになります。

（1）召使型

これは典型的な封建的な夫婦関係で、夫婦ははっきりした上下関係で捉えられています。そこでは一家のあるじとしての夫の役割と権限、その一家の家風やしきたりに馴染んで仕える嫁として妻としての務めが二人の関わり方を規定しています。

必ずしも、二人の愛情が不可欠というわけではありません。事実、「家制度」の下では、妻の夫への愛情表現は、慎みを欠くと非難され、夫の妻への愛情表現も、いたずらに嫁を甘やかすと非難されがちのため、夫婦愛はあまり許容されず、むしろ親に対する息子夫婦の孝行が強く求められました。

また夫婦の性は夫婦愛の表現としてよりも生殖のためであり、男性は快楽と愛情表現としての性を婚外に求めることが、大幅に許容されていました。

こうした夫婦関係は、従来、我が国では比較的身分や格式を重視する階層に多く見られたと言われています。

(2) 母親型

いわゆる「世話女房型」で、妻は夫を立てながらも、実際には単なる手足以上にかいがいしく振る舞い、時にはあたかも母親のように夫を包み、諭し、助言し、夫もそうした妻の才覚を認め、何事によらず妻を頼りにするような関係です。

ここでは夫の妻への甘えは愛情表現と見なされるため、妻への依存がそのまま夫の権威を否定することにはなりません。一方、妻の夫への甘えはそれほど許容されず、むしろ、男女の愛情の直接的な表現を許されない立場にある妻が、夫への愛情を、あたかも母親的な振る舞いの形で表現すると言えます。川島氏は、この母親型は召使型と共に並んで、戦前の日本の家庭に比較的多く見られた類型であると述べています。

(3) 弱者型

夫婦は愛情関係を基本に結ばれていますが、協力して生活を築く対等な男女としての相互的な関係ではなく、強者(男性)の弱者(女性)に対する庇護的な愛情が特徴です。ここでは妻は「可愛い奥さん」であることが求められる反面、夫に対する依存と従属が期待され、一人の人格としての意志は尊重されていません。

イプセンの小説『人形の家』の主人公ノラは、家でチヤホヤされていましたが、やがて自分がその家で「かごの島」のように自由を欠いた存在であり、意志のない「お人形」でしかなかったことに気づき、その家を出ます。「レディー・ファースト」の習慣のなかで、男性たちに大切にされながら、その反面、自分の銀行口座も持てず、財布も持たされていない依存的な身分に、ある日アメリカの主婦たちも気づきました。女性の自立を経済的自立に求め、女性の社会的平等を主張した一九六〇年代から七〇年代のアメリカのウーマンリブの背景には、この、「弱者型」からの「人間宣言」といった側面が指摘されています。大方の主婦が、一家を切り盛りする才覚を求められ財布を持たされている我が国とは大分対照的ではあります。

いずれにしても、川島氏は、我が国では「弱者型」の関係はあまり夫婦間に見られず、それはダンナと妾のような、夫婦外の男女関係に認められたと述べています。

(4) 仲間型

夫婦が人格的に対等な関係にあり、愛情と信頼によって築かれる、民主的な関係です。戦後の民主憲法に明記された考え方――「婚姻は、両性の合意のみに基づいて成立し、夫婦が同等の権利を有することを基本として、相互の協力により、維持されなければならない」――に沿ったものということができます。その意味で、今日の人々の意識からすれば、最も理想的な関係と見ることができます。

しかし、夫婦が望ましいと認める関係が、必ずしも実現し易いという保証はありません。むしろ、他の三つの類型が、とにかく夫婦の関わり方を明確にパターン化しているために、事の是非は別として、夫婦がその型に納得しさえするならば、混乱の余地はそれほどありません。それにひきかえ、「仲間型」は、夫婦が基本的に対等であるという以外には、何もパターン化されていません。言い換えれば、その具体化において双方の期待の食い違いや思い違いが生じ易く、それだけ葛藤や混乱が生じ易いため、二人の相当の努力なしには実現不可能と言えるでしょう。

〈仲間型をめぐって——「友人型」と「一致型」〉

前記の四類型はあくまで「類型」であり、現実の個々の夫婦は、そのいずれか一つにスッポリ当てはまるというよりも、むしろいずれかを基本としながら、いくつかをあわせ持つ関係と見るべきでしょう。

ここ数年来、私は毎年三〇〇名余りの学生に、この類型について説明した後で、「自分の親はどの関係だと思うか」「自分が将来結婚するとしたら、どの関係を大切にしたいと思うか」の二問について尋ね、回答結果について自由に討議する時間を設けています。

それを見ると、男女とも大半が「仲間型」を基盤とした夫婦関係を望ましいと考えているものの、それに他どの要素を加えるかでかなり個人差があります。たとえばある女子学生は、やはり自分を大きく包み込んでくれる夫を期待して「弱者型」の要素を加えたり、おそらく自分は何かと世話を焼くことに喜びを感じるだろうからと「母親型」を加えるといった具合です。そんな中で比較的に男子学生に多く女子学生に少ない要素は、やはり「召使型」ですが、それを選ぶ理由としては、強いリーダーシップを発揮する夫のイメージにあるようです。

ところで「仲間型」と一口に言っても、大きく分けて、「友人型」と「一致型」があります。「友人型」は、夫婦が友達のように、お互いの自由とプライバシーを大切にし、なるべく干渉したり、拘束したりしないように心掛ける関係を言います。「ベタベタしないでサラッとした関係」を重視します。これに対し、「一致型」は、夫婦がお互いに共有できる世界を広げ、深めることにエネルギーと時間を使うことに意義を見出し、ともに「分かち合う」生き方を重視します。

見方を変えると、「友人型」はお互いのエゴを認め合い、適当な「車間距離」を取りながら、それぞれの自動車で一緒に人生のドライブに出向く生き方で、エゴとエゴとの衝突・葛藤は回避します。ですからお互いのエゴが温存されることもあります。

一方、「一致型」は、一台の自動車に乗り合わせ交互に運転しながらドライブする生き方です。そこではエゴとエゴとの葛藤は避けられず、葛藤に直面しながら解決を目指していくことになります。ここでは、お互いのエゴの殻を破り、自分を変えていこうとする協調性が求められます。

それぞれに一長一短がありそうです。「友人型」は、お互いに無理をしないでやっていこうとし、犠牲や傷を避けようとする反面、どこかクールで合理的な発想の背後に、「最後のところ、人は分かり合えないものだ」という孤独な人生観が感じられます。

これと比べ「一致型」は、「人は分かり合えるものだ」というオプティミズム、関わりへの信頼に根ざしていますが、下手をするとせっかちな「一心同体観」に走る余り、自分のエゴに相手を取り込み、自分と同じように感じ、自分の思いのままに動くことを相手に要求するといったエゴの肥大症や、また自分をすべて相手に預け、責任を回避する未熟な依存症に陥る危険があります。

この両者については、人間関係を含め何ごとによらず「ほどほど指向」の強い近頃の学生たちでも、少なくとも六割がたが「一致型」を選びます。その理由は、「結婚するからには一致型を目指すのでなければ味気なく寂しい」、「難しくてもそれを実現することが人生の喜びにつながるはず」だから……ということです。

〈必要な自律と自立〉

実は、私たち自身も「一致型」の実現を目指すことを選んできました。しかし、逆説的なようですが、「一致型」は前提として夫と妻双方の「自律」と「自立」をどうしても必要とするようです。その際「自律」とは、自分の本心から発した自発的、主体的な意思表示や応答ができるための「自分」を引き受けている態度であり、夫婦の「伴侶性」の一端をしっかりと引き受ける気構えでもあります。また「自立」とは、特にそれぞれが育ってきた家族との絆、とりわけ親との依存的な絆からの「出立」の気構えであります。

家裁の調停や夫婦相談などにたずさわる人たちから、いつまでも親離れできない夫や妻、それに輪をかけて子離れできない親の過干渉がますます夫婦を危機に駆り立てている場合が、若いカップルに増えているそうです。

キリスト教では、ご存知のように結婚の秘儀を夫婦愛の深い「一致」と「交わり」に見出し、その緊密な人格的「一体性」に二人を招いています。

創世記では、神の愛の計らいのうちに、相応しい人生の伴侶（パートナー）を贈られた男が、女を「あなたは私の最も親しい愛しい人です！」と誉めたたえ、愛を告白しながら迎える描写の後で、次のように語られています。

「こういうわけで、男は父母を離れて女と結ばれ、二人は一体となる」（創二・二四）。

この箇所について、キリスト教は親子の別居を説いていると取り違え、いかにもキリスト教は西洋のものだと、早とちりしている人たちを意外と多く見かけます。しかし、ここで強調されているのは夫婦の絆の強さであり、居住形態ではありません。

親との同居であれ別居であれ、男と女が新しい夫婦の絆を深めていく結婚生活を歩むうえで、心すべき「関わりの基本」を述べているのです。このことは、親を決して粗末に扱うことではなく、健全な関わりのなかで親との絆を大切にしていくための基盤づくりを意味しています。自分たちの親をはじめ、子どもとの関係においても、「開かれた関わり」を豊かに生きるための「扇の要《かなめ》」は、夫婦の関わりです。

〈絆を育てるために〉

新婚の「二人時代」にしっかりと、「二人関係」、「夫婦連合」を築くことはこれからの人生を左右する重要課題です。しかし瞬く間に時間は過ぎてゆきます。事実この基盤固めができないうちに妻は母となり、子どものほうに「独り歩き」し、あたかも父親不在の「母子家庭」を築き始め、夫は会社と「結婚」したかのように仕事の世界にのめりこんで、色褪せた「家庭のない家族」ができ上がっていくケースは少なくないのです。

会話に乏しく話題に事欠く夫婦、一緒に出かけても、ただ物理的にくっついているだけで、およそ心が触れ合っているとは思えない無表情な夫婦、折角レストランで向かい合っても、視線を合わすこともなくただ黙々と食べるダンマリ夫婦……いつの間にそう味気ない仲になってしまうのでしょうか。どんなに茂るはずのからし種でも、ほったらかしにすれば、ひからびてしまうのは無理もありません。

フランスの田園哲学者G・ティボンは、愛に関するエッセイのなかで次のように言っています。

「愛の悲劇――それはお互いに何も与えることのできない人間が一緒になって、愛し合っていると信じている場合ではない（それは平凡な間違いに過ぎない）。悲劇は、お互いにすべてを与え得る人間でありながら……ちょっとしたやり方の行き過ぎか足りなさのために、実際は何も与え合うことをしない場合である」。

すべてとは言わないまでも、多くを与え合える夫婦の絆を育てるための条件を、是非お二人で一緒にお考えください。そのためのいくつかをご参考までに素描し、この項を終えたいと思います。

① 話し合いの習慣を持つこと――日々の生活のなかで体験した「喜び」や肯定的な感情を伝え、味わう「感情体験の共有」に心がけること。大切なのは自分の心を伝え、相手の心を味わうことです。その際喜びや、感謝や賞賛のメッセージは、お互いに相手を近くに感じ心を開く上で、またお互いに相手に愛され、受け入れられていることを深く実感する上で、とても大きな助けとなります。

② 否定的な感情（寂しさ、悲しさ、悔しさ、怒り、不安、恐れ……）を隠さないこと――ありのままの感情

を相手に伝え、受け止めてもらうような勇気が必要です。一時的に気まずくなることや緊張を恐れて、無理に自分の感情を押し殺したり自分のニードに気づいてもらう努力をしないで「感情の自己処理」に終始するのは、「感情のマスターベーション」であり、自分を相手に閉ざし、生きた関わりを阻害しかねません。

③　和解の文化を育てる――絆を深める上で重要なのは、避けられなかった対立や緊張、喧嘩の不本意な現実を、自分や相手だけの問題にしないで、「自分たち」の現実として認め、そこからお互いの傷を癒し合う「寛さ」を育て、「許し合う」ことです。許すことは感情ではなく「意志」の働きであり、愛の決断です。和解のできる夫婦には希望があります。和解は未来に希望を置くことのしるしです。和解の仕方は、新婚時代に二人でつくる愛の文化なのです。

第二章　二人で育て合う家族への模索

長島世津子

第一節　開かれた母性の育み

「女になるのではなく、女につくられる」（ボーボワール）という言葉に共鳴する女子学生は、少なくありません。多感な少女時代に自分が結婚して妻となり、母となることにほのかな憧れを抱きつつも、同時にそうすることによっていかに多くの自由を失わなければならないかを考えあわせて、いいようのない哀しみとあきらめの情を味わわなかった女性は少ないでしょう。

男性と全く同じ条件で高等教育を受けた知的好奇心の豊かな女性ほど、それまでの自分の生き方を一八〇度変えて三度の食事の準備・後かたづけ、掃除、洗濯、育児、買い物といった日々の繰り返しを暗黙の裡に期待されることに恐怖に近い気持ちを感じるのです。

「私、そんな誰でもできることをやるために今まで勉強してきたんじゃないのに……」。ある日、なぜ結婚などする気になったのかと私に〝詰問〟に来た女子学生の言葉が記憶に残っています。

彼女は英文学の成績も優秀な上、音楽で一時は身をたてようと決心したこともあるほどのピアノの腕を持っている才能豊かな女性でした。演劇にも嵌《はま》っているし、旅行もしたくてたまらない。それなのに彼女のボーイフレンドは、今を結婚するまでの一種の執行猶予期間のようにみなしていて、結婚したら家事と育児に専念するのが当然と決め込んでいるのです。彼を愛していることは事実でも、自分にはどうしても捨てきれず、また捨てたくない部分がある。そのような自由の放棄という代価を払ってまで、異性への愛は意味があるのかというのです。結婚という現実の生活の中でそれまで思い描いてきた様々な自己開花の可能性の夢を自ら閉ざし、あげくにロマンスの炎もいつかさめて、ただひたすらに自己を忘れて妻として、母として献身することを要求されるとすれば、そのような結婚は彼女にとって「恋愛の墓場」（キルケゴール）でしかないのです。

〈自己放棄への誘惑〉

母性愛自身のうちに、往々にして自己放棄への誘惑が含まれています。男性がしばしば他人との間の距離に敏感で、「他人は地獄」（サルトル）のごとく、しのぎを削り合う社会において、自分とその隔絶を埋めようと努めるたびに葛藤を感じがちですが、女性は共通の生活体験が多いためか、最初から連帯的であるかもしれません。

とりわけ妊娠した女性同士、同じ年ごろの幼児をもった女性同士は、たまたま電車、あるいは砂遊びする子を見守るベンチで隣り合わせたという理由だけでたちまち身近な友人として、ごく自然に話しかけ、胸衿を開きあいます。他人は何をしでかすか分からない闘争的な相手ではなく、同じように妊娠し、出産の痛みに耐え、育児に携わるよく識られた存在なのです。ましてもともと身近な人々——夫、子どもたち——に対しては、彼らとの一体感の深さはいかばかりでしょうか。

無償性に満ちた母性愛は、自分に近しい愛する人々のためにはすべて——自分自身の主体性すらも——投げうってひたすら尽くしたい要求を感じさせる力強い本能です。結婚する前までは、この分野あの分野において、その将来が楽しみに待たれていた女性たちで、結婚と同時にあっさりその場を離れて家事に専念する方を選ぶ人が今日の日本においても少なくありません。

そうでなくとも託児所の数が極めて限られている我が国においては、出産と同時に自分の道を多かれ少なかれ断念せざるをえないのが現状です。そして、それは幼児の教育のために、むしろ賢明なことと言うべきなのかもしれません。子どもは、その生まれおちた当初から、自分にしっかり寄り添ってくれる誰かとの親密な心の交わりを通して愛を体験するのであり、社会における人間関係の最初の礎《いしずえ》となるべき時期を迎えるからです。ただそれは女性のみの指定席となっていることが問題なのかもしれません。

子どもたちも小学校に上がるようになり、人間関係も広がってやがて自立への強い要求を持つように成長していったとき、自分なりに求めていたはずの自己開花の場にたち戻ろうと努力する女性は少ないようです。職業に関しては、もと居た職場の同じポスト復帰への門戸が狭いことも事実ですが、その他の領域に関しても、かつて自分なりにこれこそは生涯続けていこうと少女時代に強く志した日々のことをすっかり忘れ去ってしまっているのが大部分ではないでしょうか。

自分自身で考えることを習慣にしてこなかった頭脳は、生活の中で鈍り、活字を見るのもうとましく感じ始めます。夫のため、子のために自身のすべての時間を捧げていた間に、いつのまには刀がさびついて、ぼろぼろの自分になっていきます。そうした自分への不安から解放されるために一段と家事と育児に専念し、完璧を期することで自己放棄の詩的なドラマを完成していくことへの誘惑は大きいのです。

しかしながら、そのような多分に独り善がりの美学に浸っている女性の愛は、いずれは夫にとっても子どもにとっても、重苦しいお荷物となってしまうに違いありません。なぜなら彼女は、自分がかつて自己を投げうったところのものを取り返そうとするからです。それに代わるべきものとして、夫や子どもを献身の名において盲目的に束縛しないではいられないでしょう。彼女は夫の好みや地位、子どもの健康や成績などに極度の関心を払い、いつの日か子どもが自分から独立して巣立っていくことに耐えられなくなってしまうのではないでしょうか。

「母さん。やたらに女らしく女らしくと言いますけれどね、私はね、大人になっても結婚はしませんよ。母さんみたいになるの嫌だもん」「母さんはうるさいよ。△△君や○○君のママみたいに仕事でもしたら？　かまうなよ」と二人の子どもにある日言われて茫然とした女性の手記をかつて読んだことがありますが、彼女も夫と子どもたちの中に幸せを求め続け、あらゆる犠牲を一身に引き受けて、完璧に近い家事と育児に専念してきた典型的な母親だったのです。

〈本能としての母性〉

母親であることは、それがいかに散文的な忙しさで満ち満ちていようと、一人の人間として問われている課題から免罪となることはできません。私たちは男性であれ女性であれ、他の人間と代わることのできない固有の使命を有する一個の人間として日々成長していくよう招かれています。「自分自身であれ！」という成熟への自覚の要請は、恋愛・結婚・母親という人生の諸層を貫いている根源的な呼びかけです。この呼びかけを回避して、場当り的に母親であることのみに自己を委ねようとするならば、それらの段階を通じて、一貫した主体性を生き抜く姿勢を欠いてしまうことになるのです。

そのままでは一つの恵まれた本能にすぎない母性を真に自分自身のものとし、人間的充実を与えうる特性にまで高めるのは、一個の人間としての深い自覚です。実際問題として、夫とやっと二人程度の子どもを世話するだけの今日の核家族の生活形態は、そのように母性に自己を埋没させた形においては女性の長い生涯を満たすことはますます不可能になり、女性の実力に応じた生活の真の充実感を与えることはできなくなっています。

自己の実現を希求している女性において、初めて母性はその豊かな開花をとげます。そのとき母性は、もはや後天的に「つくられる」諸要素の一つというより、女性という種を備えた一個の人間の具体的で、トータルな開花と言えないでしょうか。

女性が、こうした個々の自覚に根ざした母性を通じて人間としての成熟を目指しているとき、彼女は真の意味で、もう一人の人間を育てられる母親となることができるのです。すなわち、もう一つの別の人格を有する存在を自己と対等の高みにまで育んでいくことが、何ら自己が自己であることを脅かし危うくすることなく、むしろ自己のうちから人間的な感性としての母性をより豊かにひき出してくれる愛《いと》しい存在との相互教育として眺める心のゆとりを持てるからなのです。

〈現代における母性喪失〉

子どもを愛せない、母性喪失が叫ばれる若い母親たちの問題は、一見母性そのもののようにみえる献身的な教育ママたちの問題と表裏をなすものでもあります。一方では母性本能が人間的に開花されず、または未熟のままに萎縮してしまったのに対し、他方はその方向を見失い、人間的な高みにまで開かれえなかったやはり未熟な愛だからです。それは、日本の現代の若い女性が果たして彼女自身の人間的な自覚にめざめる機会にどれほど恵まれたかという問題にもつながります。

一昔前の捨て子には、涙ながらにしたためられた置き手紙がつけられ、親の心づくしの衣類が添えられていて、しかも手放さねばならない貧困の厳しさを負った親の隠された姿が同情を買ったものでした。けれども、今の捨て子には手紙さえ添えられていないようです。裸のまま新聞紙にくるんで紙袋にいれ、文字通り不要物として放置するのです。そこまでさえも至れず、闇から闇に葬られてしまったおびただしい胎児の数は、その記録さえ定かではありません。

「産む産まないは女性の権利である」とするウーマンリブの思考からさほど無理なく帰結しがちにもみえるこのような非情が必ずしも残酷と感じられないほど、それほど彼女自身の母性が窒息寸前のつきつめられた状態におかれていることこそ、真に痛ましい現代の悲劇なのかもしれません。

〈窒息させる現実〉

現代女性の母性を様々な形で未熟のままにとどめている一つは、あるいは戦後の価値の混乱期に、すさんだ人間関係のもとで育たざるをえなかった彼女自身をとりまく崩壊した家庭であるかもしれません。それと同時に、今日の日本の社会における種々な問題点がそこに包含されているようです。たとえば、戦後のあの貧しさから今日の経済大国を築くに至った、エコノミック・アニマルと名付けられた男性たちの莫大なエネルギーに支えられてきた資本主義社会の仕組み――その末端を担う家庭のあり方です。彼女の夫は毎日疲れはてて家路につくのであり、家庭はただ寝に帰る場所にすぎません。彼は、妻とは全く違った関心の世界を生きているのであり、そのすき間をうめるために払う余力もないし、心のゆとりもありません。ただテレビを眺めながら、黙々と食事を口元に運び眠るだけ……あるいはせめて「メシ・フロ・ネル」の三語に集約されるようです。

そのような男性たちが求める妻のイメージとは、「君も好きな仕事なんだから続けたらいいよ」「すこしは経済の責任も担ってほしい、対等なんだから」というふうには滅多になりません。少数を除けば本音は、「自分より知的レベルは劣った家庭的なかわいい子」「おふくろの味を再現してくれる、子ども好きで、献身的な女性」「結婚したのだから、僕が家のことは任せて安心して働けるようそれまでの仕事はやめて家事育児に励んでほしい」……という類です。要するに、彼らの理想の女性像は、一人の人間としての成長を希求し模索する女性というよりは、疲弊した自分をいつも笑顔で抱きとってくれる居心地よいソファーかもしれません。

そこには相手を種としての「女性」に封じこめることで安心したい幼児の甘えに似た、独り善がりの願望があるだけです。彼ら自身も種としての「男性」に自己を埋没させるしか現代の過当競争を生き抜くすべはないようですから、あるいはそれも無理からぬことかもしれません。したがって女性は、男性の多分に身勝手ながら、それなりに切実な期待にかいがいしく応えるために、手取り早い家事にますます専念し、子どもの成長と共に浮いた時間は、均一化された教育技術に専念するしかないマイホーム主義の教育ママが誕生するのです。

また、たとえパートにきりかえてもと、職場を放棄せずに結婚した女性は、そのエネルギーを社会に情け容赦なく吸い上げられ、家に帰れば結局女であるというだけの理由で、家事・育児・洗濯・食事の面倒を疲れを休める間もなくみることが期待されるのが大半で、二重三重の労働をしのぎながら、性差別を恨めしく思うことになるのです。

また、労働力の都市集中化に伴って、家族形態はますます核家族化の方向をたどっています。都会の渇いた人間関係の中で、プライバシーの名のもとに、そうでなくても狭いアパートやマンションの扉を互いに閉ざし合っています。そのように生活空間がますます閉ざされていく中で、小さな赤児をかかえた若い母親は、いかに心もとない毎日を送らなければならないことでしょうか。少しでも広々とした空間に逃れて、自由の空気を胸一杯吸いたい彼女たちの願いは、渇望に近いまでに抑えがたく大きくふくらみます。にもかかわらず、赤ん坊は三時間にあげずにミルクだオムツだと要求し、相談する相手もない淋しい母親に、まだ猿に近い表情でただ泣きわめくだけということになります。

社会の要求に自身をあきらめのうちに縛りつけるにはあまりにも若いほど、ことにティーンエージャーのまだ遊びたいさかりの女性にとって、赤ん坊はただただ彼女を家につなぎ、彼女の自由な行動を奪う足かせとなってしまいます。まして育児施設も満足でなく、たとえあるとしても父子家庭が優先される日本において、様々な状況のシングルマザーたちはさらに厳しい条件を生きなければなりません。彼女たちが住まなければならない世界は、何と狭い閉ざされた世界でしょうか——あたかも自分たちを窒息死から守るために、そのいたいけな分身をしばしば閉じこめ、死に至らしめた小さなロッカーの空間のような。そのような事件は、彼女たちの失われた心のスペースをあまりにも象徴的に表しているように思えるのです。

〈自己の開花を求めて〉

種に埋没することの危険、その脆《もろ》さを知り、一個の人間としての自覚を深め、そこから出発していこうとするウーマンリブのような様々な試行錯誤が今日試みられてきました。

ただし、家事・育児からの解放を叫び、結局は自分がまさに逃れたいと思う役割を相手に押し付けることによって、男性を踏み台にした上での女性の自立を叫ぼうとするだけのものにしてしまうと、それは単に裏返しに復讐するだけになります。その場合、男性は互いへの尊敬にもとづいた同等の人間というよりも、敵にすぎません。互いの自己を認め合い、相互にそれぞれの開花を願って歩み寄ろうとし合うのでなく、互いに自立を主張し合い闘っていくならば、互いの主体性を傷つけ、破壊し合うか、別れるかの選択しかありません。そのような関係からは自己を相互的に豊かにしていく源をひき出すことはできません。

とかく社会の動きに無関心で、近視的になりがちな閉ざされた家庭という私的な場から、社会的な職業活動に従事することによって、人間としての連帯の回復をはかり、そのための社会条件をつくっていこうと努めながら職業に従事する女性たちの、人間性開花への希求にめざましいものがあります。彼女たちは専業主婦より広い視野を獲得して社会的に成熟する機会にはるかに恵まれています。しかしながら、彼女たちにおいても、やはり家庭とはあのかつての猛烈社員の男性たちに見られたように、多かれ少なかれ寝に帰る場、最小限の配慮で処理していかれるべき従属的な場と化さざるを得ない企業の論理が優先しているのが事実です。

〈市民権の場としての家庭〉

では、家庭そのものには、第二次的な機能的価値しか与えることができないのでしょうか。もっと家庭のあり方そのものが、今日の社会において真の人間的価値を有する場たりえないのでしょうか。ここで迫られるのは家庭の質的転換です。

二〇世紀の機械文明の豊かさがもたらした最大の貧困は、かつてミクロコスモスとさえ呼ばれた人間のトータリティの喪失です。専門化・分業化した社会において、もはや一つの機能を満たす一個の歯車になりさがってしまった人間は、さらに物質文明のもたらすインスタントな消費生活に慣らされた人々の目にますます軽い存在として映ります。そして引き出せる限りのメリットを引き出された後は、容易にすげかえられることを余儀なくされています。

このような一人ひとりの人間の重みを知らない匿名化社会において、機能的・効率的にのみ人間を捉えることに慣らされた現代人にとって、家庭はそれぞれ固有名詞を有した近しい人々の出会う最初にして最後の場所だということを想起する必要があります。

一人ひとりのかけがえのない父であり母である場において、人は初めて自分が単に大勢の中の一員でも、容易に交換可能な歯車でもなく、人間的な尊厳にみちたトータルな存在であることを想起し、体験するのです。人間が人間として出会い、人間として愛し、気づかい合う小さな、けれども生命的なふれあいの場――そこでこそ生命が誕生し育まれ愛を体験する小さな砦、それが家庭と呼ばれる豊かな人間的な出会いの原点なのです。それは単なる職場への前線基地ではありません。それ自体が人間砂漠の現代社会において貴重な「人間の原点」であることにおいて、社会性を持つのです。

そのような現代社会における社会的な市民権を有する家庭は、ただ単に、男女と子どもが集まればそう「成る」ようなものではなく、自己の意識に目ざめた男女が選びとる一つの人間的成熟への召命の場なのです。すなわち相互に愛と友情で結ばれながらも、それぞれの使命を自覚し、相互に気づかい合う一組の男女が現代社会の只中に人間的な営みの原点としての家庭を自覚的に構築し、抽象化され機能化された社会そのもののあり方を根底から問い直す砦となる場なのです。

そのようなそれぞれの成員が対等のものとして尊重される場において初めて、母性は最もふさわしい位置づけをえ、豊かにほとばしり始めます。それは相互を親密な愛情の絆でむすび、それぞれの主体性に、その甘美さによってさらに豊かな方向を示唆しうるのです。

〈開かれた母性の目覚め〉

おそらく、世の母親すべてが経験することでしょうが、出産に際して女性は生まれおちたばかりの幼児によって母性が開花させられ、自分の視野が一気に広さと深さを獲得するのを感じるのです。私自身も、初めての出産のとき、母性とはその純粋な姿においては、決して我が子、我が家庭だけに閉ざされている閉鎖的なものではなく、むしろ社会に開かれていくものであることを実感しました。我が子を胸に抱きながら、具体的なこの子が生き成長していく社会はもはや私に無縁のものではありえないということの気付きでもあります。その社会を平和で幸せなものに築いていかねばならないという使命感を抱くとともに、社会・世界・全人類を構成する一人ひとりがすべて、こうした母親の平和への祈りによって送り出されてきた重い存在であることを経験として深い感動をもって味わうことができたのでした。

政治問題・社会問題に疎いのは女性の本性のように言われますが、そうしたものへの無関心はむしろ母性によるものではなく、母性の促しに対する怠惰と言うべきかもしれません。しかも、我が子という具体的な関わり方で、内側から社会を把握する視野を特権的に与えられるのです。幼児の無力さ、いたいけなさというものが、共同体としての人類の繋がりを理解させ、平和な連帯を社会に実現していくことを促し続けるのです。その意味において、母性こそ世界の平和に真に貢献しうる使命を帯びていると言えるのではないでしょうか。

若い母親たちは複雑な政治の取り引きには無知であるかもしれません。けれども彼女らの子、その子孫の幸福と安全への祈願が、時として直感的にはるかに先の人類の善の方向を見透しうるのです。公害・戦争・戦争孤児・身体障害児・すべての不等な差別・食品の安全性等々は、難しい理論としてではなく、彼女たちが幼児を胸に抱いて眠らせながら、ごく自然に想いをめぐらせる関心事のはずなのです。なぜなら、母性はたえず生命あるものの傍にぴったりと寄り添い、生命の育み、生命への気づかいにおいて呼吸しているからです。

〈日常生活における母性の成長〉

この目覚めた母性は、日常生活を通して強化され育まれていく必要があります。さもなければ、この怒涛のように溢れる力強い本能は、今日のように一人の人間の努力があまりにも微力に思える社会においては、より効率をあげうる具体的な定住先をもとめて、たちまち我が子・我が家庭のみにその広がりをせばめてしまうからです。母としての自己を実現することには、深い充実感が伴います。しかし母となることそれ自体は、一人の人間としての歴史において、絶対的なものではありません。目覚めた母性を日常生活を通してより普遍的に育てていく努力、それは一個の人間としての女性の主体性（アイデンティティ）そのものの成長にほかなりません。いたずらに近視的に我が子のみに心を閉ざすことなく、グローバルな市民としての連帯性・共同性のうちにより豊かに育てていく努力が要求されるのです。

「……私が母となったことは決して絶対的ではなかった。子どもの母となった後にも私はある一人の男の妻であり、ある人々の友であり、世界人類の一人であり、日本臣民の一人である。また思索し歌い原稿を書き衣と食とを工夫し、その他あらゆる心的労働と体的労働に服する一人の人間である……」（与謝野晶子『晶子随想集』）。

それはとりもなおさず、家庭そのものをいかに開かれたヴィジョンのうちに位置づけていくかのたえざる改革と修正の努力であり、同じく主体性の成熟を目指している相手の男性と共に、結婚という秘跡としての生活様式を通してそれを実現していく、より豊かなパートナーシップへの招きであります。

第二節　豊かな家庭づくりを求めて

〈蒸発の誘惑〉

「何事にも時があり／天の下の出来事にはすべて定められた時がある。生まれる時、死ぬ時／植える時、植えたものを抜く時／……泣く時、笑う時……」（コヘ三・一〜四）。

学生時代好きだったコヘレトの言葉（伝道の書）の一節にどれだけ励まされたことでしょう。人生において様々な「時」があるのはありがたいことです。一つの「時」の豊かさを汲みつくさないうちにもう次の「時」が別の豊かさをもって待ちうけています。耐え難いと思われる状態におかれていても、それはもう次に訪れる「時」の前兆であります。平凡な生活の日々のくりかえしの底を、平凡な人間を慈しみはぐくんでいく、はかりしれない神慮のダイナミズムが流れているのです。

一九七五年当時私は、自分の人生で最も多忙な育児の時を迎えていました。三歳半と一歳半と半年の二男一女との生活は、まるで台風の目の唯中におかれているようなスリルと魅力と、そして同時に「蒸発」してしまいたくなるような凄まじさを秘めているのです。こぼしひっくり返し破り割り、笑い叫びいさかい泣き、走り転びぶつかり飛び……御多忙な一日が終わると天使のような三人の寝顔がほほえんでいます。直前まで遊んでいた次男のお気に入りのズックの片方が首のとれたミラーマンのそばであくびし、タンバリンのそばには先刻のケンカの種であった長い靴べらが転がっているのを見て、ふとおかしさがこみあげてきます。この安らぎの時間が夏の日の目くるめくようなかまびすしさを跡形もなくぬぐい去ってしまうのです。

与えられた「時」の豊かさを享受するためには、その時その時の表情を楽しむ心のゆとりが必要となります。

しかしながら、この育児の「時」に内側から関わるようになって初めて今日の日本の社会のあらゆるひずみがその時期に集約されていることに気づいたのです。

すなわち、都市生活の核家族化により家庭の役割を荷う人手の著しい不足、狭い住居の窒息しそうな生活空間、他人の生活に関わりたくない都会人のプライバシー感覚、物価高で苦しい生計を工面する心労、決して望ましいとは言えない状況の託児所通いのママたちの職場勤め、子どもの安全をおびやかす公害等々……。最も相談相手になってほしい夫は朝早くから夜遅くまで企業戦争に出かけ、話す余力もないほど消耗しきって帰宅します。夫婦だけの外出をとたまには若やいだ夢を抱いてみても乳幼児をホテルの施設に託していけば万単位の費用がかさみ、ベビーシッターのアルバイト料も決して安くはありません。要領の悪い主婦は、下手をすると泣きさわぐ赤ちゃんと子どもを傍らに、孤立無援のまま買い物以外は数年間ほとんど狭い住居の一室にとじこもりきりで過ごすことになりかねないのです。

〈自然な助け合い〉

育児に励んでいた当時、表情の豊かさを失ってしまった「時」が、重苦しく私たちの上にのしかかってきました。自分より数倍もの生命力をもてあましている幼児を楽しみながら育てることは、至難の業です。育児ノイローゼ、母親蒸発、幼児虐待などの一連の事件を、単にその母親だけの母性喪失の責任に帰着させることはできません。私は小さい時から子どもが好きで、今でも何人子どもがいても可愛いいと思う方ですが、それでも時には頭にきて独り家をとび出したい誘惑にかられました。

いつ頃からか私は、育児中のその「時」は、高い価の時なのだと理解するようになりました。この「時」は無料ではない。知恵と時間と費用を使ってこの高価な「時」を楽しむ心のゆとりを生み出していく努力が必要であるということです。貸おむつへの臨時切り替え（二〇一七年の今、紙おむつなどない時代があったなんて若い皆さんは信じられるでしょうか?〉、自分を取り戻す為、または夫婦で外出するためのベビーシッター、かたづかない部屋に安んじること、疲れた時に揃って出かけるレストラン代……これらは言ってみれば子どもを持ったがための〝税金〟のようなものです。

次に自分の生活空間をできるだけ拡大するように工夫してみます。たとえばまず同じような年頃の子どもをもった同世代の人々と共通の問題を軸にしてグループをつくり始めます。さらに隣近所の人々とのつながりの輪を楽な読書会、コーラス、料理研究などの機会をもうけて拡げていきます。こうした横のつながりは、それ自体豊かであるばかりでなく、育児のための高い税金に対する一種の〝扶養控除〟といったものをもたらしてくれるのです。すなわち比較的容易に始められる共同購入ルートによって、安全な食品雑貨がはるかに安く手に入り、子どもを預けたり預かったりがアルバイトを通してでなく、ごく自然な援け合いの一つとして始まるからです。

〈心のオアシス〉

現代社会の様々なひずみのしわよせを受けながらいのちのはぐくみに専念する場——最も脆い、けれどもその使命において最も崇高な場——は、時間的にも空間的にも現代において最も厳しい状況の一つと言えるかもしれません。にもかかわらず成長していく幼児たちの持つ豊かさそのものは、殺伐とした現代の人間関係に慣らされた人々からは見忘れられがちです。めまぐるしい機械文明の進展によって一つの機能、一つの巨大な歯車の一片になりさがってしまった一人の人間の生命の重みを、その存在が周囲の人々の愛によってのみ保証されているか弱い幼子は、その力強い微笑によって私たちの心に語りかけてくれるのではないでしょうか。厳しい状況にある貧しい家の扉をも人々に開こうとする勇気、それは生まれ出ようとする生命のために馬小屋の仮宿を申し出たベトレヘムのあのつつましい勇気に似ています。

都心の公園の緑を背にした静かなアパートの一室に親子三人住まっている夫の親友の奥さんにふと会いたくな

って、双児用の乳母車に下の二人を乗せ、長男を歩かせて訪れました。坊やを抱いてにこやかに現れた美しい奥さんは「ちょっと見せたいものがあるのよ」と言って、夏草が繁るアパートの裏庭をぬけて南側の空地に招きました。そこはきれいに耕されて、青じそ、いんげん、茄子などが整然と植えられていました。「家主さんに話して植えさせてもらったの」。

狭い住居の空間をつき破って広がる心の空間がそこにありました。

第三章　二人で眺める家族の風景

長島世津子

第一節　家族——その風景

家族とは何か、ひとしきり思いを馳せたのは、私が我が家にたった一人残された一九九三年の夏休みの数日間でした。夫は活動のためフィリピンに出発、全員大学生となった三人の子どものうち、長男は、未亡人となった私の母と一緒に生活しています。次男は山形で友人たちと絵の制作、長女はカナダへフランス語の勉強に……。「こんな事ってあり?」今までならどんな時だって誰か一人くらいは私と一緒だったのに！　そんなに広い家でもないのに、我が家が途方もなく空虚なドームのように感じられたものでした。普段は節電、節電と、電気を消して回るくせに、家中の明かりを全部つけてもまだ暗い。冷やしたくず桜を口にしても砂を噛むようでした。夫に出会う前は一人が当たり前だったのに——。置き去りにされた幼児のような心もとなさの中で、浮き彫りの家族像を、透かし彫りで見せられた初めての体験だったかも知れません。

夫と私が「家族する」ようになってからもう少しで二五年という時でしたが、二人だけの生活はわずか一年でした。次の年から四年間に三人の子どもが次々到来した時には、私の人生の航海図は当分の間しまい込むに限ると思ったものです。いくら子ども好きだといっても、いくら協力的な夫がいるといっても、三人の子どもたちは予想もつかない、いわばエイリアンのような未知の存在で、しかもエネルギーに満ちていました。それに立ち向かうには、まず体力がものを言うのです。つまり図面なしに波間に漂うのを楽しんだ方が、下りエスカレーターをのぼるが如きストレスもなく、得策に決まっているのです。

「母なる大地って感じねえ」。ジーンズにゆったりした真っ赤なシャツを引っかけて、三方向に走っていく子どもたちを両手を広げて髪をなびかせながら追いかけ回す当時の私を、友人たちがそんなふうにからかいました。

今になって思えば、あの頃の子どもたち一人一人をこまめに観察していちいち記録していたら膨大な教育研究ができたかも知れません。いつどの言葉を初めて使ったかを書き留めるように示唆してくださる教育学者もいました。あのめくるめく渦の中に身をゆだねて結局私の手もとに残ったのは、一番目、二番目、三番目の順にどんどん枚数の減っていくアルバムと育児日記だけです。

一九七六年の頃、今でもはっきりと思い出すのが我が家のふすまです。最初子どもの人差し指大の穴が開き、次いでこぶし大、やがて頭の大きさに広がり、遂には戸が開いていようが閉まっていようが子どもたちがその穴から出入りする専用のケモノ道ができていました。泥んこ遊びの大好きな息子のシャツやズボンは何回洗濯機を回しても真っ黒だったし、遠方の友達から箱入りのりんごが届いた日には、どの部屋にも籾《もみ》をまき散らして走り回る三人の嬉しそうな笑い顔の魅力に負けてしまったものでした。夜帰宅した夫とお茶を飲みながら昼間の出来事を話すのは、当時の二人にとても満ちたりたひとときであり、翌日に続く育児戦争の作戦会議でもあったのです。

その頃は畳の部屋に一面に布団を敷きつめて、肩を寄せ合ってみんなで眠っていましたから、私の両隣に誰が寝るかで三人の子はいつも必死でした。定員二人の私の両脇をはずれた子は本当に寂しそうに、不本意そうに夫の隣で寝るのでした。甘酸っぱい乳の香りに包まれた我が子たちを懐に抱きしめながらあれこれ物語をこしらえあげては話した後、中国地方の子守歌、コザック、ブラームス、シューベルトの子守歌を、良い気分で次々歌っているうちに「敵」はいつもいくつ目かでことりと眠りにつきました。

私はどんな西欧の育児法よりも日本の「添い寝」は素敵な育児法だと思っています。その温かい信頼に満ちたぬくもりの中で、豊かな語らいを通して子どもたちは遠い未来を夢見、希望することを学び、私は私で子どもたちのやさしい愛に支えられて母となるよう促され、母であることの喜びを味わっていました。

娘時代には、とても自分はそこまで自分を無にして子どもを愛することはできないと思っていました。たくさんの勇気を要することにいつの間に立ち向かっていける母親に育ててくれるのは、何と言っても子どもたちのやさしさに満ちた豊かな心だと思います。その時期を専業主婦でいられたことも大きな恵みだったと思っています。仕事を持ちながら限られた時間の中で子育てに懸命な母親たちが「子育ては時間ではない、密度です」と言うとき、私は拍手しながらも、そして頭ではよく理解できていても、具体的な生活の中でそれを十分に納得しているとはいまひとつ言えません。少なくとも乳・幼児期の子どもの悠々とした時間の流れを、どのように効率よく、苛立ちもせず凝縮して三分の一か四分の一に密度を高めたらよいのか、不器用な私には分からないからかもしれません。

無論、そばにいるのは父であっても母であっても一向に構いません。誰かが時間を気にせずに子どもの傍らにいてその世界を共有できるのは、その者にとって特権だと信じています。共に過ごす時の中で培われた信頼と親密さを通して子どもは成長し親も親として育つことができるのではないでしょうか。

昼間の時間がたっぷりある私に比べて、仕事を終えて夜帰宅する夫は時間のハンディを背負っていました。何がその日起こったかどんなにしっかり伝わってはいても、正直な子どもたちは、その日の順番で私のそばに眠れない「三番目」にならなければ夫の隣で眠ろうとはしませんでした。

その状況が大きく変わったのは、我が家で夫婦としての補完性や機動性、家族としての凝集性が初めて問われた時でした。それはヨーロッパの友人からの一通の手紙から始まりました。私は学生時代にカトリックの洗礼を受け、それ以降世界的な広がりを持つクリスチャン・グループと深く関わり、そのグループとの関わりを通して多くの成長の糧を得ていました。結婚当初もその関わりは続いていましたが、やがて次々に生まれた子を育てる忙しさの中にのめり込んでいった私は、物理的にも精神的にもグループとの交流を深める余裕を失い、すっかり離れてしまっていました。

そんな私にローマの事務局にいるドイツの友人が世界大会（フィリピン）でプレゼンテーションをするように依頼してきたのです。当時、子どもたちは五歳、三歳、二歳でしたから子育ての忙しさを口実に逃げる方がずっと簡単でした。しばらくの間無視していましたが、さすがに気が咎めたので夫に相談しました。

「ぜひ行ってこいよ。育児休暇をあげようと思っていたところだ。娘時代続けようと思ったことをそう簡単に捨ててはいけないよ」。

思ってもみなかった答えが返ってきました。それでもなかなか最後の決断ができなかったのは子どもたちの反応を予期してのことでした。特にデリケートな感性の持ち主の長男が、生まれて初めて母親不在の二〇日間をどのように受け止めるのか不安で、どう切り出そうか数日間悩みました。やっとの思いで話したところ、長男はしばらく考えた末、「だってママのお仕事でしょ。それにお友達が待っているんでしょ。行かなくちゃ悪いよ」と、言ってくれたのです。その時の息子の言葉は、夫の寛大な一言以上の重さを持っていたのでした。

ただし、出発の時は悲惨でした。タクシーで出かける私に、必死に泣くまいと健気にほほえむ長男の傍らで、二歳の娘が「ママ！」と激しく泣き出し、続いて次男が泣き出しました。後で夫に聞いたことですが、私が見えなくなるやいなや長男は「ボクが泣かないようにこらえているのに、泣いたらボクだって泣きたくなっちゃうじゃないか」とワッと泣き出し、ひとしきり泣いた後、「ママが無事に着けるようにみんなでお祈りしようよ」と呼びかけ、四人でリビングルームで輪になって祈ったということです。

出発する空港近くのホテルに泊まった私が夜子どもたちが寝静まった頃夫に電話してみると、予想もしなかった事態が待っていました。夫が一生懸命慣れない子守歌を歌って寝かしつけようとすると、それまで目を閉じて眠ろうとしていた三人がムックリ起き上がり、「パパ違うよ。ママの歌い方と違うよ」。と口々に訴え、「ママー、ママー」と呼びながらさめざめと泣き出してしまったのだそうです。

「いやー、泣きたかったのはオレの方だよ」と言いながら、夫は電話越しに私の子守歌の最後の「伝授」を求めたのでした。

二〇日間にわたる大会から帰国した時は忘れられません。家にタクシーが着くやいなや、庭の片隅でゴミを燃やすために集まっていた四人の輪が一気に崩れ感激の再会をするまでは良かったのです。一段落して私が荷物を部屋に運び入れるために踵《きびす》を返そうとすると、出発間際にあれほど火がついたように激しく泣いた娘が、いまひとつ事情がのみ込めないらしく、「ママ、もう帰っちゃうの？　それじゃあね……」と言いながら何とバイバイの手を振り出したのです。

一瞬あっけにとられ慌てている私に、夫がにこにこ笑って言いました。

「最初はどうなるかと思っていたけれど、こうして子どもたちと一緒に生活できたのは、父親として良い体験だったよ」。

夫も子どもたちの生き生きした感性と好奇心溢れる世界に直接的に触れながら共に生活することを通して、子どもたちと心の絆で結ばれた父親としての自信と落ち着きに満ちていました。それにしてもこの私がいなくても子どもたちの世界が回り得るという強烈な悟りの瞬間でした。

もっとも、帰国して数日後、長男と散歩した時の言葉は生涯忘れることができません。

「ママ、ボク、ママがいない間、とっても寂しかったんだ。だから遊歩道でまんまるい石を見つけて、それをママと決めたの。そして寂しくなると、その石をギューと握ったんだ。そしたら寂しくなくなったの。でもママが帰って要らなくなったから捨てたの」。

五歳の子どもにとって、母親が自分の「ママ」であること以外の使命を持ち得ることを理解しようと努め、その使命を支えようと決心することはどれほどの大きなチャレンジを伴うステップだったろうかと思います。

その後、世界大会への参加をきっかけに、アジア地域の代表として運営委員に選ばれ、毎年二週間ローマで開かれる会議に出かけることになろうとは、全く思いもしなかったことです。この意味で、二〇日間「ママ」の不在は、私たち家族の新しいライフステージへの招きとなりました。

今から思えば、それは、母親と子どもとの身体的・情緒的な一体感を核にして育まれてきた家族的絆の豊かさ、その「安らぎ」のホームベース作りがすべてであったファミリー・ライフの最初期から、親も子どもも心で結ばれながら人生の広がりへの招きに応えて歩み出す成長への「歩行期」とも言うべき、セカンドステージの到来でありました。事実、その後数年間にわたる二週間のローマ行きは、子どもたちには、大切なことのためにママを「送り出す」ことと「待つ」ことを学ぶプログラムとなりました。一方、私には自分の人生の目標と生きがいをマイホームやマイファミリーに求める「内向き」の方向から、世界の広がりの中に「外向き」に目を開く格好な機会となったのです。

親しい仲間や新聞の一般読者に呼びかけて、夫と共にインドのスラムの子どもたちやフィリピン・ミンダナオの子どもたちへの教育支援、山間部の子どもたちのための職業コースを中心とした実業高校の建設と共同運営……とつながる草の根の国際支援のグループをスタートしたのも、その時からでした。またキリスト教的な結婚観や家族観についての模索や研究を若い人たちと始めたのもこの頃でした。時に夫婦で講演に招かれて、旅芸人の一座よろしくあちこち一家全員で移動したことも珍しくありませんでした。腕白盛りの子どもたちにはらはらさせられたり、恥をかきっぱなしだったり……、それでもそれぞれの地で同じ風景を心に刻めたこと――同じ海を見、同じ山を見上げるようにして、人生の初期の景色を共有できたこと――が、当時の私たちの家族の最大の豊かさであり、人生からのこの上もない贈り物であったことを実感しています。

第二節　家族――その役割とイメージ

いつの頃だったでしょうか。真っ暗な夜の飛行機の窓からふと下を眺めた時、点在する灯りに心を躍らせたのを覚えています。

「あの一つ一つの灯りのもとに家族があるのだ」。

そこで人々は楽しそうに笑っているかもしれないし、もしかしたら泣き悲しんだり、いがみ合っているかもしれません。けれどもその一つ一つは家庭固有の輝きをもった灯りなのです。家族の危機、崩壊が叫ばれる今日ではあっても、家族という人間の最初の共同体が失われるはずがありません。なぜなら、その共同体なしに私たちは生まれることもできないし、安らかに成長を遂げることもできないからなのです。たとえ嵐が吹き、根こそぎ吹き飛ばされたとしても、わずかに残った柱の痕跡を土台に、新たな家庭がまた始まるはずです。それはすべての人間の心の奥深くに、愛したい、愛されたいという根源的な要求がしっかりと刻まれているからです。

ひとは誰でも幸せな家族像（イメージ）を持っています。どんなに過酷な人生を送った人でも、こうあってくれたらと思い描きながら、育んできたイメージがあります。それは幸せへのごく自然な模索です。そうした夢を育て合う望みを失わせるほど、冷めた暗い時代になって欲しくないものです。

家族とは何かの思いを深めていく上で、私なりに思いついた四つのシンボルを手掛かりに使わせていただきたいと思います。

〈巣としての家庭〉

巣は、いのちを生み出す最初の場です。卵から孵《かえ》ったひなは、頭上に広がる青空を一瞬よぎる風を受けて、思わず首を縮めます。まだ飛ぶことのできないか弱さですが、温かで安定した場に護られて安心しています。やがて親鳥が餌を運んで来ると、一斉に口を大きく開けて餌を分けてもらう幸せなひとときが始まるのです。

家庭という小さな共同体においてお互いが深い絆で結ばれ合うのは、この巣の時代ではないでしょうか。家族が時と場所を共にすることが大きな意味を有しています。親子は寝食を共にすることを通して最も緊密な形で人生を共にします。子どもたちにとって、その体験は人生全体をどのように受け止めるのか、希望と信頼に満ちたものとしてか、それとも不安と不信に満ちたものとしてか、その基本的な態度を獲得すると言われる時期です。

親たちは、やがて迎える巣立ちの時を思い描きながらその時までの成長を促すこまやかな世話を通して、子どもたちに自分たちが必要とする間、傍らにいてくれるという信頼を抱かせるのです。

この愛のまなざしの下に共にいる体験が、私たち一人一人に自分がかけがえのない存在であるという大きな自信と肯定的なセルフイメージを得させてくれるのです。

いつかある気鋭の文学者が率直に語ってくれたことが強く耳に残っています。

「僕は崩壊家族の出身です。父と母が僕がいるにもかかわらず別れたということ、僕が父と母が別れるのを引き止める何の役にも立たなかったことが、僕自身の存在を相対化してしまい、自分がかけがえのない存在とは思えなかったのです」。

〈稽古場としての家庭〉

家庭には「導く」という大きな使命があります。食べること、歩くこと、コミュニケートすることなど、生きる上で必要なすべてを私たちは最初の稽古場である家庭で習得するのです。

そこは通常、本音で関わる場です。親たちも子どもたちも普段お互いがどんなにもろく、またいい加減かをよく見ているので、多少ぶざまな試行錯誤があっても許容されます。むしろ小さなもの、弱いものへの寛大さがあるので、社会で公然と失敗するよりも傷ついたりつらい思いをしたりすることなく、自然に学べる稽古場なのです。そこにおいて私たちは私たち自身になればいいのです。

しかし近年、家庭に社会の荒波が押し寄せて、ずいぶん様変わりしてしまいました。

子どもたちは自分自身になるだけでは足りないことを思い知らされます。それだけでは能力主義の社会で「落ちこぼれ」てしまうからです。偏差値で生徒を測る学校の判断が、家庭に大きな影響を与え、親の愛も、ふところの深い無償の愛から様々な条件を持ち出すものに変わっていきます。社会の期待に沿うために、偏差値を高め、落ちこぼれにならないための稽古事が家庭という稽古場を占領しています。家庭という稽古場で一番優先されなければならない、「その人がその人らしく開花するのを援け、ありのまま受け入れること、そうできずに傷つけ合ったときに和解すること」は、非現実的なこととして片隅に追いやられてしまっています。しかし、何が人間にとっての本来的なニーズであり、基本的な導きであり、学びであるのか、今こそ家族が識別する必要があるのです。

〈砦としての家庭〉

国際家族年行動プログラムによれば、家族は一人一人の人格が護り合えるような小さな民主主義を打ち建ててゆく基本的な集団であらねばなりません。家族が、その一人一人を護り支える最後の砦としてこれまでどれほど人々を勇気づけてきたことでしょうか。その拠点があるからこそ、子どもたちは幼い頃から恐れることなく自分の力が感じられる以上の冒険に挑む力を人生から汲み取ることが可能だったのです。

この砦は家族を様々な危険や苦しみから護ってきました。有害な添加物から始まり、人格をおとしめる様々な形での誹謗中傷、不正、理不尽な攻撃や差別などなどの前に、家族は砦として敢然と立ちはだかってきました。

しかし、残念ながら家族メンバー一人一人が直面しなければならない非人間的な状況は、今日決して生易しいものではありません。たとえば夫が過労で死に至るまで会社の忠実な僕として酷使されている事実――専業主婦の妻はそうした夫を下支えするため、仕事人間の夫とコミュニケーションもなく結果的に家庭内離婚という孤独を抱えるか、専ら子どもの教育にのめり込んで母子カプセルの中に子どもを取り込んでしまうのです。働く主婦は仕事と家事・育児の二重負担を強いられ、肉体的にも精神的にもすっかり余裕をなくしています。子どもたちも受験教育を取り巻くゆとりのない生活の中で競争意識の過熱化、いじめ、落ちこぼれ、孤独化に苦しめられています。また相当数の老人が何らかの虐待を経験しているというデータも報告されています。

夫、妻、子どもたち、老人をめぐる一つ一つの問題は、どれも家庭をばらばらにしてしまいかねないほどの破壊力を秘めています。そして事実それによって崩壊してしまった家族も少なくありません。それは子どもたちにとってたとえようもなく大きな試練となるのです。

「あの頃私はまだ五歳で、どうしてお父さんがいなくなるのか理解ができませんでした。後で、お母さんが私にお風呂場で事情を説明してくれて、私は号泣したのを今でも覚えています。夫婦の間で何が起こり、離れ離れになるのは理解したいと思うけれど、残された子どもにとって、父母どちらも親です。どちらだけではなく、二人揃って初めて両親なのです」。

「親が離婚するということは、親が思っている以上に傷ついています。どうしようもない感情と闘っています。時に非行に走ってしまうこともありますが他人は『親の顔が見てみたい』などと心ない言葉をかけます。私もそうされた一人です。小学校の頃親が離婚したことを知り、どうしようもない感情と闘いました。そして素直になれない時もありました。それを一人親だからと後ろ指をさされる。とてもつらかったです。しんどかったです。子どものことを考えてほしい。子どものために離婚しろと言われても、親の都合の良い言い訳だと思っています」。

こうした難問に立ち向かうことができるのは家族だけだということも事実です。それぞれの問題を自分を含めた家族全体の問題として一丸となって立ち向かおうと決意したとき、一見無力なまでに切り裂かれていたかに見えた家族が見事に砦としての力強さを現してくることがあります。「一人一人の人格が護り合えるような小さな集団」として、家族が一つの心になれたとき、死に追いやるような非人間的な状況を切り崩す糸口が見つかるのです。どのような不都合や犠牲を払っても、一人の掛け替えのない人格を押し潰すことを許さない決意を秘めた砦となれるのは家族だけです。なぜなら一人一人が掛け替えのない存在であることを確信できるのは、その人と人生を共にしてきた家族だからです。

もちろん、いかに堅固な砦であっても、孤立無援では力尽きてしまいます。砦と砦を結ぶ共同支援の家族同士の家族的なコミュニティが社会的な広がりの中に共同の砦となって形作られてゆくことが必要です。しかし、それもまず家族から「のろし」が上がらなければ始まらないことなのです。

〈港としての家庭〉

子どもたちが成長し巣が小さくなった時、家庭は巣立ちを用意しなければなりません。

私にとって巣立ちは船による旅立ちでした。それは大学四年の留学のときです。初めての独り旅、それもサンフランシスコに向かう貨物船での船旅は、船に乗り込むときの元気はどこへやら、汽笛と同時に岸壁から離れ始めると心細さがどっと押し寄せてきました。次第に遠ざかる岸壁で、点になるまで手を振り続ける家族……。ひとしきり号泣した後、船長さんが食堂に招いてくださると気分一新、新たな冒険への好奇心で一杯になりました。そのときの我が身の変わりようを思うと、親は一見つらくとも子どもを送り出す港にならなければならないと肝に銘じたものです。「かわいい子には旅をさせろ」とは名言です。

若い人たちの離婚話に何度も立ち会って頻繁に思うことは、「これが二人同士だけだったら離婚しないで済むのに」ということです。夫婦がそれぞれの親たちと親離れも子離れもできていないまま結婚するケースがあまりにも多いのです。我が子を引き戻したい親たちの代理戦争を若いカップルが演じているのを見るたびに「いい加減にして」と言いたくなります。子どもに必要とされる以上に子どもにしがみついている親たちが自立しない限り、子どもたちはすっかり小さくなったサイズの服に無理矢理自分を詰め込んで我慢するか、それを振り捨てて飛び出すしかありません。とかく親はいつまでたっても自分の子どもは小さいままだと思いがちなものです。

そういう私も次男とあれこれ彼の進路について相当派手にやりあったことがありました。しばらく経ってから次男がにやにやしながら言ったものです。

「○○先生に相談したら、先生が言ったぞ。〈親〉って字は木の上に立って見てるだけにしろ、だって！」

結婚式（1970 年 3 月、東京カテドラルにて。学生時代の新井満氏撮影）

家族写真（1979 年 7 月、日光近辺にて）

家族写真（1985年7月、フィリピン・サンボアンガにて）

著者夫妻（2007年3月、二人での最後の旅となった伊豆旅行にて）

初出一覧

いずれも本書掲載にあたって、大幅に加筆、修正、表記統一などの改変を施している。

第一部　家庭——愛といのちの絆

第五章　家族における愛とケア

長島正『人間学紀要』第二五号（上智人間学会、一九九五年）一五三～一七三頁掲載

第二部　親と子の関わり

第一章　家族のパーソナリティ機能

（一）長島正『人間学紀要』第一七号（一九八七年）一一六～一四〇頁掲載

（二）長島正『人間学紀要』第一九号（一九八九年）一二五～一四九頁掲載

第二章　家庭教育における価値の伝承

長島世津子『教育学論説資料』第二〇号（論説資料保存会、二〇〇〇年）三五二～三六一頁掲載

第三章　母と子の関わり——愛すること、祈ること

第一節　最初の学び舎／第二節　母の祈りからの出発（一部）

長島世津子『白百合女子大学初等教職課程論集』創刊号（二〇〇八年）掲載

第三節　家族が祈る時

長島世津子『白百合女子大学キリスト教文化研究論集』第一四号（二〇一三年）一〇九～一三一頁掲載

第四部　聖書に見る結婚・家族
長島世津子「聖書と女性」『女の子からの出発』（丸善プラネット、二〇一四年）九七～一二六頁掲載

第六部　私たちの出会い、そして家族の歴史の創造

第一章　二人で創る結婚講座
第一節　婚約時代（Ⅰ）　ロマンスの中の基礎づくり
長島世津子『家庭の友』第四〇巻第七号（中央出版社［サンパウロ］、一九八八年七月）掲載
第二節　婚約時代（Ⅱ）　婚約時代の愛の育て方
長島世津子『家庭の友』第四〇巻第八号（一九八八年八月）掲載
第三節　新婚時代（Ⅰ）　新しい生活を築く喜び
長島正『家庭の友』第四〇巻第一〇号（一九八八年一〇月）掲載
第四節　新婚時代（Ⅱ）　二人で取り組む人生課題
長島正『家庭の友』第四〇巻第一一号（一九八八年一一月）掲載
第二章　二人で育て合う家族への模索
第一節　開かれた母性の育み
長島世津子『世紀』第二八三号（世紀編集室、一九七三年一二月）一一～一九頁掲載
第二節　豊かな家庭づくりを求めて
長島世津子『カトリック教育新聞』第二六二号（一九七五年一月一〇日）掲載
第三章　二人で眺める家族の風景
第一節　家族――その風景
長島世津子『カトリック教育新聞』第四九五号（一九九四年六月一〇日）掲載
第二節　家族――その役割とイメージ
長島世津子『カトリック教育新聞』第五〇二号（一九九五年一月一五日）掲載

あとがき

月下美人も一〇年経つと見事な枝ぶりになります。一〇輪近い月の光のような白い大輪をわずか数時間咲かせて終えるいのちなのに、あのかぐわしい香りを惜しげもなくあたりに溢れさせます。

花は虫からつぼみを護りながら自分も咲くのに必死で余裕すらないようですが、その姿がどんなに麗しく気品に満ちているか、恐らく花自身知らないのではないでしょうか。

家族とはそんなものかも知れません。

今、髪を振り乱して必死に子育てしている若いお母さんが、大喜びで駆けずり回る子どもたちを疲れた表情で追いかけながら叱りつけている光景を見ていると「あなたたち今どんなに美しい絵の一部になっているか、どんなに恵みの時を迎えているか分かる？　素敵よ！」と言ってあげたくなります。

この本は一〇年以上も前に出来上がっているはずでした。夫も私も家族に関する本をまとめたいとずっと願い、分担個所も話し合っていたものです。けれどもその時々に彼の抱え込んでいた諸々――不良建築のマンション点検のため勇ましいいでたちで仲間と地下に潜ってみたり、ジャンカーだらけでメインの柱の中心が途中でずれているのに建て替えようとしない大手の施主と何年にもわたって交渉を重ねたり、市が廃プラスチック中間処理施設を住宅街のすぐそばに建てようとした計画を撤回させようとこれも住民運動の先頭に立ったり――の忙しさに引きずられて断念せざるを得ませんでした。

家族の安全と平和を願う住民の方々の熱意で十数年後にマンション群は建て替えられ、また空気汚染を危惧される中間処理施設建設計画は白紙撤回になりました。その方がよほど意味のあることだったかもしれません。とにかく二人の本は書かれないまま時が流れ、更に決定的なことに、夫はこの世を去ってしまったのでした。

彼はその善意と寛大さによってどれだけ私に翼を与えてくれたかわかりませんし、そのための時間はいつも持っていましたが、時間との折り合いがうまくつかない不器用さも抱えた人でした。自分のためにもっと時間が与えられていると思っていたので、先延ばしにしていた諸々の仕事は残したまま……美しいトルソのまま終わってしまいました。

夫が帰天して一〇年を迎える今、彼が私に残した最後の言葉がこれまでになく鮮やかによみがえってくるのです。

「死んでも愛しているから……」。

この短い言葉を頼りに、一旦は投げたこの本を手掛け始めたのでした。

夫と私はお互いの関心をできるだけ多く分かち合い、たくさんの共通項を育てようと私たちなりに努力してきました。結婚してから一年間はより多く対話を持つためにテレビも入れませんでした。NHKの集金係のおじさんには嫌味たっぷりに「テレビ無し」と玄関先に書かれたものです！　そのおかげで二人は同じような価値観や共通した感覚を様々な領域で持つようになり、時にはそれが日常生活にも及びました。ある日教授会で遅くなり鍋物にしようとスーパーで買い揃えてあたふたと帰宅したのですが、それからしばらくして夫も買い物袋を提げて帰ってきました。何の打ち合わせもしていないのにその中身も鍋物の材料で、しかも数種類のキノコから、銀鱈、しらたき、白菜……、柚子に至るまで寸分違わず同じものが入っていたので、その場に居合わせた友人が今でも繰り返す笑い話です。

ただ、生前彼はいつも私の書くものに丁寧に目を通してコメントしてくれたのに、私はほとんど彼の論文に目を通しませんでした。読んだような気持ちになるほど彼の話が詳細だった（！）こともありましたが、本当は私自身の文章のスタイルをそのまま保ちたくて、彼の影響を受けて失ってしまうが怖かったのかもしれません。……でも彼は私に読んでほしかったのだと思っています。

その埋め合わせかのように、今彼の文章を私が神妙に幾度も読み込んでは素直に感動したり、書き加えたり大ナタを振るっては繋げたりするのを見たら、彼は腰を抜かすほどびっくりしたことでしょう。

人間は生きている間でそのいのちを完結しきれるものではありません。時間のない世界に行った彼を、永遠の本質である愛を通して取り戻すことができるように思います。

今でも鮮明に思い出すのですが、彼が逝ったその夜、病院から真っ暗な自宅に打ちひしがれて帰り着いた私を迎えてくれたのは、まさにその時初めての花を開いた小さな月下美人の木でした。あたり一面に漂う伽羅に似た芳しい香りの中に、私は彼の愛を感じたのでした。

「二人で書いた」この本が届いた最初の日にはワインを傾けて共に祝おうと思っています。

このささやかな本を出版するまで徹底して吟味し訂正してくださった編集の髙橋真人氏の献身に何とお礼申し上げたらいいでしょうか。またこの出版を心から楽しみに待ち望み、求めやすい価格に引き下げるための補助を申し出たり、表紙を描いたり、何かと私を支えるために行動を共にしてくれた私たちの息子や娘である徹、毅、愛、そして特別寄稿してくれた権明愛さんに心から感謝いたします。

二〇一七年一月

長島　世津子

初めて咲いた日の月下美人

《著者紹介》

長島　正（ながしま・まさし）

上智大学大学院哲学研究科後期博士課程修了。元上智大学文学部教授（人間学、哲学、倫理学担当）、元聖心女子大学・白百合女子大学・鹿児島純心女子大学非常勤講師。上智大学コミュニティカレッジ、看護系大学で「人間学」「希望の哲学」「ケアの思想」「ホスピスボランティア講座」「生と死を考える」などを担当。

2007 年に 63 歳で逝去。

NGO「アジアの友を援ける会」元発起人・代表、長島世津子と共にインドのスラム住民自立支援、フィリピンの教育支援に従事。1985 年にミンダナオ島にフレンドシップスクールを創立。

共編著　『親と子のかかわり』（福島章との共編著、金子書房、1986 年）、『ライフサイクルと人間の意識』（ハイメ・カスタニエダとの共編著、金子書房、1989 年）。

共　著　『結婚のうた』（長島世津子との共著、オリエンス宗教研究所、1974 年）、『現代人間学』（ハイメ・カスタニエダ／井上英治編、春秋社、1999 年）、『応用倫理学事典』（加藤尚武編、丸善出版、2007 年）『愛とケアの人間学――最後の授業』（長島世津子との共著、丸善プラネット、2011 年）。

共　訳　教皇ヨハネ・パウロ 2 世使徒的勧告『家庭――愛といのちのきずな』（長島世津子との共訳、カトリック中央協議会、1987 年、ペトロ文庫 2005 年）。

長島世津子（ながしま・せつこ）

上智大学文学部英文科卒業、同大学大学院教育学専攻修士課程修了。米国バークレイ GTU.、カナダ・モントリオールの Concordia U. で倫理学、倫理神学研究。白百合女子大学教授（教育学、女性学、宗教学担当）、聖心女子大学非常勤講師を経て、現在、鹿児島純心女子大学非常勤講師。

クリスチャン・ライフ・コミュニティ世界連盟運営委員、東京家庭裁判所家事調停委員など歴任。信徒使徒職世界大会（ローマ）、カトリックアジア司教会議女性委員会（タイ）、第 4 回世界女性会議（北京）などへ出席。

NGO「アジアの友を援ける会」共同発起人・代表。長島正と共に支援活動、学校創立に従事。

単　著　『ライフシェアとパートナーシップ――キリスト教人間学』（門土社、1999 年）、『トリルの森の時間――愛と知の逍遥』（近代文芸社、2005 年）、『女の子からの出発――ジェンダーの人間学』（丸善プラネット、2011 年）。

共編著　『文学、社会、歴史の中の女性たち〈Ｉ〉――学際的視点から』（釘宮明美との共編著、丸善プラネット、2012 年）。

共　著　“ON SPIRITUALITY OF A MARRIED COUPLE” English-Spanish-French Editions, *PROGRESSIO*, Supplement N. 22 (Rome: World Federation of Christian Life Communities, 1983),『応用倫理学事典』（加藤尚武編、丸善出版、2007 年）ほか。

長島正との共著・共訳は上記参照。

結婚と家族の絆——キリスト教人間学の視点から

2017年1月30日　初版発行

著　者　長島　正・長島世津子
発行者　渡部　満
発行所　株式会社　教 文 館
〒104-0061　東京都中央区銀座4-5-1
電話 03(3561)5549　FAX 03(3260)5107
URL　http://www.kyobunkwan.co.jp/publishing/
印刷所　株式会社　三秀舎

配給元　日キ販　〒162-0814　東京都新宿区新小川町9-1
電話 03(3260)5670　FAX 03(3260)5637

ISBN 978-4-7642-7410-9　Printed in Japan